会計学叢書 Introductory

管理会計

武脇　　誠
森口　毅彦
青木　章通
平井　裕久

新世社

本書に記載している製品名は各社の登録商標または商標です。
本書では Ⓡ と ™ は明記しておりません。

はしがき

　企業経営を有効に行うには，計画を立て，それに沿った行動を促し，その結果を分析し将来に役立てることが不可欠です。それには利益をはじめとするさまざまな会計情報が必要であり，それを提供するのが管理会計の役割です。そのため，今日のような厳しい企業環境において，管理会計の必要性はますます高まっています。

　本書は，初めて「管理会計」を学ぶ学生あるいはビジネスマンを対象としています。そのため図表を多く使用して，わかりやすい表現に努めていますが，それ以外にも次のような工夫をしています。

①各章の扉に，その章を学習することで得られる知識を一目で分かるように簡潔に示しています。

②重要語および重要解説部分を色文字で表すことにより，重要な部分を際立たせて，学習しやすくしています。

③計算問題が苦手な人のために，例題を多くすることにより，これを解いていく過程で自然と知識が身につくようにしました。また各章末では練習問題を出題し，その解答も巻末で示すことにより，さらに理解が深まるようにしています。

④管理会計を学習する際に，原価計算の知識を必要とする場合があります。しかし，その知識のない人でも本書を理解できるように，最小限必要な原価計算の知識を，第1章で簡単に解説しています。

⑤ただし本書では，基本部分の解説のみを行っているのではなく，各章で各テーマにおける最新の動向や上級の内容も加えています。そのため，公認会計士試験や簿記検定試験を目指している人の基礎的テキストとしての役割も果たしています。

　本書の構成は次のとおりです。まず，第Ⅰ部「管理会計概説」から始まり，

第Ⅱ部「業績管理会計」では，期間的利益管理の手法について主に解説し，第Ⅲ部「意思決定会計」で，企業のさまざまな場面で発生する個別的な意思決定を扱います。そして第Ⅳ部「管理会計の新しい課題」で，近年，注目されている重要なテーマの解説を行っています。

　このような順番になっていますが，第1章で管理会計の概要を理解した後は，どこから学習して頂いても構いません。関心のある部分，あるいは必要な部分から読み進めて頂いても理解できる内容になっています。

　本書を理解することにより，管理会計全般にわたる基礎的知識を十分に身につけることが可能です。ただし，近年，管理会計の扱うべき領域は急速に拡大しており，紙幅の関係からすべてのテーマを網羅することはできませんでした。今回取り上げることができなかったテーマについては，もし機会があれば，今後書き加えてより良いものとしていきたいと考えています。

　最後に，本書出版に際して，新世社取締役編集部長の御園生晴彦さんにさまざまな面で，大変お世話になりました。執筆者一同，この場を借りて心から感謝申し上げます。

2008年5月

執筆者を代表しまして　武脇　誠

目 次

第Ⅰ部 管理会計概説　　1

第1章 管理会計の基礎　　3

- 1.1 管理会計の定義 ── 4
- 1.2 管理会計の具体的手法 ── 5
- 1.3 管理会計と財務会計 ── 8
- 1.4 管理会計と原価計算の関連性 ── 11
- 1.5 管理会計に必要な原価計算の基礎知識 ── 12
- 1.6 管理会計の体系 ── 20
- 1.7 倫理規定 ── 21
  - ●練習問題　22
  - ■参考文献　22

第Ⅱ部 業績管理会計　　23

第2章 CVP分析　　25

- 2.1 CVP分析とは何か ── 26
- 2.2 損益分岐点分析実施の際の前提条件 ── 27
- 2.3 初級──基本的公式の理解 ── 29
- 2.4 中級──損益分岐点分析のより深い理解のために ── 36
- 2.5 複数製品の損益分岐点分析 ── 41
- 2.6 原価分解 ── 44

2.7 上級——全部原価計算における損益分岐点分析 —— 49
　●練習問題　*51*
　■参考文献　*52*

第3章　予算管理　*53*

3.1 予算の意義 —— *54*
3.2 予算管理の役割 —— *55*
3.3 予算の体系 —— *56*
3.4 予算編成プロセス —— *57*
3.5 予算編成の際の注意点 —— *69*
3.6 予算統制 —— *71*
3.7 予算差異分析の際の注意点 —— *80*
3.8 予算の問題点 —— *81*
3.9 他の予算の形態 —— *82*
　●練習問題　*84*
　■参考文献　*84*

第4章　在庫管理　*87*

4.1 はじめに —— *88*
4.2 ABC分析 —— *89*
4.3 経済的発注量 —— *90*
4.4 JIT —— *95*
4.5 バック・フラッシュ原価計算 —— *99*
　●練習問題　*103*
　■参考文献　*103*

第5章　事業部制会計　　105

- 5.1　分権化と組織構造 — 106
- 5.2　事業部の利益概念と業績評価 — 110
- 5.3　振替価格の設定と業績評価 — 115
- 5.4　インベストメント・センターの資本効率と業績評価 — 123
- 5.5　分権的組織の新たな展開と業績評価 — 132
  - ●練習問題　136
  - ■参考文献　137

第Ⅲ部　意思決定会計　　139

第6章　業務的意思決定　　141

- 6.1　経営意思決定と業務的意思決定 — 142
- 6.2　意思決定プロセスと関連情報 — 143
- 6.3　意思決定のための原価概念 — 147
- 6.4　差額原価収益分析 — 151
- 6.5　業務的意思決定の事例 — 155
- 6.6　最適セールス・ミックスの意思決定 — 162
  - ●練習問題　168
  - ■参考文献　169

第7章　戦略的意思決定　　171

- 7.1　戦略的意思決定と設備投資意思決定 — 172
- 7.2　設備投資意思決定の基本的な考え方 — 173
- 7.3　設備投資意思決定の基礎概念 — 174
- 7.4　設備投資案の評価方法 — 183

7.5 設備投資意思決定の問題例 — 197
　●練習問題　200
　■参考文献　201

第Ⅳ部　管理会計の新しい課題　203

第8章　原価企画　205

8.1 戦略的コスト・マネジメント — 206
8.2 原価企画の意義 — 208
8.3 目標原価とVE — 212
8.4 原価企画の実施 — 216
　●練習問題　220
　■参考文献　220

第9章　バランスト・スコアカード　223

9.1 バランスト・スコアカードの概要 — 224
9.2 戦略マップ — 228
9.3 バランスト・スコアカード — 234
9.4 バランスト・スコアカードへの役割期待 — 239
　●練習問題　241
　■参考文献　241

第10章　ABC/ABM　243

10.1 ABCとは何か — 244
10.2 原価計算の基本的な仕組み — 244
10.3 伝統的な原価計算の問題点 — 249
10.4 ABCの計算構造 — 251

10.5	伝統的な原価計算と ABC との比較	255
10.6	ABM とは何か	258
10.7	ABM の基本的な仕組み	259
10.8	活動分析，原価作用因分析，業績分析	260

●練習問題　262
■参考文献　262

第 11 章　品質原価計算　263

11.1	品質原価計算とは	264
11.2	品質原価の内訳	264
11.3	最適な品質レベル	265
11.4	品質原価計算実施の際の注意点	268

●練習問題　269
■参考文献　269

練習問題解答　271
付　表　282
索　引　285

第Ⅰ部

管理会計概説

第1章

管理会計の基礎

　会計情報なしに、企業経営をうまく行うことは困難です。その理由は、重要な経営課題——経営計画の作成、日々の業務の改善、事後の業績評価や有力なプロジェクトの選択など——のいずれの場合にも、費用や収益のような利益に関する情報や、資産や負債についての情報、さらに現金に関する情報が不可欠なためです。

　"管理会計"の役割は、経営に役立てるために、これらの情報を測定し、経営者および管理者に提供することにあります。本章では、この意義と内容を解説するとともに、会計のもう一方の柱である財務会計との違いを明らかにしていきます。また、本書の全体の構成も概説します。

○ KEY WORDS ○

管理会計，財務会計，原価計算，計画，コントロール，
会計情報，貢献利益，管理可能費，管理不能費，差額原価，
埋没原価，機会原価，標準原価計算，直接原価計算，
業績管理会計，意思決定会計，倫理規定

1.1　管理会計の定義

　管理会計(management accounting)とは，そもそもどのような学問なのでしょうか。管理会計とは，その英語の名称が示すように"management＝経営管理"に役立つ"accounting＝会計"のことです。そのため，初めての人には「経営会計」という名称の方が，その内容を理解しやすいかもしれません。

　それでは，管理会計がどのように経営管理に役立つのか，そして会計とは何かを簡単に解説しましょう。

○　経営管理とは何か

　たとえば，業界トップを目指してライバル企業との間で激しい競争を繰り広げている企業を考えてみます。ここで，単に"売上高増加"をスローガンとして掲げて，従業員を激励するだけでは成功する可能性は低いでしょう。業界トップに立つには，経済環境の予測やライバル企業および顧客の詳細な分析に基づいた販売計画，そしてそれに対して製品を遅れることなく提供するための生産計画，およびそれを可能とするための人員計画，設備投資計画，および資金計画が必要とされ，さらには将来の製品開発を目指した研究計画も必要となるからです。

　次に，これらの計画に基づいて業務を実施しますが，それで終わるのではなく，業務終了後に，その実績を測定し，実際に計画どおり実行されたかどうかを評価しなくてはなりません。そして，計画どおり実行されなかった場合，その原因を分析し，将来のための改善点を探らなければなりません。また，その実施に責任ある個人の業績評価を行う必要があります。さらに，それを昇進，昇給の判断基準として使用することもあります。これらをコント

ロール[1]活動といいます。

　このように，目標を実現するには計画およびコントロール活動を必要とし，これらを経営管理といいます。そして管理会計の役割は，これらのプロセスに会計情報を提供することにあります。それでは会計情報とは，どのような情報のことでしょうか。

○ 会計情報とは何か

　企業の保有する有限の資源～人，物，金，情報～の活用状況を，金額により測定し表したものが会計情報です。しかし，これのみでは経営に役立つ情報として不十分な面が多いため，管理会計では物量情報，すなわち数量で表すことのできる情報もこれに含めて考えるのが普通です。

1.2　管理会計の具体的手法

　それでは管理会計情報は，具体的にどのように経営管理の問題に対して役立っているのかを，経営管理プロセスに沿ってみていきましょう。（文章の末尾に⇨で示したものが，具体的な管理会計手法および，本テキストでの解説箇所です）。また，これらを図で示したのが図表1.1です。

〈長・中期計画〉
▶当社は，3年後の営業利益5億円を目指して，経営計画を策定中である。そこで，新製品を開発中であるが，目標利益獲得のためには新製品の予定原価をどうしても20％引き下げる必要がある。それには，製造段階でのコス

1）　従来，経営管理を構成する主要な柱は"計画"と"統制"とされてきましたが，"統制"や"統制会計"という用語は，強制的なイメージがあり，適切ではないので，本書では"予算統制"のような，すでに定着した用語以外の場合は"統制"に代えて"コントロール"という用語を使用します。

図表1.1 経営管理プロセスと管理会計手法

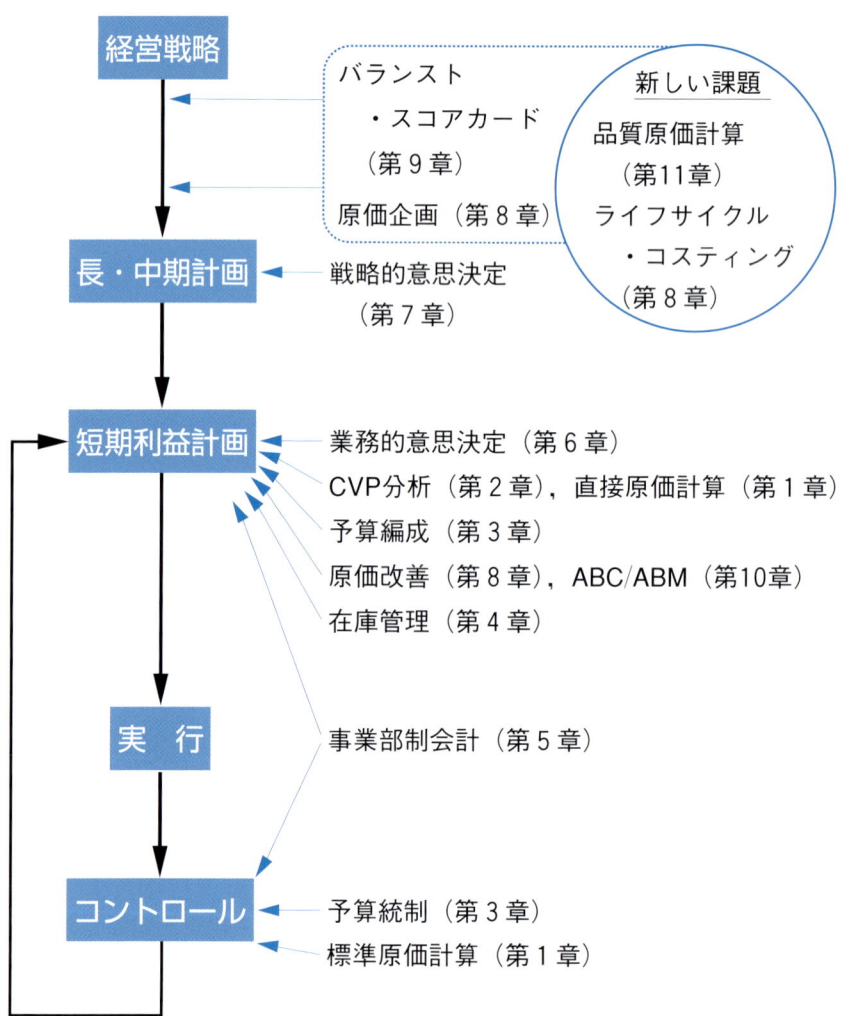

＊ただし，上記の管理会計手法の位置づけは，画定したものではなく，近年注目されている手法については これに該当しない場合もあります。
　また，括弧内は本書での説明箇所を示します。

ト・ダウンに頼るのみでは限界があり，企画段階，設計段階までさかのぼって，原価削減を検討せねばならない必要に迫られている【⇨第8章　原価企画】。

▶また，経営計画を実現するには売上高の大幅増加が必要であり，そのためには生産力増強が不可欠である。そこで従来の機械をそのまま使用するか，最新の機械を導入するか，その際にはどの機械にするか，あるいはリースによるかの検討が必要である【⇨第7章　戦略的意思決定】。

▶当社では，経営戦略の実現に役立つ新たなシステムの導入を予定している。また，業績給の基準として適切な，新たな業績評価方法を検討している【⇨第9章　バランスト・スコアカード（Balanced Scorecard：BSCと略称されることも多い）】。

〈短期利益計画〉

▶来年度の予算編成に際して，中期計画から導き出された目標利益率を達成するために必要な売上高の概算額を見積もりたい【⇨第2章　CVP分析】。

▶ある製品の売上高が最近下降気味なので，値下げを検討している。ただし，販売量は増加しても値下げにより利益がダウンしたのでは意味がないので，いくら値下げするかの検討に迫られている【⇨第2章　CVP分析】。

▶来年度の目標利益率を達成するには，今年度の2倍の売上高を実現する必要がある。しかし，それを可能とするだけの生産量，資金，および人員を確保するための全社的な調整を行い，各部門の目標数値を設定する必要がある【⇨第3章　予算管理】。

▶別のある製品の売上高がここ数年下降気味で，将来性もあまり期待できない。そこで，この製品の製造中止を検討せねばならない【⇨第6章　業務的意思決定】。

▶来年度，新たな取引先から注文が入った。しかし先方は価格を5％下げることを要求してきている。これにより利益を得られるかを検討中である【⇨第6章　業務的意思決定】。

▶原価の大幅な削減のためには，無駄な活動を可能な限りなくすための努力

が必要である。そこで，企業にとって価値を生まない活動（非付加価値活動）に，いくら原価がかかっているかを明確にするために，活動別の原価を集計しようと考えた【⇨第 10 章　ABM（Activity-Based Management：活動基準管理と訳されるが，原語のまま使用されることが多い）】。

〈コントロール（統制）〉
▶年度が終了した。しかし残念ながら目標利益にわずかに到達できなかった。その原因は売上高の不足のためか，あるいは原料の価格高のためか，工場での作業に問題があったからか，いずれに原因があったかを探り，今後の改善に役立てる必要がある【⇨第 3 章　予算統制】。
▶数年前から，各部門責任者について成果主義を強めた報酬制度を導入している。そのため，今年度の各部門の業績評価を行わねばならない【⇨第 3 章　予算統制】。
▶当社は事業部制を採用しており，昨年度，全社的目標利益を大幅に下回った。そして，その責任はどの事業部にあるかを明確にするために，事業部別の業績評価を行う必要がある【⇨第 5 章　事業部制会計】。

〈新しい課題〉
▶良質な製品の消費者への提供は絶対的な条件である。しかし，品質確保には原価がかかるために，最高の品質を追求することに対しては批判もある。そこで，品質改善による効果と原価を比較するために，この金額を明らかにする必要がある【⇨第 11 章　品質原価計算】。

1.3　管理会計と財務会計

　会計は財務会計と管理会計の 2 つの領域に大別されています。この両者の違いを明確にすることで，管理会計の特徴がより理解しやすくなると思います。これを要約して示したのが図表 1.2 です。

図表1.2 財務会計と管理会計

	利用者	時制	原則	情報範囲	提供頻度	集計単位	使用原価概念
財務会計	外部 利害関係者	過去	税法, 会社法, 金融商品取引法	財務情報	年次, 半期 四半期	全社 事業部	全部原価
管理会計	内部 経営管理者	未来・過去	有用性 迅速性	財務情報 物量情報	年次,半期,四半期 月次,日次,随時	プロジェクト・ 製品・地域	差額原価, 変動費 管理可能費など

(1) 情報の主な利用者

　財務会計情報の主な利用者は，企業の外部利害関係者（株主，金融機関，税務署等）であり，管理会計は内部経営管理者（経営者，管理者）です。この違いによりその性質が大きく異なってきます。

(2) 情報の時制

　財務会計は，過年度の経営成績，財政状態および資金状況を表す財務諸表を提供することが主な役割です。管理会計は，経営に役立つ情報を提供することが主な役割です。それゆえに，将来の予測に関する情報とともに，将来の改善に役立てるための過去の情報も重要となります。

(3) 原則

　財務会計情報の利用者は企業の内情を知らない外部者であるため，虚偽の報告が可能です。それを防ぐため，情報提供の対象に応じて守るべき規則が定められています。たとえば，株主には金融商品取引法，金融機関に対しては会社法，税務署には法人税法であり，これに一致した正確な情報の提供が強く求められています。

　管理会計では，虚偽の情報を提供する意味がないため，規則の遵守よりも，経営管理者に対していかに有用な情報を提供するかが焦点となります。ただし，いくら有用な情報であっても，その収集・作成に必要なコストが有用性を上回るものであってはならないとされています次頁(2)。また，管理会計情報

には将来に関するものが多いため，100%の正確性は不可能です。そのため正確性よりも，迅速な情報提供が求められることが多いです。たとえば，投資プロジェクトの選択のケースで，情報の正確性を重視するあまり，情報提供が遅れ，利益獲得機会を失う可能性があるからです。

(4) 情報の範囲

両会計とも，貨幣的情報が中心です。しかし管理会計においては，有用性の観点から，貨幣的情報のみではなく，材料消費量，作業時間あるいは欠陥品発生率などのような非貨幣的な物量情報も含まれます。

(5) 情報提供頻度

財務会計による情報は定期的，すなわち年次，半期，あるいは四半期に提供されます。それに対して管理会計情報は，計画目的については，財務会計と同様に年次，半期，あるいは四半期に提供されます。しかしコントロール目的においてはより頻繁に月次，週次，日次に提供されることもあり，また意思決定のためには必要に応じて不規則に提供されます。

(6) 集計単位

財務会計では，企業全体や事業部等を単位とした情報が求められます。管理会計では，全社的収益性のみでなく，製品別，地域別あるいはプロジェクト別収益性のような部分情報も，意思決定や業績評価のために必要とされます。

(7) 原価概念

財務会計では全部原価の集計が中心ですが，管理会計では，目的に応じて，集計する原価の種類が異なっています。たとえば意思決定には差額原価，業績評価には管理可能費，利益計画には変動費が重要となります。

ただし，債権者や株主は過去の業績にのみ関心をもつのではなく，企業の現状および将来性に対しても重大な関心があります。これらの要請に応じて，近年，株主への情報開示が強く求められるようになってきており，これまで

---

2) このコストと有用性を比較し，意思決定に利用することを"コスト便益分析"といい，管理会計におけるさまざまな状況で使用されています。

管理会計情報と考えられてきた将来，あるいは非貨幣的情報を外部利害関係者に提供することの重要性が増しています。それゆえに，この両会計における情報内容の違いを，あまり強調すべきではないとの主張が近年なされてきています。

1.4 管理会計と原価計算の関連性

会計に関連しているいくつかの学問分野がありますが，それらは上記2つの会計領域のどちらに属することになるのでしょうか。一般的には次のように分類されています。

> 財務会計…簿記論，財務諸表論，監査論，税務会計
> 管理会計…原価計算論，管理会計論

原価計算論はここでは管理会計に含めています。それは，原価に関する情報は，図表1.1の経営管理プロセスのいずれにおいても不可欠なためです。たとえば計画において，生産計画はもちろん，販売計画，人員計画においても，それにより発生する原価の予測が必要となります。同様に意思決定においても，プロジェクト別の正確な原価の予測なしに，適切な判断を下すことは不可能です。また，コントロールにおいても，費目別や部門別の原価の予算と実績との比較が基準となります。それゆえに，これらの原価を算定する原価計算と管理会計は非常に密接な関係にあります。

しかし，原価計算は管理会計のみに重要な役割を果たしているのではありません。原価計算の目的は通常，①財務諸表の作成，②原価管理，③予算管理，④意思決定，⑤価格決定，に対する情報提供にあるとされます。このうち②〜⑤は経営管理に役立つものであるため管理会計目的ですが，①は財務

会計目的です。すなわち，外部利用者に公表する期間損益の算定に必要な売上原価を計算するには，正確な製品原価が必要であり，原価計算はこれに情報を提供する役割を果たしているからです。それゆえに，原価計算は管理会計と財務会計の両者に密接な関係があります。

ただし，現在『原価計算』という表題の出版物は，財務会計目的での原価の計算技法を主に解説したものが多いようです[3]。それに対して，『管理会計』というテキストの多くは，②～⑤，すなわち経営管理のための原価計算を主に解説したものとなっているようです。

このようにいわば棲み分けがなされている形となっていますが，もちろん両者は別物ではなく，管理会計を理解するには，財務会計目的での原価計算の知識が必要となります。そのため『原価計算』をまず習得し，その後『管理会計』を学習するのが一般的です。

そこで，本書も②～⑤目的を中心に解説しますが，その前に，管理会計の理解に必要な原価計算の基礎知識について，簡単に解説します。（次節は，こうした予備知識をもたない人のためのものですから，すでに分かっている人は飛ばしてお読みいただいて構いません）。

1.5　管理会計に必要な原価計算の基礎知識

○ 原 価 の 分 類

原価は目的に応じて，さまざまに分類されます（→は目的を示します）。

---

[3]　ただし，岡本　清『原価計算』（国元書房）では，前半で財務会計目的の，そして主に後半で管理会計目的の原価計算が解説されています。

(1) 形態別分類（→財務諸表作成，予算管理）

> 材料費…物の消費により発生する原価
> 　　　　例：素材費，消耗品費
> 労務費…労働力の消費により発生する原価
> 　　　　例：賃金，社会保険料会社負担額
> 経　費…材料費，労務費以外の原価
> 　　　　例：減価償却費，電力料

(2) 製品との関連による分類（→財務諸表作成，価格決定）

> 直接費…特定製品の製造のために発生したことが分かる原価
> 　　　例：材料費
> 間接費…特定製品の製造のために発生したことが分からない原価
> 　　　例：監督者給料

　上記の形態別と製品関連性による2つの分類を組合せることにより，直接材料費，間接材料費，直接労務費，間接労務費，直接経費，間接経費の6つの費目に分けることができます。これを示したのが図表1.3です。そして，これらが製造原価を構成します。ただし，間接費はまとめて製造間接費として，また直接経費も，その金額が少ないためこれを含めず，直接材料費，直接労務費，製造間接費の3種類により，原価計算プロセスが解説されることが多いです。

　そして，これに販売費，および一般管理費（両者は合わせて営業費と呼ばれます）を加えたものが総原価です。

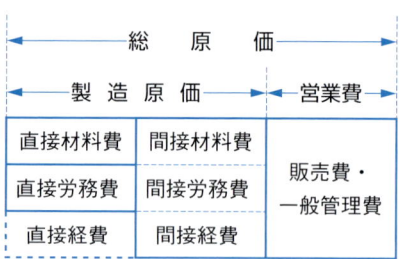

図表1.3 総原価の内訳

```
販売費…販売業務のために発生する費用
    例：販売手数料，広告宣伝費
一般管理費…企業全般の管理業務のために発生する費用
    例：役員の給料，本社の光熱費
```

(3) 操業度に関連した分類（→予算管理，意思決定）[4]

　操業度とは，生産量，直接作業時間，あるいは販売量のような，経営能力の利用程度を示す指標であり，この増減に対する反応の仕方により次の4つに分類されます。また，これを図で示したのが図表1.4となります。なお，理解しやすいように，操業度の代表的指標である生産量により，図示および解説を行っています。

---

[4]　意思決定に関連するのは後述する差額原価ですが，変動費と差額原価は類似点が多いとされています。

図表 1.4 操業度による原価分類

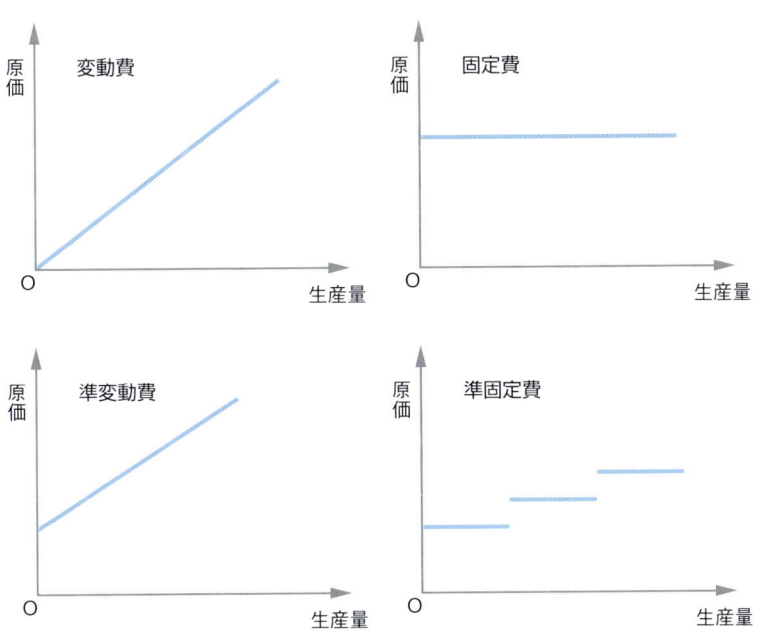

> ① 変動費…生産量に比例して増減する原価
>   例：材料費
> ② 固定費…生産量の増減に関わりなく一定額発生する原価
>   例：減価償却費
> ③ 準変動費…変動費に類似しているが，生産量ゼロでも一定額発生する点に違いがある。
>   例：電力料

> ④準固定費…階段状に変化する原価（一定の生産量の増加まで固定的で、それを越えると急に増加し、また一定生産量まで変化しない原価）
>
> 　　　　例：監督者給料

これらの原価分類に関連して、次の公式が重要となります。

> 売上高－変動費＝貢献利益
> 貢献利益－固定費＝営業利益

ただし、売上高－変動費＝限界利益
　　　　限界利益－個別固定費＝貢献利益
　　　　貢献利益－共通固定費＝営業利益
とされる場合もあります。

この用語法は限界利益と貢献利益の違いを区別できる点で優れていますが、アメリカでは"限界利益"の意味で"contribution margin＝貢献利益"が使用されることが多いようです。わが国でも貢献利益で両者を表すケースが増えているため、本文でもこの用語法に従っています。

(4) 管理可能性に基づく分類（→原価管理）

> 管理可能費…特定の管理者にとって、その発生額を増減させることができる原価
> 管理不能費…特定の管理者にとって、その発生額を増減させることができない原価

ただしこの分類は、各費用に固有の性質を表すものではなく、同じ費用でもどの管理者が主体となるかにより、いずれの費用ともなりえます。

たとえば工場で使用する電力料は工場長にとって管理可能費ですが、工場長に購入および廃棄の権限がない機械の減価償却費は管理不能費となります。しかし、その権限のある製造担当の役員あるいは上級の管理者にとっては、この原価は管理可能費です。

(5) 意思決定に基づく分類（→業務的意思決定，戦略的意思決定）

> 差額原価…意思決定により変化する原価
> 埋没原価…意思決定により変化しない原価

さらに、次の原価も意思決定の際に非常に重要な原価です。

> 機会原価…特定の案を採用することにより失われる利益

企業の所有する資金や従業員の数は限られているので、特定の案を採用すると、他の案が採用できなくなることが多く、このときその案で得られたはずの利益が犠牲となります。これは特定の機会（チャンス）を失ったことに等しいので、機会原価と称して、複数の案から特定の案を選択する際の意思決定において重要とされます。

○ 標準原価計算

実際に発生した原価を事後的に計算する実際原価計算に対して、標準原価計算は、科学的方法により事前に設定された目標値に基づいて実施される原価計算方法です。具体的には、材料費においては、標準消費量、標準価格、労務費に関しては標準作業時間、標準賃率、そして製造間接費については、標準操業度、標準配賦率を設定することで計算を行います。このように、事前の予測値に基づいて実施されるため、実際値との間に差異が生じるのが普

通です。そのため，これを適切な方法で処理せねばなりません。またその原因を分析する必要があります。これが標準原価差異分析となります。

標準原価計算の主な目的は，(1)原価管理と(2)計算・記帳の簡略化です。

(1) 原 価 管 理

▶事前の原価標準値の設定→活動の実施→実際値の集計→標準と実績との比較→差異分析→是正措置

という一連のプロセスにより，実際の原価発生額を事前に設定された目標値に一致させるようにします。その際に，事後の差異分析により，原因を明らかにし，改善することで将来の原価低減に役立てるのみでなく，差異分析を実施することを事前に従業員に知らせることにより，モチベーション（原価削減意欲）を高める効果もあることを忘れるべきではありません。

(2) 計算・記帳の簡略化

たとえば，総合原価計算における実際原価の月末仕掛品と完成品への配分は，大変手数のかかる計算であり，通常『原価計算』のテキストでかなり詳細に解説されているのですが，これが不要となります。

このうち，(1)原価管理目的は以前には非常に有効とされていました。しかし次のような欠点があります。

▶標準原価計算による管理が最も有効と考えられていた直接労務費が，機械化の進展により減少している。

▶原価標準の設定は多くの労力を必要とするが，少品種多量生産から多品種少量生産へと移行したため，その手数が増加した。しかも，せっかく設定した標準も，製品のライフ・サイクルが短縮化しているため，有効期間が短い。

▶差異分析は原価のみに特に焦点を当てた手法であるため，品質や顧客満足を犠牲にして，原価を低くする行動を促しやすい。たとえば，材料価格差異をよくみせるために，低品質・低価格材料を購入することにより，その後の製造段階で欠陥品が多く発生することは，その一例である。

標準原価計算は，生産条件の変更を伴わない短期的な原価管理の中心的手

法であり，原価管理の中の原価維持手法として位置づけられています。しかし上記の欠点もあり，現在では，日々の生産活動での継続的原価削減手法である原価改善や，根源的な原価削減手法である原価企画が原価管理において，より重要視されています。

ただし，これをもって標準原価計算の有効性が失われたと考えるべきではありません。他の目的である(2)簡略化には，現在でも十分有効性を発揮しているからです。また原価管理目的に関しても，原価標準ではなく，歩留(ぶどまり)のような物量標準による管理は，業種によって十分有効性を発揮しています。

○ 直接原価計算

一般的に実施されている全部原価計算では，固定費も含めたすべての製造原価を製品原価とするのに対して，直接原価計算では，変動費のみを製品原価とし，すべての固定費を期間原価としています。これにより，損益計算書において"売上高－変動費＝貢献利益"，"貢献利益－固定費＝営業利益"を示すことのできる計算方法となります。それゆえにCVP分析（くわしくは第2章参照）を経常的に実施することが可能となります。さらに長所として，変動費と固定費の原価管理方法は異なりますが，これらを別に計算することができる点，および在庫品に含まれて次期に繰り越される固定費がなくなるため，生産量が利益に与える影響が少なくなり，その分売上高が直接的に利益に反映されることとなる点等が主張されています。

しかし，これにより算定された利益を外部報告用の利益とすることは認められていません。そのため短所として，直接原価計算を実施したときは，期末に全部原価計算による利益に修正することが必要となる点，および製品原価が変動費のみで算定されるので，過小に示される点等が指摘されています。

1.6　管理会計の体系

　管理会計の主要な役割は，経営管理を行う際に貨幣的あるいは物量的情報を提供することにより，経営目標の達成を実現することにあります。それゆえに，この主要なプロセスである計画とコントロール（統制）に焦点を当て，それへの情報提供を意味する計画会計と統制会計に分類して，管理会計の検討が行われてきました。

　しかし計画には，個別計画と期間計画という異なる性質をもつ2つの計画が含まれています。個別計画とは，文字通り個別の事案についての意思決定を伴う計画であり，具体的には最新機械の購入，企業の買収，工場の新設，価格の決定，受注の可否等の決定です。期間計画は，特定期間についてこれらの個別計画を総合し，期間的な活動計画としてまとめたもので，毎期反復的に編成される予算がその具体例といえます。それゆえに，前者はプロジェクトのような個々の事例を単位として，必要に応じて実施されるのに対して，後者は期間を基準として毎期繰り返し実施されます。このように，両者は同じ計画ではあるものの性質が大きく異なっています。

　ところで，統制は計画を達成するための一連の活動ですが，たとえば予算統制は，期間計画（予算）に基づいて，毎期繰り返し実施されるのが普通です。それゆえに期間計画と統制は，むしろまとめて考える方が適当です。そこで，これらを対象とするのを業績管理（評価）会計とし，他方，個別計画を意思決定会計とする考えが主張され，多くの支持を得ています。

　そこで，本テキストもこの体系に沿って章を構成しています。そしてさらに，近年，経営戦略に対する関心の高まりとともに，この策定・実施に役立つ会計情報の提供という側面が，管理会計でも注目されつつあります。そこで，本テキストでは「業績管理（評価）会計」，「意思決定会計」そして近年，研究の進んできた「管理会計の新しい課題」の3つに分類して，解説を行う

こととします。

これらの体系と、そのそれぞれに役立つ管理会計手法を示すと次のようになります[5]。

(1) 業績管理（評価）会計……CVP分析、予算管理、事業部制会計、在庫管理
(2) 意思決定会計……業務的意思決定、戦略的意思決定
(3) 管理会計の新しい課題……原価企画、バランスト・スコアカード、ABC/ABM、品質原価計算

1.7 倫理規定

近年、企業の倫理的行動に対する関心は非常に高まっています。それは、これに違反すると、単にモラルの問題を越えて、企業の利益、ひいては企業の存続にさえ重大な影響を与えかねないものであることが広く認識されるようになってきたためです。

管理会計情報は意思決定や業績評価の際に重要な役割を果たしており、そのため、企業の行動に対して大きな影響力をもちます。それゆえに、それに関する職務を行う管理会計担当者に対しても、倫理的行動を求める動きが非常に高まっているのです。

たとえばアメリカでは、IMA（アメリカ管理会計担当者協会）が能力、信頼性、誠実性、客観性に関する規範、および重大な倫理的問題に直面したときに従うべき対策を定めています[6]。今後わが国においても、この要請は強まっていくと考えられます。

---

5) すべての手法がこの分類に明確に当てはまるわけではありません。ここではたとえば"在庫管理"を業績管理会計に含めていますが、必ずしも妥当するわけではありません。

6) 詳しくはStatement on Management Accounting Number. 1C:, *Standards of Ethical Conduct for Management Accountants*,（Montvale, N. J.: Institute of Management Accountants, IMA, 1983）を参照。

練習問題

1.1 管理会計と財務会計の違いを解説しなさい。

1.2 管理会計情報は経営管理プロセスにどのように役立っているかを説明しなさい。

1.3 次の意見は正しいか否かを,具体例をあげることにより解説しなさい。
① 「固定費は埋没原価である」
② 「管理可能費と管理不能費の区別は絶対的なものではない」

参考文献

浅田孝幸・頼　誠・鈴木研一・中川　優・佐々木郁子（2005）『管理会計・入門（新版）』有斐閣

浅田孝幸・塘　誠・頼　誠（2005）『基礎から理解する管理会計』東京経済情報出版

岡本　清（2000）『原価計算（六訂版）』国元書房

岡本　清・廣本敏郎・尾畑　裕・挽　文子（2008）『管理会計 第二版』中央経済社

櫻井通晴（2004）『管理会計（第三版）』同文舘出版

中原章吉（2000）『管理会計論』税務経理協会

Horngren, C. T., S. M. Dater & G. Foster（2006）, *Cost Accounting: A Managerial Emphasis*, 12th ed., Prentice-Hall.

Barfield, J. T., C. A. Raiborn & M. R. Kinney（1997）, *Cost Accounting: Traditions and Innovations*, 3rd ed., South-Western College Publishing.

第Ⅱ部

業績管理会計

第 2 章

CVP分析

——A社では，今年度，営業の努力により売上高倍増を達成したものの，利益の増加はわずかなものであった。そこで利益を倍増するには，どれぐらい売上高の増加が必要かを知りたいと考えた。
——B社は近年業績不振に陥っており，今年度はかろうじて利益を確保することができたが，来年度は売上高の減少が予想される。そこでどのくらい売上高が低下すると，赤字となるかを知りたいと考えた。
——C社では，かねてから，赤字の原因の一つとして固定費率の高さが指摘されていた。そこで固定費の利益に与える影響は，変動費と比べてどのように違うのか，そしてこれを減らすことにより，どの程度利益を増やすことができるかについて分析する必要があった。

これらの疑問に対して，簡単な計算により有効な情報を提供することができるのが，本章で解説するCVP分析です。

○ KEY WORDS ○
損益分岐点，安全率，感度分析，経営レバレッジ，
原価分解，費目別精査法，高低点法，スキャター・チャート法，
最小自乗法，複数製品の損益分岐点分析，
全部原価計算における損益分岐点分析

2.1　CVP分析とは何か

　CVPとは，それぞれC……cost（原価），V……volume（営業量，具体的には販売量，生産量，売上高等），P……profit（利益）を意味し，これらの相互関係を分析するのがCVP分析です。これは，たとえば売上高が2倍になったら，原価はどれだけ増え，その結果，利益はどうなるか，あるいは利益1,000万円を達成するにはいくらの売上高が必要で，そのとき原価はどれぐらい増加するか，といった問題に答える手法です。

　この3者の関係を複雑にしているのが固定費です。

　たとえば，変動費40万円，固定費50万円で製造する製品を100万円で販売する会社を考えてみましょう。このとき，貢献利益は60万円（＝100万円−40万円）で，これから固定費を控除した10万円（＝60万円−50万円）が営業利益となります。ここで売上高を2倍にすると，変動費も2倍となり，貢献利益は120万円（＝200万円−80万円）で，営業利益は70万円（＝120万円−50万円）となります。

　ここで注目していただきたいのは，売上高から変動費を引いた貢献利益は2倍（60万円→120万円）になりますが，営業利益は7倍（10万円→70万円）となっている点です。このように貢献利益の段階までは売上高に比例して増減しますが，固定費が存在するために営業利益は売上高に比例しないのです。また，売上高がゼロの場合を考えてみましょう。当然変動費もゼロとなるので，貢献利益はゼロです。しかし，固定費は生産量に関係なく発生するので営業利益はマイナス50万円となります。このように，固定費の存在のため売上高と利益の関係が単純とならないので，これを簡単に把握する方法が必要とされるようになりました。それがCVP分析です。

　損益分岐点分析はCVP分析の中心的手法です。これは企業で広く使用されているもので，その名前が示すように，損失と利益が分岐する（利益も損

図表 2.1　損益分岐図表

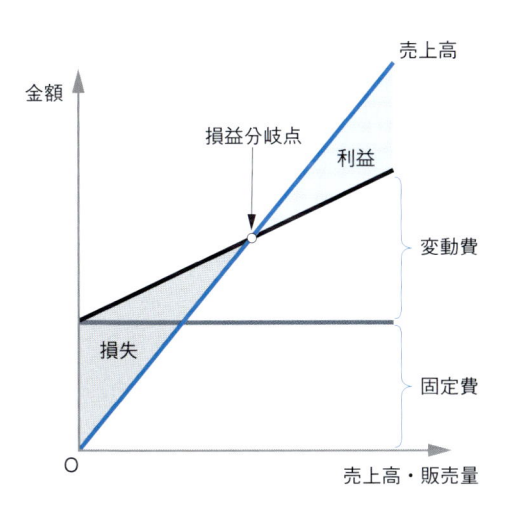

失も 0 となる）売上高あるいは販売量を簡単に算定する手法です（図表 2.1 参照）。もちろん利益ゼロでは経営の継続は困難ですが，経営を行う上での一つの重要な指標として広く利用されています。すなわち，前述のように売上高ゼロでも，固定費が存在するために利益はゼロではなく損失となります。そのため企業は，努力して売上高を増加することにより，損失を解消しなければなりません。その目標売上高として損益分岐点は役立つのです。また，これを応用してさまざまな利益を達成する公式も考えだされています。

2.2　損益分岐点分析実施の際の前提条件

　損益分岐点分析は，将来の経営計画のための大まかな数値を算定する手法

です。そのため厳密性よりも，実施および理解の容易さが求められます。そこで現実を単純化した次の条件の下で行われています。

(1) 企業の総原価は，変動費と固定費より成る

実際には多様な動きをする多数の原価により構成されています。そのため総原価は，生産量（操業度）に応じて単純に変化するわけではありません。

(2) 収益および原価は直線的に推移する

実際には，収益や原価はそれぞれ生産量や販売量に応じて，比例的に変化するわけではありません。たとえば，販売量を増加させるには単価の下落が必要なことがあり，また単位当たり原価は，一定生産量を超えると増減するのが普通です。そのため原価に関しては，図表2.2のように変動するのが正しいとされています。しかし，企業において考慮すべきはすべての生産量ではなく，通常の状態で予想しうる範囲に限定されます。これは正常操業圏と呼ばれており，この範囲内では収益，原価共に直線と仮定しても大きな誤

図表2.2　正常操業圏

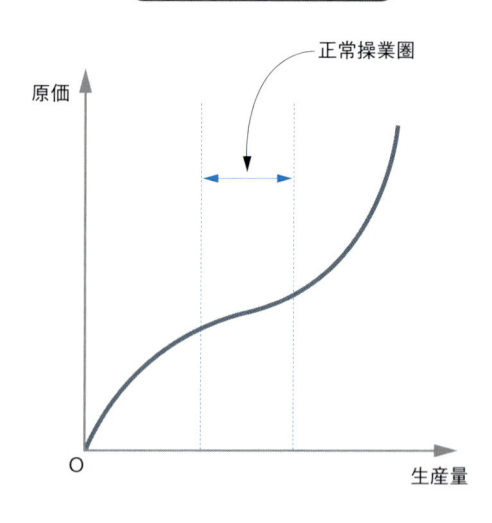

差は生じないものと考えられています。

(3) 生産量＝販売量である

基本レベルの損益分岐点分析において適用される前提条件です。理解しやすくするために，この仮定により，その期間に発生した固定費はすべて次期以降に繰越されることなく，その期の費用であるものとします。あるいは，直接原価計算の場合がこれに当てはまります。しかし，これは絶対的な前提ではなく2.7節において，販売量と生産量が異なる場合の損益分岐点分析を解説します。そのため，この前提は前の2つと同列の条件ではありません。

2.3　初級──基本的公式の理解

○ 損益分岐点算出公式

損益分岐点は，
　売上高＝変動費＋固定費＋利益(＝0)
という数式が成立するときの販売量あるいは売上高により示されます。これを算出する公式はそれぞれ次のとおりです。

(1) 販売量算出公式

$p=$単価，$x=$販売量，$v=$単位当たり変動費，$f=$固定費とすると，次の式が成立するときの x を算出すればよいです。

$$px = vx + f$$
$$(p-v)x = f$$
$$x = \frac{f}{p-v}$$

すなわち

$$\text{損益分岐点販売量} = \frac{\text{固定費}}{\text{単価} - \text{単位当たり変動費}} \quad (2.1)$$

なお,単価−単位当たり変動費=単位当たり貢献利益のため,次のように表すこともできます。

$$\text{損益分岐点販売量} = \frac{\text{固定費}}{\text{単位当たり貢献利益}} \quad (2.2)$$

(2) 売上高算出公式

$S=$ 売上高,$v_1=$ 変動費率 $\left(=\dfrac{\text{変動費}}{\text{売上高}}\right)$ とすると,次の式が成立するときの S を算出します。

$S = v_1 S + f$

$(1 - v_1) S = f$

$S = \dfrac{f}{1 - v_1}$

すなわち

$$\text{損益分岐点売上高} = \frac{\text{固定費}}{1 - \dfrac{\text{変動費}}{\text{売上高}}} \quad (2.3)$$

なお,(2.3) の分母は $\dfrac{\text{売上高} - \text{変動費}}{\text{売上高}} = \dfrac{\text{貢献利益}}{\text{売上高}}$(売上高貢献利益率)に等しいので,次のように表すこともできます。

$$\text{損益分岐点売上高} = \frac{\text{固定費}}{\dfrac{\text{貢献利益}}{\text{売上高}}} \qquad (2.4)$$

設例 2.1：単価 100 円，単位当たり変動費 60 円，固定費 400 万円とすると，損益分岐点の販売量，および売上高はいくらか。

[解　答]

販売量：$x = \dfrac{400\,\text{万円}}{100\,\text{円} - 60\,\text{円}} = 10\,\text{万個}$

売上高：$S = \dfrac{400\,\text{万円}}{1 - \dfrac{60\,\text{円}}{100\,\text{円}}} = 1{,}000\,\text{万円}$

○ 利益達成点算出公式

(1) 販売量算出公式

$r =$ 利益とすると，次の式が成立するときの x を算出すればよいです。

$px = vx + f + r$

$(p - v)x = f + r$

$x = \dfrac{f + r}{p - v}$

すなわち

$$\text{利益達成点販売量} = \frac{\text{固定費} + \text{利益}}{\text{単価} - \text{単位当たり変動費}} \qquad (2.5)$$

(2) 売上高算出公式

次の式が成立するときの S を算出します。

$$S = v_1 S + f + r$$
$$(1-v_1)S = f + r$$
$$S = \frac{f+r}{1-v_1}$$

すなわち

$$\text{利益達成点売上高} = \frac{\text{固定費} + \text{利益}}{1 - \dfrac{\text{変動費}}{\text{売上高}}} \tag{2.6}$$

設例2.2：設例2.1の企業で800万円の利益を達成するには，どれだけの販売量，あるいは売上高を必要とするか。

[解　答]

$$\text{販売量}: x = \frac{400\,\text{万円} + 800\,\text{万円}}{100\,\text{円} - 60\,\text{円}} = 30\,\text{万個}$$

$$\text{売上高}: S = \frac{400\,\text{万円} + 800\,\text{万円}}{1 - \dfrac{60\,\text{円}}{100\,\text{円}}} = 3{,}000\,\text{万円}$$

○ 売上高利益率 $\left(\dfrac{\text{利益}}{\text{売上高}}\right)$ 達成点算出公式

$r_1 =$ 売上高利益率とすると，次の式が成立するときの S を算出します。

$$S = v_1 S + f + r_1 S$$
$$(1 - v_1 - r_1)S = f$$
$$S = \frac{f}{1 - v_1 - r_1}$$

すなわち

$$利益達成点売上高 = \frac{固定費}{1 - \dfrac{変動費}{売上高} - \dfrac{利益}{売上高}} \qquad (2.7)$$

設例2.3：設例2.1の企業で売上高利益率20%を達成する売上高，および販売量[1]はいくらか。

[解　答]

$$S = \frac{400 万円}{1 - \dfrac{60 円}{100 円} - 0.2} = 2,000 万円$$

$x = 2,000 万円 \div 100 円 = 20 万個$

◯ 総資本利益率 $\left(\dfrac{利益}{総資本}\right)$ 達成点算出公式

この場合はこれまでと異なり，1つの公式で算出することはできません。そのため，まず総資本利益率を達成するための利益額を算出し，それを利益達成点算出公式 (2.6) に当てはめるという2段階の計算が必要となります。これを例題によって解説しましょう。

設例2.4：設例2.1の企業で，目標総資本利益率6%を達成するにはどれだけの売上高が必要か。なお総資本は1億円とする。

[解　答]

目標総資本利益率6%を達成するには
　1億円×0.06＝600万円

---

[1] 販売量を求める公式は複雑なので，これを求めるには売上高を算出し，それを単価で割ればよいです。

の利益が必要である。これを (2.6) に当てはめると,

$$S=\frac{400\text{ 万円}+600\text{ 万円}}{1-\dfrac{60\text{ 円}}{100\text{ 円}}}=2,500\text{ 万円}$$

ところで, この問題は税金と組合せて出題されることが多いようです。

> **設例2.5**: 設例2.1の企業で税引後総資本利益率6%を達成する売上高はいくらか。なお総資本は1億円, 税率は40%とする。

[解　答]

設例2.4で算出したように, 税引後総資本利益率6%を達成するには600万円の利益を稼がなければなりません。しかし, これは40%分の税金を引かれた金額であるために, 税引前利益を算出せねばなりません。それは次の計算によります。

　　必要税引前利益　600万円÷(1−0.4)＝1,000万円

これを (2.6) に当てはめればよいです。

$$S=\frac{400\text{ 万円}+1,000\text{ 万円}}{1-\dfrac{60\text{ 円}}{100\text{ 円}}}=3,500\text{ 万円}$$

このように設例2.5では税金がかかるため, 設例2.4に比べて, 損益分岐点が1,000万円増加しています。

安全率（安全余裕率）

売上高が損益分岐点を下回ると損失が計上されるため, 売上高がこれを大きく上回るほど安全性が高いこととなります。そこで, これを式で表したのが安全率であり, この数値が大きいほど安全性が高いとされています。

$$\text{安全率}(\%)=\frac{\text{現在の売上高}-\text{損益分岐点の売上高}}{\text{現在の売上高}}\times 100 \qquad (2.8)$$

また, これと類似した次の公式によっても安全性を示すことができます。

$$\text{損益分岐点比率(\%)} = \frac{\text{損益分岐点の売上高}}{\text{現在の売上高}} \times 100 \qquad (2.9)$$

この比率は，安全率とは逆に小さいほど安全性が高いとされます。

設例2.6：損益分岐点が1,000万円で，現在の売上高が3,500万円の企業の安全率と損益分岐点比率を求めなさい。

[解　答]

$$\text{安全率} = \frac{3,500\text{万円} - 1,000\text{万円}}{3,500\text{万円}} \times 100 \fallingdotseq 71.4\%$$

$$\text{損益分岐点比率} = \frac{1,000\text{万円}}{3,500\text{万円}} \times 100 \fallingdotseq 28.6\%$$

これにより，この企業は売上高が71.4%下落するまで，損失とはならないので，かなり安全性が高いことが分かります。

○ 感 度 分 析 [2]

これまでの解説で示した各要素（単価，販売量，単位当たり変動費，固定費）が変化したとき，利益や損益分岐点がどのように変化するかを理解することも重要です。前記の式を変形することにより，感度分析に有効な公式を導くことができます。

利益＝売上高－変動費－固定費
$r = px - vx - f = (p - v)x - f$

2）　感度分析とは，独立変数の変化が従属変数に与える影響，すなわち，一つの要素の変化が結果にどのような影響を与えるかを決定するために，共通して使用される手法であり，CVP分析に固有のものではありません。

$$\text{利益}=(\text{単価}-\text{単位当たり変動費})\times\text{販売量}-\text{固定費} \qquad (2.10)$$

　これを利用することにより，価格，変動費，固定費あるいは販売量が変化したときの，利益の変化を容易に算定することができます。

設例2.7：設例2.2の企業（単価100円，単位当たり変動費60円，固定費400万円で30万個販売することにより800万円の利益を獲得）で，単位当たり変動費と固定費がともに5%増加したときの利益はいくらか。

[解　答]
$r=(100\text{円}-60\text{円}\times 1.05)\times 30\text{万個}-400\text{万円}\times 1.05=690\text{万円}$

設例2.8：設例2.2の企業で，単価を10%値上げした場合の利益はいくらか。ただし，それにより販売量が10%低下するものとする。

[解　答]
$(100\text{円}\times 1.1-60\text{円})\times(30\text{万個}\times 0.9)-400\text{万円}=950\text{万円}$

2.4　中級——損益分岐点分析のより深い理解のために

　これまでの損益分岐点の図は，固定費を下に，そして変動費をその上に積み重ねる形で示しましたが，図表2.3のように変動費を下にすることにより，損益分岐点の意味をより深く理解することができます。これにより，売上高から変動費を控除して得られる貢献利益が売上高の増加とともに固定費を回収し，これが完了した時点で損益分岐点に達し，それを越えると利益を獲得

図表 2.3　損益分岐図表（固定費が上）

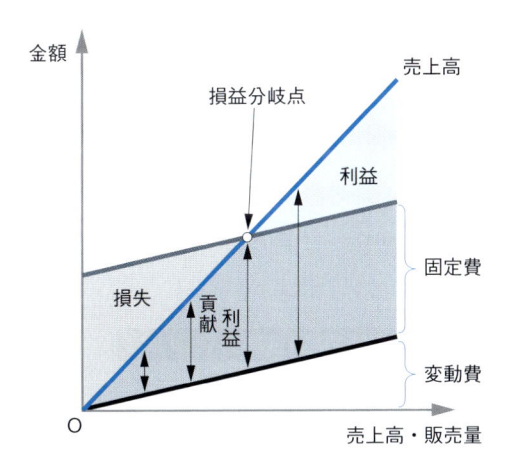

（縦軸：金額、横軸：売上高・販売量。売上高の直線と、変動費＋固定費の帯が交わる点が損益分岐点。左側が損失、右側が利益。固定費＝貢献利益のとき損益分岐点となる。）

できるという状況が図により明確に示されることとなります。したがって，損益分岐点は固定費＝貢献利益が成立するときの販売量あるいは売上高ということもできます（以後この関係を頻繁に使用するので，よく理解しておいてください）。

費用構成の違いによる安全性の違い

次に示す図表 2.4 のA社とB社は，売上高と営業利益は同じですが固定費と変動費の大きさが違う2つの企業です。A社は固定費の比率が高く，資本集約型企業と呼ばれており，多くの固定設備を保有する化学あるいは鉄鋼業界が代表的な例です。それに対してB社は変動費の比率が高く，労働集約型企業と呼ばれており，ソフト産業等のサービス業が代表例です。この2社において，売上高が500万円増加したとき，営業利益がどのように変化す

図表2.4 費用構成の異なる2つの企業

（単位：万円）

	A社（固定費率大）		B社（変動費率大）	
売上高	1,000 →	1,500	1,000 →	1,500
変動費	200	300	800	1,200
貢献利益	800	1,200	200	300
固定費	700	700	100	100
営業利益	100	500	100	200

図表2.5 経営レバレッジ

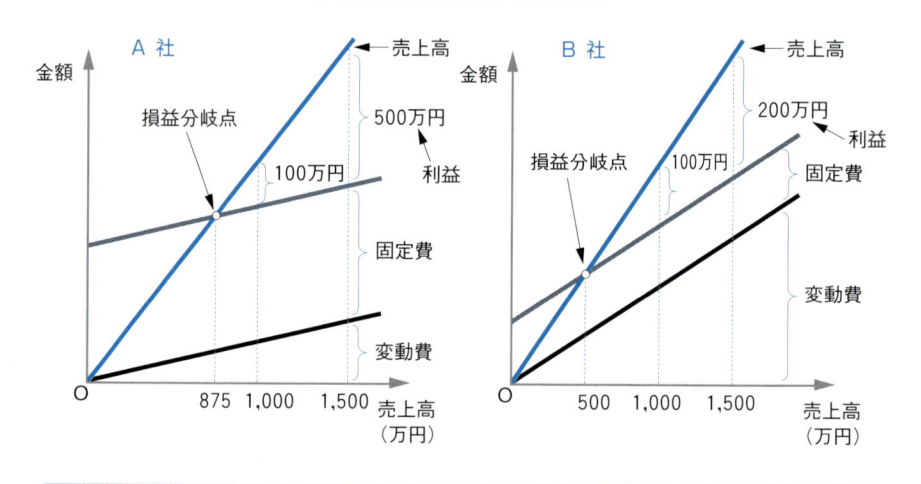

るかを示したのが，それぞれ右側の数値です。また，これを図で示したのが図表2.5です。

それぞれの損益分岐点，および売上高1,000万円の場合の安全率は次のとおりになります。

損益分岐点

$$\text{A社}\quad 700\text{万円} \div \frac{800\text{万円}}{1{,}000\text{万円}} = 875\text{万円}$$

$$\text{B社}\quad 100\text{万円} \div \frac{200\text{万円}}{1{,}000\text{万円}} = 500\text{万円}$$

安全率

$$\text{A社}\quad \frac{1{,}000\text{万円} - 875\text{万円}}{1{,}000\text{万円}} = 12.5\%$$

$$\text{B社}\quad \frac{1{,}000\text{万円} - 500\text{万円}}{1{,}000\text{万円}} = 50\%$$

このように固定費の比率の高いA社は，B社に比べて損益分岐点は高く，安全率は低くなっており，安全性に劣っています。ただし，図にもあるように，利益100万円を獲得するためにB社は損益分岐点の2倍($=\frac{1{,}000\text{万円}}{500\text{万円}}$)の売上高を必要としたのに対して，A社は1.14倍($≒\frac{1{,}000\text{万円}}{875\text{万円}}$)のみで足りています。また図表2.4で示したように，売上高が1,000万円→1,500万円のとき，それぞれの利益はA社100万円→500万円に対して，B社100万円→200万円でした。このように，固定費率の高い企業は損益分岐点を越えると，急速に利益を拡大することができ，その点で有利です。

ただしその逆に，損益分岐点を下回ると，利益が急減し，経営危機に陥る場合もあるので注意が必要です。そのため資本集約型企業において，かつての不況時に人員整理や資産売却により固定費を減らそうとの努力が広く実施されました。このように固定費率が高い企業は，売上高の変化により利益が大きく変動する性質があるため，CVP分析が特に有効です。たとえば機械化は固定費を増加させるので，これを導入したとき売上高が減少すると利益がどのぐらい下がるかの大まかな値を把握しておくことは，企業の安全性にとって不可欠だからです。

◯ 経営レバレッジ

このような売上高と利益の関係を，明確に示すために考え出されたのが，

経営レバレッジ（operating leverage）係数です。

$$経営レバレッジ係数＝\frac{貢献利益}{営業利益} \qquad (2.11)$$

この式の分子の貢献利益は，営業利益＋固定費に等しいため，

$$経営レバレッジ係数＝\frac{固定費＋営業利益}{営業利益}$$

と表すこともできます。それゆえにこの数値が高いほど，固定費の比率が高い企業であることが分かります。これを図表2.4の例に当てはめると次のようになり，これを確認できます。

$$A社（固定費大）\cdots\frac{800万円}{100万円}＝8$$

$$B社（固定費小）\cdots\frac{200万円}{100万円}＝2$$

前述のように，固定費が存在するために，売上高の増減により利益がどのように変化するかを簡単に知ることができません。しかし経営レバレッジ係数を利用することにより，それを容易に算出することができます。それは，

$$売上高増加率×経営レバレッジ係数＝営業利益増加率 \qquad (2.12)$$

という関係が成立するからです。たとえば図表2.4の例のA社にこれを当てはめると，

$$\frac{1,500万円－1,000万円}{1,000万円}×\frac{800万円}{100万円}＝4$$

となり，これは営業利益の増加率 $\frac{500万円－100万円}{100万円}＝4$ に一致します。

同様にB社においても，

$$\frac{1,500万円－1,000万円}{1,000万円}×\frac{200万円}{100万円}＝1$$

であり，

$$営業利益増加率 \frac{200万円－100万円}{100万円}＝1$$

に一致します。

このように，経営レバレッジ係数が分かれば，面倒な損益計算なしに，売上高の増減による利益の変化率を容易に予測することができます。また，これによりレバレッジ係数の高い企業，すなわち固定費率の高い企業ほど，"leverage＝てこの原理"が作用したかのように，利益変化率が大きいことが明確に示されることとなります。

現在，アウトソーシングが注目されています。これは従来自社で行ってきた業務プロセスの一部を外部に委託することです。この業務に必要な人員，設備が不要となるため，固定費を大幅に削減できます。しかし，他社に頼るために急な注文に応じにくいといった経営の柔軟性の問題，および社内の技術蓄積が困難になるといった欠点があります。それに対して自社で業務を行う企業はこれらの欠点は免れるものの，固定費が大なため，注文が少なくなると利益が急激に減少します。この場合経営レバレッジ係数により，大まかな利益減少額の算定を簡単に行うことができるので，どちらにするかの目安を考える際に有効です。

2.5　複数製品の損益分岐点分析

これまでの損益分岐点分析はいずれも製品を１種類のみ生産・販売するという特殊な状況についてのものでした。しかし現実の企業においては多種類の製品を扱っているのが普通です。そこで次の設例により，もう１種類加えた複数製品の場合を考えてみましょう。

設例2.9①:2種類の製品を製造・販売しており,そのデータは次のとおりとする。

	A	B
販 売 単 価	50円	80円
単位当たり変動費	40円	60円
単位当たり貢献利益	10円	20円

月間固定費を680,000円とする。

複数製品の場合は,さらに会社の方針として,次のように両製品の期待販売量あるいは売上高の比率が指定されることが多い。

(1) 製品の販売量比が指定される場合

「販売量の比率をA:B=3:1とする」との条件が加えられると,損益分岐点の販売量はいくらになるか。

[解 答]

解き方のポイントは,A…3個,B…1個を組合わせて1ケースで販売する製品を仮定し,これを何ケース販売すればよいかという問題に置き換えることです。そうすると,1ケースの貢献利益は10円×3個+20円×1個=50円となり,これを損益分岐点算出公式(2.1)に当てはめると,

$$損益分岐点販売量 = \frac{680,000円}{50円} = 13,600 ケース$$

となります。

そして,このケースに含まれるA,B各々の販売量を計算することにより,以下の解を得ることができます。

A…3個×13,600ケース=40,800個

B…1個×13,600ケース=13,600個

これを確認すると,

貢献利益=10円/個×40,800個+20円/個×13,600個=680,000円=固定費

となり,正しいことがわかります。

設例 2.9②

(2) 製品の売上高比が指定される場合

　実際には，製品の比率は販売量で示されるよりも，売上高で示されることが多い。そこで「売上高の比率を A：B＝3：1 とする」との条件が加えられると，損益分岐点の売上高はいくらになるか。

［解　答］

　販売量比の場合と同様に，A と B の製品を売上高の比率 3：1 で組合せた 1 ケースの製品を考えます。この製品 1 ケースの売上高貢献利益率を求めるために，A, B 両製品の加重平均売上高貢献利益率を計算すると

$$\frac{10\text{円}}{50\text{円}} \times \frac{3}{4} + \frac{20\text{円}}{80\text{円}} \times \frac{1}{4} = \frac{17\text{円}}{80\text{円}}$$

となります。

　これを，損益分岐点算出公式 (2.2) に当てはめると，

$$680{,}000\text{円} \div \frac{17\text{円}}{80\text{円}} = 3{,}200{,}000\text{円}$$

総額がこの金額となる A と B の組合せを求めることにより，解を導くことができます。

$$A \cdots 3{,}200{,}000\text{円} \times \frac{3}{4} = 2{,}400{,}000\text{円}$$

$$B \cdots 3{,}200{,}000\text{円} \times \frac{1}{4} = 800{,}000\text{円}$$

　これを確認すると

　　貢献利益＝2,400,000 円×0.2＋800,000 円×0.25＝680,000 円＝固定費

となり，正しいことが分かります。

［参　考］　比率の指定がない場合

　A, B ともに人気商品であるため多量の需要があり，また企業の側もそれに必要な生産・販売能力を十分に保有している場合は，売上高貢献利益率の高い製品の生産・販売に力を入れるのが普通です。

　そこで上記設例の A, B 両製品を比較すると，それぞれ

$$A \cdots \frac{10\text{円}}{50\text{円}} = 0.2 (20\%)$$

$$B \cdots \frac{20\text{円}}{80\text{円}} = 0.25 (25\%)$$

となります。それゆえに，B を優先的に生産・販売するものとして損益分岐点を考えるのが適切です。したがって，解答は次のようになります。

　　損益分岐点販売量　$\frac{680{,}000\text{円}}{20\text{円}} = 34{,}000$ 個（B 製品）

　　損益分岐点売上高　$\frac{680{,}000\text{円}}{0.25} = 2{,}720{,}000$ 円（B 製品）

2.6 原価分解

　これまでの損益分岐点分析の解説では，固定費と単位当たり変動費がすでに分かっている場合を前提としていました。しかし，そうでない場合はこれらを算定する必要があります。これは"原価分解"と呼ばれ，そのやり方は大別すると実績データ基準法と工学的方法（Industrial Engineering method：IE 法）に分けることができます。これらを順次解説していきます。

○ 実績データ基準法

(1) 費目別精査法（勘定科目精査法）

　費目別精査法（勘定科目精査法）とは，たとえば，減価償却費はすべて固定費，材料費はすべて変動費というように，各費目を経験や知識に基づき変動費と固定費に分類し，固定費はその金額を算定し，変動費については業務量で割ることにより単位当たり変動費を求める方法です。非常に簡便であるため多く採用されています。しかし固定費と変動費の分類は主観的であり，準変動費や準固定費もいずれかに分類されるため，信頼性に劣るという欠点があります。そのため正確性が求められる場合は，明らかな固定費および変動費以外は，次に示す，より正確な方法により変動費と固定費に分解することが望ましいとされています。

(2) 高低点法

　高低点法とは，過去のデータの中から，正常操業圏内（経営環境変化による異常な状況を除く範囲内）の業務量が最大と最小のときの 2 つの原価を基準に原価予測を行う方法です。すなわち，この 2 点間の原価を直線と仮定し，単位当たり変動費と固定費を算出する方法です。次の設例により説明しましょう。

設例2.10：過去1年間の実績は次のとおりであった。この[資料]に基づいて，高低点法により単位当たり変動費と固定費（月額）を求めなさい。

[資料]

月	生産量（単位：個）	補助材料費（単位：万円）
1月	40	580
2月	20	340
3月	30	460
4月	50	660
5月	70	820
6月	40	480
7月	50	610
8月	30	390
9月	40	520
10月	60	680
11月	50	580
12月	60	740

[解 答]
a. まず最高操業度と最低操業度を抜き出します。
   5月　70個　820万円
   2月　20個　340万円
b. この2つの点を結ぶ直線の傾きにより単位当たり変動費を求め，これを最小（あるいは最大）操業度のケースに当てはめることにより固定費を算出します。
   単位当たり変動費　（820万円－340万円）÷（70個－20個）＝9.6万円/個
   固定費　　　　　　340万円－9.6万円/個×20個＝148万円

このように簡便な方法である点が長所ですが，2つの生産量のケースのみで全体を判断するために正確性に難点があります。

（3）スキャッター・チャート（散布図表）法

スキャッター・チャート（散布図表）法とは，図表2.6で示すように，縦軸に原価を，横軸に生産量等の操業度をとったグラフに過去の原価発生額を記入し，それらのすべての点の中央を通過すると考えられる直線を目測により引くことで，その傾きから単位当たり変動費を，縦軸との交点から固定

図表2.6 スキャッター・チャート法

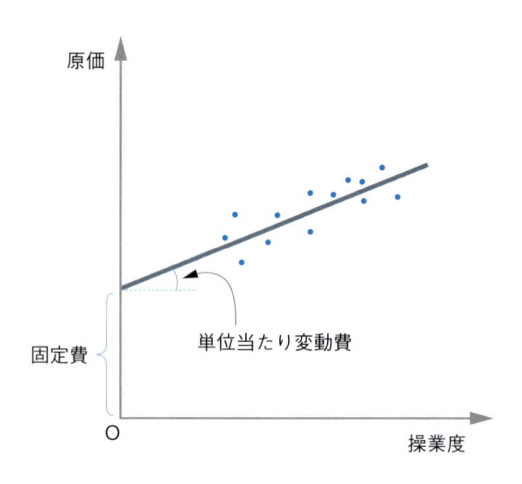

費を算定する方法です。高低点法のように2つのデータのみに基づくやり方に比較すると，分析者の能力・経験によっては，有益な数値を導くことができます。また，その実施が容易であるという長所があります。しかしその反面，分析者の主観的判断により，原価分解の良し悪しが左右されるという短所があります。

(4) 最小自乗法

スキャッター・チャート法のように目測により原価直線を推定するのではなく，これを数学的に，より正確に算定しようとするのが最小自乗法です。図表2.7をみてわかるように，すべての実績を示す点に最も近接した直線が正確なものと考えられますが，それを得るには実績点と原価直線との距離（偏差）の合計が最小となる直線，$y = a + bx$ の a および b を求めればよいのです。これを求める公式が次の連立方程式であり，この方程式に実績データの数値を当てはめることにより，a および b を算出することができます。

図表 2.7　最小自乗法

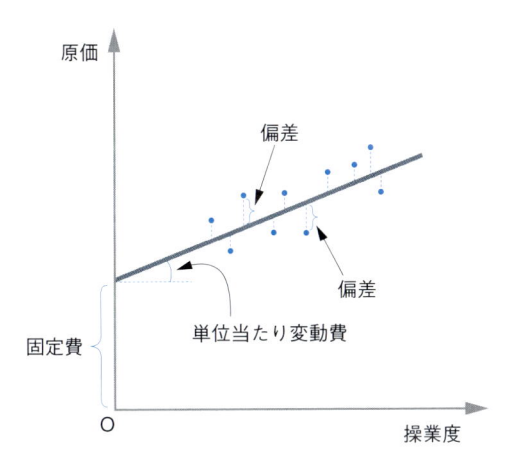

(グラフ：縦軸「原価」，横軸「操業度」。回帰直線，偏差，単位当たり変動費，固定費を図示)

x＝生産量，y＝原価発生額，a＝固定費，b＝単位当たり変動費，
n＝データ数，
Σ（シグマ）＝合計

$$\Sigma y = na + b\Sigma x$$
$$\Sigma xy = a\Sigma x + b\Sigma x^2 \tag{2.13}$$

設例 2.11：当社の 1 年間の製品生産量と補助材料費の実績データは，設例 2.10 で示したとおりであるとする。そのデータに基づいて，最小自乗法により単位当たり変動費と固定費（月額）を求めなさい。なお割り切れない場合は，解答の段階で四捨五入により千円の単位まで算出することとする。

[解 答]

(2.13) の公式中の Σx, Σy, Σxy, Σx^2 の計算は次のとおりです。

	x	y	x^2	xy
1月	40	580	1,600	23,200
2月	20	340	400	6,800
3月	30	460	900	13,800
4月	50	660	2,500	33,000
5月	70	820	4,900	57,400
6月	40	480	1,600	19,200
7月	50	610	2,500	30,500
8月	30	390	900	11,700
9月	40	520	1,600	20,800
10月	60	680	3,600	40,800
11月	50	580	2,500	29,000
12月	60	740	3,600	44,400
合計	540	6,860	26,600	330,600

これを公式に当てはめると,

　　$6,860 = 12a + 540b$ …①

　　$330,600 = 540a + 26,600b$ …②

この連立方程式を解くために, ①式を45倍します。

　　$308,700 = 540a + 24,300b$ …①′

これを②式から控除すると,

　　$21,900 = 2,300b$

これを解くと,

　　$b ≒ 9.52…$

これを①に代入することにより, $a ≒ 143.18…$ を算出できます。

　　固定費 143.2万円, 単位当たり変動費 9.5万円/個

○ 工学的方法（IE法）

　投入量と産出量の最適な関係を導き出す手法であるインダストリアル・エンジニアリング法（Industrial Engineering method：IE法）を活用し, 規範的（不能率を除去した発生するはずの）原価を算定する方法です。ただしこれは手数と費用がかかるため, あまり実用的ではありませんが, 過去のデー

タが得られない場合に採用されます。

2.7　上級——全部原価計算における損益分岐点分析

　これまで説明してきた損益分岐点分析は，直接原価計算を前提としたものでした。その場合，損益分岐点は，単位当たり貢献利益ですべての固定費を回収するには何単位必要であるかを計算することにより算出できました。それに対して全部原価計算の場合も，これに類似したやり方で損益分岐点を求めることが可能です。

　ただし全部原価計算であるため，製品原価には変動費のみではなく固定費も含まれます。そのため，分母は"売上高－変動費"ではなく，さらにここから固定製造原価を控除した売上総利益となります。それゆえに，分子には固定製造原価を含める必要はなく，固定販売費・一般管理費のみにより構成されます。ただし，製造間接費を予定配賦する場合，製品1単位当たりの製造間接費を算定するために設定した基準生産量と，次期の予定生産量の差である操業度差異が発生することが多いために，これを分子に含める必要があります。その結果，損益分岐点を求める公式は次のようになります。

$$\text{損益分岐点販売量} = \frac{\text{固定販売費・一般管理費} + \text{操業度差異}}{\text{単位当たり売上総利益} - \text{単位当たり変動販売費}} \tag{2.14}$$

　外部公表利益は，全部原価計算により算定した数値によらなければならないため，全部原価計算における損益分岐点の算定が有効です。しかしこの方法によると，前記のように，事前に製品単位当たりの固定費を算定するため

に，あらかじめ基準生産量を決定しておかなければなりません。それゆえに，損益分岐点算定のために，単価と費用の予測のみではなく，次期の生産量の予測も必要とする点に問題があります。

> 設例2.12：当社の来月の予算データは以下のとおりであった。全部原価計算を前提とした場合の損益分岐点の販売量を求めなさい。

[資 料]
1．製品1個当たりの予定販売単価　80円
2．製品1個当たりの予定製造原価
　　　変動製造原価　20円
　　　固定製造原価　30円
　　　　合　計　　　50円
　固定製造原価は，年間予算額1,800,000円，年間正常生産量60,000個により算定したものである。したがって配賦の基準となる月間正常生産量は5,000個であるが，販売不振のため来月の生産量は4,600個を予定している。なお，これにより発生する操業度差異は当月の売上原価に賦課するものとする。
3．販売費・一般管理費予算
　　　変動販売費　10円/個
　　　固定販売費・一般管理費（月額）　70,000円

[解 答]
　　　予定操業度差異　（4,600個－5,000個）×30円（固定製造原価）＝
　　　　　　　　　　　　　　　　　　－12,000円（不利差異のため固定費に加算）
　　　単位当たり売上総利益　80円－(20円＋30円)＝30円
　　　損益分岐点販売量＝$\dfrac{70,000円＋12,000円}{(30円/個－10円/個)}$＝4,100個

これより損益分岐点の販売量は4,100個となります。

[検 算]
　　　売上高総利益　(80円－50円)×4,100個＝123,000円
　ここから，さらに変動販売費，固定販売費・一般管理費および操業度差異を控除すると，123,000円－10円×4,100個－70,000円－12,000円＝0となり，正解であることが分かります。

参考：上記の設例2.12をもとにして，直接原価計算による場合の損益分岐点販売量を求めなさい。

[解　答]

単位当たり貢献利益＝80円－(20円＋10円)＝50円

損益分岐点販売量＝$\dfrac{1,800,000円/12ヶ月＋70,000円}{50円}$＝4,400個

[検　算]

貢献利益　(80円－20円－10円)×4,400個＝220,000円

ここから固定費を差し引くと

220,000円－(150,000円＋70,000円)＝0

となり4,400個が損益分岐点販売量であることが確認できます。

練　習　問　題

2.1 以下のデータに基づいて，(1)高低点法，(2)最小自乗法により，補助材料費を固定費と変動費に分解し，固定費と単位当たり変動費を求めなさい。ただし，正常操業圏は20時間から80時間の範囲とする。なお，割り切れない場合は，解答の段階で四捨五入により千円の単位まで算出することとする。

	直接作業時間（単位：時間）	補助材料費（単位：万円）
1月	30	550
2月	18	320
3月	40	730
4月	60	920
5月	50	800
6月	60	890
7月	70	1,010
8月	40	660
9月	55	860
10月	80	1,080
11月	70	980
12月	50	820

2.2 当社では製品AとBを製造・販売しており，次期（×1年度）の利益計画策定に際し，次のような予想データを見積もった。これに基づいて以下の問いに答

えなさい。

	製品 A	製品 B
販売単価	3,000 円	5,000 円
直接材料費	1,200 円	2,200 円
変動加工費	800 円	1,000 円
変動販売費	400 円	1,050 円
固定加工費	6,000,000 円	
固定販売費	3,000,000 円	

製品 A と B の販売量の割合は 1:4 とする。

（問1） 製品 A と B の損益分岐点における販売量を求めなさい。

（問2） 製品 A の売行きが悪いためこれを中止し，製品 B のみの製造に切りかえる決定をした。その他の条件は同じであるとして，売上高利益率3％を達成するのに必要な売上高を求めなさい。

（問3） （問2）と同様に，製品 B のみの製造・販売で，税引後総資本利益率2％を達成するために必要な売上高を求めなさい。なお総資本額は 4,500 万円で，税率は 40％ とする。

2.3 CVP 分析の有効性と限界について簡単に説明しなさい。

2.4 経営レバレッジ係数とは何かを説明し，その有効性について解説しなさい。

参 考 文 献

岡本　清(2000)『原価計算（六訂版）』国元書房

櫻井通晴(2004)『管理会計（第三版）』同文舘出版

Berfield, J. T., C. A. Raiborn & M. R. Kinney（1997），*Cost Accounting: Traditions and Innovations*, 3rd ed., South-Western College Publishing.

Hansen, D. R. & M. M. Mowen（2000），*Cost Management: Accounting and Control*, 3rd ed., South-Western College Publishing.

Hilton, R. W., M. W. Maher & F. H. Selto（1998），*Cost Management: Strategies for Business Decisions*, Irwin McGraw-Hill.

Horngren, C. T., S. M. Dater & G. Foster（2006），*Cost Accounting: A Managerial Emphasis*, 12th ed., Prentice-Hall.

第3章

予算管理

「当社は，来年度，利益の大幅増を目指して売上高30％増を予定している。しかし，それを実行する前に，生産活動を行うのに十分な材料があるか否か，また必要な人員を確保できるか，そして資金があるかどうか等に対する考慮が必要である。もし一つでも欠けていると，営業部員が必死になって注文をとっても，キャンセルとなり，かえってマイナスとなるであろう」

このように企業では，部門ごとにそれぞれ別の活動が行われていても，すべて連携しながら目標に向かって進まなければならないことを忘れてはなりません。そこでこれらをサポートする重要な働きをするのが予算です。

○ KEY WORDS ○

予算の役割，総合予算，予算編成，予算参加，予算スラック，
タイトネス，予算差異分析，売上高差異，原価差異，
例外管理の原則，責任会計の原則，予算の問題点，継続予算，
ゼロ・ベース予算

3.1 予算の意義

　予算とは，経営計画実現のためのさまざまな活動計画を，会計（財務）数値に置き換え，費目別，部門別，地域別等に目標数値として割当てたものをいい，将来の一定期間（年度，四半期，月）について設定されるのが普通です。これを活用して経営管理を行うのが**予算管理**であり，**予算編成**と**予算統制**より構成されています。

　ところで，予算はいきなり編成されるわけではなく，

> 経営戦略→長期・中期計画→短期利益計画→予算

のようなプロセスを経るのが普通です。ただしこのプロセスは，企業規模や業種のような企業の特性や，その置かれた環境により異なっており，一定のやり方があるわけではありません。

　経営戦略とは，企業の長期的な方向づけを示すものであり，環境，市場等の外部要因と，企業がもつ人的資源，物的資源等の内部要因をすり合わせることにより策定されます。その内容は，自社の事業分野や他社との競争に勝つための基本方針のような，企業の将来を左右する重大な決定に関するものです[1]。

　これに基づいて**長期計画**が作成されます。長期計画（5～10年）は戦略実現のために行うべき長期にわたる方策を示したものです。さらにこれに基づいて**中期計画**（3～5年）が作成されます。ただし，現在のように企業環境の変化の激しい時代においては，有効な長期計画を作成することが困難な

---

[1] "経営戦略"の概念に関しては多様な議論があります。詳しくは（石井他，1996，pp. 1-14）を参照してください。

業種もあります。また，長期計画の作成は大変な作業であり，多くの時間を必要とされます。そのため，これが作成されず中期計画のみのケースも少なくありません。

そして，中期計画の初年度分を基に短期利益計画が設定されますが，これにより示されたさまざま活動計画を会計数値に置き換えて，目標数値として示したものが予算です。

3.2　予算管理の役割

予算管理の機能として，計画，調整，伝達，モチベーション喚起，統制が挙げられますが，これらを予算管理実施プロセスに応じて説明します。

予算編成とは，事前に設定されている利益計画を達成するために部門別，費目別に数値を割当てるプロセスです。ただしその際に，一方的に上位者が作成したものを各部門に押し付けたのでは，やる気が損なわれます。そのため，トップが利益計画に基づいて設定した予算編成方針によって，各部門が予算案を計画し，それを予算担当者が調整しながら決定するのが普通です。そのため，マニュアルどおりに実行すればうまくいくという単純なものではなく，トップと部門との調整，および各部門間の利害対立の調整が必要となります。さらに，その過程を通じてトップの意向や他部門の活動内容が各部門に伝達されることとなり，企業目標の周知徹底を図ることが可能となります。それゆえに，予算編成の過程で，結果的に調整と伝達機能が果たされることとなるのです。

次に予算統制とは，編成される予算を達成するための一連のプロセスを意味します。その内容は業務の実施後，予算と実績を比較することにより業績評価，差異分析，改善措置を講じる事後統制と，業務実施以前に，予算を基に業績評価を行うことを明示することで，従業員のモチベーションを高める

事前統制より構成されます。

3.3 予算の体系

予算は，費目別，部門別，地域別のような形態で複数編成されますが，これらは独立して編成されるものではなく，全社的目標を達成するために統一されたものでなければなりません。このように全社的経営計画の下に統一されたものを総合予算とよび，図表3.1で示したような相互に関連のある予算から構成されています。

損益予算は業務活動の計画を，売上高，生産量，業務費用等により示すもので，最終的に見積損益計算書に集約されます。財務予算は，資金調達・運用といった財務活動の計画を示すもので　最終的に見積貸借対照表と見積キャッシュ・フロー計算書に集約されます。

図表3.1　予算の体系

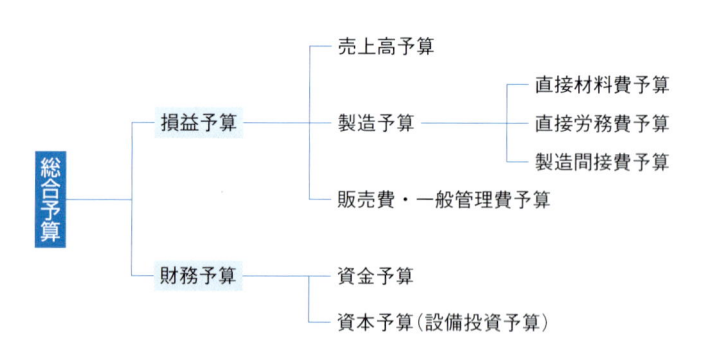

```
                   ┌─ 売上高予算
                   │                   ┌─ 直接材料費予算
         ┌─ 損益予算 ─┼─ 製造予算 ────────┼─ 直接労務費予算
総合予算 ─┤         │                   └─ 製造間接費予算
         │         └─ 販売費・一般管理費予算
         │
         └─ 財務予算 ─┬─ 資金予算
                     └─ 資本予算（設備投資予算）
```

3.4 予算編成プロセス

　各予算は図表3.2の矢印に沿って編成されます。すなわち，売上高予算の編成から始まり，それに基づいて製造予算を編成し，その際の資金的裏づけを確保するために資金予算を編成します。しかし，これらは相互に関連があるため，問題がある場合には，戻って修正が行われることもあります。たとえば，必要な材料数量の確保が難しければ，予定販売量の達成が困難となるため，売上高予算の修正が行われます。

図表3.2　予算編成プロセス

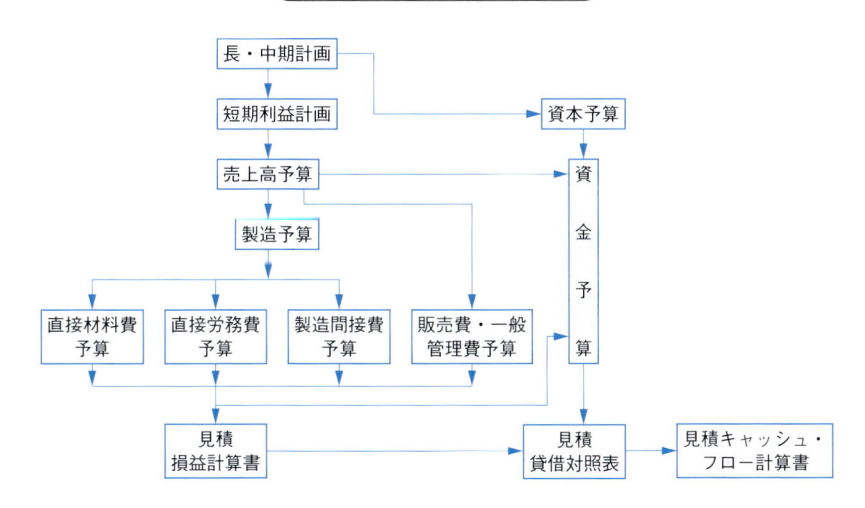

```
長・中期計画
    ↓         ↘
短期利益計画 → 資本予算
    ↓           ↓
売上高予算 ──→ 資
    ↓          金
製造予算 ───→ 予
  ↓ ↓ ↓ ↓      算
直接材料費　直接労務費　製造間接費　販売費・一般
  予算       予算      予算       管理費予算
    ↓  ↓  ↓           ↓
    見積              見積         見積キャッシュ・
    損益計算書        貸借対照表 →  フロー計算書
```

○ 売上高予算

予算編成の最初の段階で編成されるのが売上高予算です。それは，予定販売量が決定されないと，生産量や在庫量を決定することができず，それゆえに他の予算を編成できないからです。売上高予算編成の中心を成すのが販売予測であり，過年度売上高，一般的経済状況（国家，業界），政治状況等を参考に行われます。この予測が不正確であると，他の予算も不正確なものとなり，予算全体の有効性が損なわれるので，正確な予測が非常に重要となります。地区別，顧客別，責任者別（可能であれば営業社員別），製品別等のさまざまな形式の予算が存在し，企業に適した予算が編成されます。

例3.1　当社では，図表3.3のような売上高予算を編成した[2]。

図表3.3　売上高予算

売上高予算

（単位：円）

	四半期				
	1	2	3	4	合　計
数　　量	10,000	12,000	11,000	10,500	43,500
単　　価	200	200	200	200	200
売　上　高	2,000,000	2,400,000	2,200,000	2,100,000	8,700,000

---

2) ここで例示する一連の予算は，現実性よりも理解しやすさを重視するために，小さな金額を使用しています。

◯ 製造予算

製造予算とは，次期の生産量を，下記の公式のプロセスに沿って表示するもので，この予算の主要な目的は，適切な生産量の確保のみではなく，在庫量の維持にあります。

> 生産量＝予定販売量＋予定期末製品在庫量－期首製品在庫量

すなわち，期末在庫量が，過小であると急な注文に対応できなくなる反面，これが過大であると，この維持のための余分なコストが発生するのです。そのため適切な在庫量は，次期の販売量や製品製造の能力・スピードを考慮して決定する必要があります。しかし，在庫量は会社の方針によっても大きく変動します。たとえば，雇用の安定を確保するために，毎期の生産量を一定とするなら，販売量の変動に応じて在庫量は変化するため，在庫が多くなることもやむを得ません。逆に現在広く普及しているJIT（ジャスト・イン・タイム生産方式）下においては，安定した生産量を犠牲にしても在庫の最小化が求められます。このように，製造予算は会社の方針によっても大きく変化する性質があります。

また，流通業では製造予算の代わりに仕入予算を作成します。この目的は，販売に必要な商品の適正な価格での仕入と在庫の確保にあり，製造予算における最終行の生産量を仕入量に変更した形式となっています。

例3.2 当社では（図表3.4），期末に次四半期販売量の10％に相当する在庫量をもつことを方針としている（たとえば，第2四半期販売数量12,000個に対して第1四半期予定期末在庫量は1,200個である）。そして，これは次四半期の期首在庫量となる。なお当社の製品は短時間での完成が可能なため，仕掛品は存在しないものとする。

図表3.4　製造予算

製　造　予　算
四　　半　　期　　　　　　　（単位：個）

	1	2	3	4	合　計
販　売　量[*1]	10,000	12,000	11,000	10,500	43,500
加算：予定期末在庫量	1,200	1,100	1,050	1,000	1,000
合　　　　計	11,200	13,100	12,050	11,500	44,500
差引：期首在庫量	1,000	1,200	1,100	1,050	1,000
生　産　量	10,200	11,900	10,950	10,450	43,500

[*1] 売上高予算（図表3.3）より

〇 直接材料費予算

　直接材料費予算とは，予算期間に購入し，使用するべき材料の数量と原価を示すものであり，次の公式により算定します。

> 材料購入額＝材料消費額＋予定期末材料在庫高－期首材料在庫高

　この予算の目的は，生産に必要な材料を適切な価格で購入し，適切な在庫量を確保することにあります。

　例3.3　当社では（図表3.5），製品1個の生産のために，単価60円の材料を1g必要とする。また，期末に次四半期の材料消費額の10％に相当する在庫高をもつことを方針としている（たとえば，第2四半期材料消費費額714,000円に対して第1四半期予定期末在庫高は71,400円である）。そして，これは次期の期首在庫高となる。

図表3.5 直接材料費予算

直接材料費予算

	四半期				(単位:円)
	1	2	3	4	合計
生産量[*1]	10,200	11,900	10,950	10,450	43,500
単価	60	60	60	60	60
材料消費額	612,000	714,000	657,000	627,000	2,610,000
加算:予定期末在庫高	71,400	65,700	62,700	59,400	59,400
所要材料金額	683,400	779,700	719,700	686,400	2,669,400
差引:期首在庫高	61,200	71,400	65,700	62,700	61,200
購入予定額	622,200	708,300	654,000	623,700	2,608,200

[*1] 製造予算(図表3.4)より

なお，この例では購入額と消費額を1つの予算で示していますが，これを分けて材料購入予算と材料消費予算とすることもあります。また材料在庫予算を別に編成することもあります。

○ 直接労務費予算

直接労務費予算とは，予算期間の生産活動に必要な作業時間と直接労務費を示すものであり，次の公式により算定します。

> 直接労務費＝単位当たり作業時間×賃率×生産量

この予算の目的は，生産に必要な労働力の適正な賃率での確保にあります。もし人員が不足すると，臨時の労働力の獲得が必要となり，逆のケースでは，過剰な労働力を抱え込まざるを得ません。いずれの場合も余分なコストが発

図表 3.6　直接労務費予算

直接労務費予算

	四半期				(単位：円)
	1	2	3	4	合　計
生　産　量[*1]	10,200	11,900	10,950	10,450	43,500
単位当たり直接作業時間	0.05	0.05	0.05	0.05	0.05
総直接作業時間	510	595	547.5	522.5	2,175
賃　　　率	800	800	800	800	800
直接労務費予算	408,000	476,000	438,000	418,000	1,740,000

[*1] 製造予算(図表3.4)より

生します。特に人間の場合，在庫しておくことが不可能なため，適切な予算の編成が特に重要となります。

例 3.4　当社では（図表3.6），直接作業の大半を学生アルバイトに頼り，給料の支払いも時間給が中心であるものとして，賃率は1時間当たり800円で，製品1個当たり作業時間は0.05時間であるとする。

○ 製造間接費予算

製造間接費予算とは，予算期間に製造プロセスで発生すると予想される間接費を示すものであり，変動費と固定費に分類して示す形式のものが多いですが，管理可能費と管理不能費に分類する場合もあります。

例 3.5　当社の予算は（図表3.7），変動費・固定費の分類によっており，変動間接費は，単位当たり変動費に予定生産量（製造予算からの数値）を掛けた金額である。固定間接費は毎期間一定であるが，第3四半期に設備を購入したため減価償却費が10,000円増加している。なお，資金予算編成のた

図表 3.7　製造間接費予算

製造間接費予算

(単位：円)

	四半期 1	2	3	4	合計
変動間接費					
間接材料費（¥10/個）	102,000	119,000	109,500	104,500	435,000
間接労務費（¥20/個）	204,000	238,000	219,000	209,000	870,000
その他（¥5/個）	51,000	59,500	54,750	52,250	217,500
合計（¥35/個）	357,000	416,500	383,250	365,750	1,522,500
固定間接費					
監督者給料（¥30/個）	326,250	326,250	326,250	326,250	1,305,000
減価償却費（¥5/個）	49,375	49,375	59,375	59,375	217,500
その他（¥10/個）	108,750	108,750	108,750	108,750	435,000
合計（¥45/個）	484,375	484,375	494,375	494,375	1,957,500
総製造間接費（¥80/個）	841,375	900,875	877,625	860,125	3,480,000
差引：減価償却費	49,375	49,375	59,375	59,375	217,500
現金支出額	792,000	851,500	818,250	800,750	3,262,500

めに，現金支出の伴わない費用である減価償却費を最後に控除している。

○ 販売費・一般管理費予算

販売費・一般管理費予算とは，予算期間に発生する販売および全社的管理業務のための費用を示すものです。

例 3.6　当社の営業部門および本社の社員は，製造現場と異なり正社員であり，月々固定給が支給されている（図表 3.8）。また広告宣伝費は，毎年，次年度分を経営者が決定しており，それを4等分して各四半期の予算として計上している。当社では例を簡単にするために，販売費と一般管理費の予算を共に示しているが，重要性に応じて別に作成されることも多い。

図表 3.8　販売費・一般管理費予算

販売費・一般管理費予算

四　半　期　　　　　　　　　　　　（単位：円）

	1	2	3	4	合　計
給　　　　料	100,000	100,000	100,000	100,000	400,000
広 告 宣 伝 費	50,000	50,000	50,000	50,000	200,000
そ　の　他	20,000	20,000	20,000	20,000	80,000
合　　　　計	170,000	170,000	170,000	170,000	680,000

◯ 資 金 予 算

　資金予算は，予算期間における現金収入と支出を示すものです。現金の不足は業務の遂行に支障をきたし，また高コストとなりがちな緊急借入の事態を招くため，必要な資金を絶えず確保しておかねばなりません。しかし，過剰な現金残高も，それを利用した利益獲得機会を逃すこととなりマイナスです。そのため，適切な現金残高を絶えず確保できるように，周到な計画が必要となります。しかし，収益≠現金収入，費用≠現金支出，であるため，収益と費用の差額である利益は現金残高と一致しません。それゆえに，収益や費用に関する予算とは別に資金予算が必要となるのです。たとえば製品の販売や材料の購入は，すべて現金で決済されるわけではありません。

　そこで，現金収入を見積もるときに，売上高のうちの現金回収高と次期回収高の決定が，そして同様に現金支出を見積もる場合も，材料購入額のうちの現金支払高と次期支払高の決定が必要となるのです。また減価償却費のように現金支出の伴わない費用を除かねばなりません。

　この予算により，現金不足が予測されるときは有利な借入れを検討する時間的余裕をもつことができます。また現金の過剰が予測されるときは，新た

図表 3.9 資金予算

資金予算

四　半　期　　　　　　　（単位：円）

	1	2	3	4	合　計
期首現金残高	32,450	69,210	217,850	155,880	32,450
加算：現金収入					
前四半期売掛金回収高	440,000*4	400,000	480,000	440,000	1,760,000
今期売掛金回収高	1,600,000*5	1,920,000	1,760,000	1,680,000	6,960,000
総　収　入　額	2,072,450	2,389,210	2,457,850	2,275,880	8,752,450
現　金　支　出					
直接材料購入					
前四半期買掛金支払高	259,920*6	248,880	283,320	261,600	1,053,720
今期材料購入支払高	373,320*7	424,980	392,400	374,220	1,564,920
合　　　計	633,240	673,860	675,720	635,820	2,618,640
直接労務費*1	408,000	476,000	438,000	418,000	1,740,000
製造間接費*2	792,000	851,500	818,250	800,750	3,262,500
設備購入額			200,000		200,000
販売費・一般管理費*3	170,000	170,000	170,000	170,000	680,000
合　　　計	1,370,000	1,497,500	1,626,250	1,388,750	5,882,500
差引：総支出額	2,003,240	2,171,360	2,301,970	2,024,570	8,501,140
期末現金残高	69,210	217,850	155,880	251,310	251,310

*1 直接労務費予算(図表3.6)より
*2 製造間接費予算(図表3.7)より
*3 販売費・一般管理費予算(図表3.8)より
*4 前年度第4四半期売上高2,200,000円の20％
*5 今年度売上高(図表3.3)2,000,000円の80％
*6 前年度第4四半期材料購入高649,800円の40％
*7 今年度材料購入高(図表3.5)622,200円の60％

な投資機会を広く検討することが可能となります。

　例 3.7　当社では（図表3.9），売上高のうち80％を当期に，そして20％を次期に現金で回収することになっている。それに対して，材料購入に当た

っては，60%を当期に，40%を次期に現金で支払うこととしている。なお，この例では当社の予算を四半期で示しているが，きめの細かい計画が必要な場合は，月次あるいは週次で作成されることも多い。

○ 資本予算

資本予算は，主に，固定資産（例：工場，設備）の取得や廃棄の予想金額を示す設備投資予算から成ります。これらは長期的に企業に対して大きな影響を与えるために，長・中期計画に基づいて作成されます。そのため，他の予算とは別に作成されますが，固定資産の取得により発生する減価償却費のような費用は製造間接費予算に含まれます。そのために，他の予算に影響を与えます。なお資本予算には，他に投融資予算および資本調達予算が含まれる場合もあります。

例3.8　当社では，第3四半期に200,000円の設備の購入を予定している。その結果，200,000円の支出と，それ以後5年間にわたって減価償却費が毎年40,000円（毎四半期10,000円）ずつ発生する（定額法によるが，単純化のため残存価額は0円としている。200,000円÷5年÷四半期＝10,000円）。それにより，製造間接費予算（図表3.7）の第3および第4四半期の減価償却費が10,000円増加している。

○ 見積財務諸表

見積財務諸表は，見積損益計算書，見積貸借対照表，および見積キャッシュ・フロー計算書より成っており，これまでの各予算の金額を集計することにより作成します。もしこれにより算定される財務数値が，目標に達しないなら，修正が必要となります。たとえば利益が不足であれば，売上高増加あるいは原価削減等の対策を検討します。もし，それが困難であれば目標利益

の引下げが必要となることもあります。そしてそれらにより予算が承認されると，その期の業績評価の基準となります。

例3.9 当社の20X2年度の見積財務諸表（四半期ではなく年間）は図表3.10～3.12に示すとおりであるが，見積キャッシュ・フロー計算書は省略している。なお当社では，見積損益計算書上で売上原価を算定して記入したが，売上原価予算を別に編成する場合が多い。

図表3.10　見積損益計算書

見積損益計算書（20X2年度）　　　　　　　　（単位：円）

売上高		8,700,000	（←売上高予算）
売上原価			
直接材料費	（60×43,500個）	2,610,000	（←直接材料費予算）
直接労務費	（40×43,500個）	1,740,000	（←直接労務費予算）
製造間接費	（80×43,500個）	3,480,000	（←製造間接費予算）
総原価	（180×43,500個）	7,830,000	
＋）期首製品在庫高	（170[*1]×1,000[*2]個）	170,000	
計		8,000,000	
−）期末製品在庫高	（180×1,000[*3]個）	180,000	
売上総原価		7,820,000	
売上総利益		880,000	
販売費・一般管理費		680,000	（←販売費・一般管理費予算）
⋮[*4]		—	
当期純利益		200,000	

[*1] 20X1年度の単位当たり製造原価は170円とする
[*2] 製造予算（図表3.4）第1四半期期首在庫量
[*3] 　　　〃　　　　　第4四半期期末在庫量
[*4] 単純化のため営業外収益以下の項目は省略している

図表3.11　貸借対照表

貸借対照表（20X1年度末）　　　（単位：円）

流動資産		負債	
現　金	32,450*1	買掛金	259,920*5
売掛金	440,000*2	純資産	
材　料	61,200*3	資本金	703,000
製　品	170,000*4	利益剰余金	300,730
固定資産		負債・純資産合計	1,263,650
設備・建物	950,000		
減価償却費	390,000		
資産合計	1,263,650		

*1 資金予算（図表3.9）の第1四半期期首現金残高
*2 　　〃　　　の第1四半期における前四半期売掛金回収高
*3 直接材料費予算（図表3.5）の第1四半期期首在庫高
*4 170円（20X1年度単位当たり製造原価）×1,000個（図表3.4の製造予算の第1四半期期首在庫量）
*5 資金予算（図表3.9）の第1四半期，前四半期買掛金支払高

図表3.12　見積貸借対照表

見積貸借対照表（20X2年度末）　　　（単位：円）

流動資産		負債	
現　金	251,310*1	買掛金	249,480*7
売掛金	420,000*2	純資産	
材　料	59,400*3	資本金	703,000
製　品	180,000*4	利益剰余金	500,730*8
固定資産		負債・純資産合計	1,453,210
設備・建物	1,150,000*5		
減価償却費	607,500*6		
資産合計	1,453,210		

*1 資金予算（図表3.9）の第4四半期期末現金残高
*2 売上高予算（図表3.3）の第4四半期売上高（2,100,000円）の20%
*3 直接材料費予算（図表3.5）の第4四半期期末在庫高
*4 {単位当たり直接材料費60円（図表3.5）＋単位当たり直接労務費40円（図表3.6）＋単位当たり製造間接費80円（図表3.7）＝180円}×1,000個（図表3.4の製造予算第4四半期末在庫量）
*5 第3四半期の200,000円の設備購入分を，20X1年度期末残高に加算
*6 390,000円（20X1年度末貸借対照表）＋217,500円（図表3.7の製造間接費予算，減価償却費合計額）
*7 直接材料費予算（図表3.5）の第4四半期購入予定額（623,700円）の40%
*8 300,730円（20X1年度末貸借対照表）＋200,000円（図表3.10の20X2年度見積損益計算書）より

3.5 予算編成の際の注意点

　正確な予算が編成できたとしても，その達成に向けた努力を従業員が機械的に実施するわけではありません。行動するのは心をもった人間です。そのため，予算が人間の心理面・行動面に与える影響を考慮しながら，予算編成することが必要となります。そのうち，これまで特に論じられてきた3つの問題について解説します。

○　予算参加

　予算編成の仕方は大別すると次の2つとなります。その一つは，トップおよび一部の予算スタッフが中心となって編成し，それを各部門責任者に伝えて，これを実行させるトップ・ダウン型あるいは割当型です。これは全社的戦略や長期計画を反映しやすいという長所があります。その反面，部門責任者の意見が反映されず，上からの押し付けと感じさせるためやる気が失われる危険性があります。これを防ぐ効果があるのが，予算編成過程において部門責任者の意見を取り入れるボトム・アップ型あるいは参加型です。多数の調査により，従業員は目標設定過程に加わることによりそれを達成しようとの意欲が高まることが証明されています。それゆえに，この方法により，従業員のモチベーションが高められるという効果があるのです。また現場の知識が豊富な部門責任者からの情報を組み込むことができるという長所もあります。

　しかし，参加といっても範囲が広く，トップの最終承認以前に部門責任者が予算に対して一部コメントする権利があるだけのものから，予算を設定する最終的権限をもつものまで幅広くあります。そのため，参加とは名ばかりの，実質的になんらの権限もない"擬似的参加"と呼ばれる形式となってし

まっているケースも少なくありません。しかし，これはかえって従業員の反感を招きモチベーションを低下させるものとして，強く否定されています。また，参加が強調されるとトップの意向が反映されにくいという欠点をもちます。そのため人間の感情面と全社的計画達成の2つの点に配慮して，両者を組合せたやり方が実施されるのが普通です。すなわち，トップの意向を反映した予算編成方針に基づいて，各部門責任者は予算案を作成し，それをトップが集約し，修正して最終案として決定するという形式です。

○ 予算スラック

　有効な予算を編成するには，現場責任者からの正確な予測値の提供が必要です。しかし，予算が個人の業績評価のために使用されるなら，たとえば現場の販売責任者は将来の自身の評価を有利とするために，予想より少ない売上高を申告しがちとなります。このような予算数値に含まれる"ゆとり"の部分を予算スラックといいます。

　この場合，それに基づいて予算編成が行われるなら，製造予算も少なく設定されるため，販売時に品不足のため販売チャンスを逃がす可能性があります。また逆に製造現場の人間は高めの原価数値を申告することが有利となります。その場合はそれに基づいて費用予算が編成されるため，それに必要な資金が多くなり，能率的な資金運用が妨げられてしまいます。このように業績評価機能を重視すると，有効な経営計画が立てられない事態を招きかねません。そこでこれを防ぐには，予算に関して全権をもち，現場の提示した予測値の再査定，調整を行う権限のある委員会あるいは責任部署の設置が有効とされています。しかし，この委員に現場の知識が乏しい場合も多く，またこの裁定により修正を求められた側に不満が生じ，モチベーションを損なう可能性があるため，本質的な解決策とはなりません。そのため，予算を個人の業績評価の際の基準値として，直接的に使用しないことが重要です。

○ タイトネス

　予算編成の際に，予算数値のタイトネス（厳しさのレベル）をどの程度にするかという問題があります。従業員のモチベーション面を考慮すると，従来から"厳しいが達成可能"なレベルが最も適しているとされています。それは，達成容易な目標では従業員のベストの努力を引き出すのは困難である反面，達成不可能なほど高いレベルでは初めから努力を放棄する可能性が高いからです。しかし，このレベルを総合予算の編成に適用するのは適切ではありません。それは，前述のように，総合予算はすべての部門の予算が相互に関連しているからです。すなわち，厳しいレベルにすると，その分達成可能性が低くなります。それによりある部門予算の未達成が生じると，全社的な不整合が生じ，利益計画の意義が失われます。それゆえに総合予算においては，実現可能性の高い数値を設定する必要があります。したがって，このケースでも予算のモチベーション機能や業績評価の基準値としての有効性をあまり強調すべきではありません。

3.6　予算統制

　予算統制は，予算の達成を確保するための一連の活動を意味するものであり，その内容は次の2つに分けることができます。

(1)　事前コントロール
事前に予算を目標値として示すことにより従業員のやる気を高める（モチベーション）。

(2)　事後コントロール
予算と実績を，事後的に比較することにより業績評価を行うと共に，その差異の原因を分析し，改善措置を講じ，さらに将来の予算編成に生かすため

に担当者に情報を伝達する（フィードバック）。

このうち本節では，これまで重点的に論じられてきた事後コントロールの予算差異分析を中心に解説します。

3 予算差異分析方法

業務が終了し期末に業績が集計されると，それと予算を比較することにより評価が実施されます。その場合に，総額の比較のみではなく，これをさらに分解することにより，原因を明らかにし，以後の改善に役立てることができます。

1．売上高差異

まず，各製品ごとの売上高の差異について，その原因を価格による場合と，数量による場合とに分解します。

① 販売価格差異＝（実際販売単価－予算販売単価）×実際販売量　　　(3.1)

② 販売数量差異＝（実際販売量－予算販売量）×予算販売単価　　　(3.2)

設例3.1：図表3.3の売上高予算の企業における第1四半期の実際売上高は次のとおりであったとする。

　　　8,100個（販売量）×190円（単価）＝1,539,000円

このデータに基づいて，販売価格差異と販売数量差異を求めなさい。

[解　答]
　これと第1四半期予算額（販売量…10,000個，販売単価…200円）とを比較すると，461,000円（1,539,000円－2,000,000円）不足であったことが分かります。そこでこれをさらに分解します。
　①販売価格差異＝(190円－200円)×8,100個＝－81,000円（不利）
　②販売数量差異＝(8,100個－10,000個)×200円＝－380,000円（不利）
　これにより，売上高が461,000円，予算額に達しなかった原因は，81,000円分が安く販売したことによるもので，380,000円分が販売量不足によるものであることが分かります。

2．市場占有率差異

　販売数量差異をさらに分解することが有効な場合があります。たとえば，冷夏でビール販売量が予算を下回ったとき，その差異を，次に示す(3.3)～(3.6)あるいは図表3.13のように，営業努力の不足（市場占有率の減少）による部分と，市場全体の需要量の減少による部分とに分けることで，より有効な情報を提供することができます。

③　市場占有率差異＝(実際販売量－実際総需要量＊×予算市場占有率)
　　　　　　　　×予算販売単価　　　　　　　　　　　　　　(3.3)
　＊総需要量＝市場全体の需要量

　これは次のように示すこともできます。

③′　市場占有率差異＝実際総需要量×(実際市場占有率－予算市場占有率)
　　　　　　　　×予算販売単価　　　　　　　　　　　　　　(3.4)

④　市場総需要量差異＝(実際総需要量×予算市場占有率－予算販売量)
　　　　　　　　×予算販売単価　　　　　　　　　　　　　　(3.5)

　そして，これは次のように示すこともできます。

図表 3.13　市場占有率差異

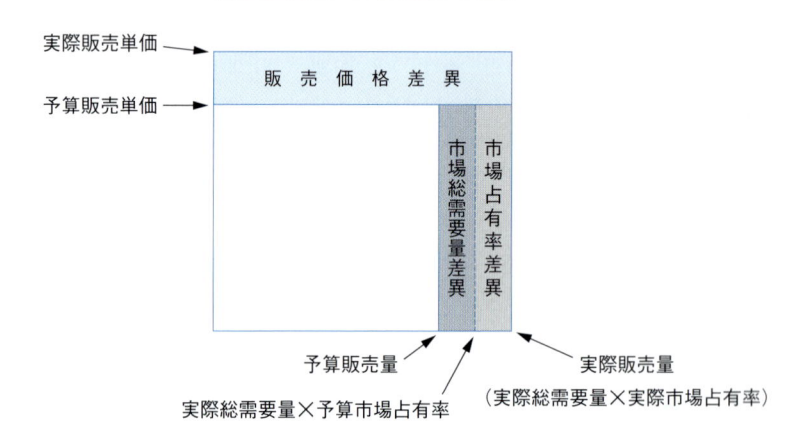

```
実際販売単価 →  ┌─────────────────────────┐
                │     販　売　価　格　差　異    │
予算販売単価 →  ├──────────────────┬──┬──┤
                │                  │市 │市 │
                │                  │場 │場 │
                │                  │総 │占 │
                │                  │需 │有 │
                │                  │要 │率 │
                │                  │量 │差 │
                │                  │差 │異 │
                │                  │異 │   │
                └──────────────────┴──┴──┘
                         ↑         ↑    ↑
                      予算販売量        実際販売量
                                   (実際総需要量×実際市場占有率)
                   実際総需要量×予算市場占有率
```

④′ 市場総需要量差異＝（実際総需要量－予算総需要量）
　　　　　　　　　　×予算市場占有率×予算販売単価　　　　(3.6)

設例3.2：設例3.1のデータに占有率を加えた下記の資料を用いて，市場占有率差異と市場総需要量差異を求めなさい。

[資　料]
　予算：販売量　10,000個　　単価　200円　　市場占有率　10％
　実際：販売量　 8,100個　　単価　190円　　市場占有率　 9％

[解　答]

予算と実際の総需要量はそれぞれ次のように算定できます。
　予算総需要量＝10,000個÷0.1＝100,000個
　実際総需要量＝8,100個÷0.09＝90,000個

これを (3.3) と (3.5) に当てはめると，
　　③市場占有率差異＝(8,100個－90,000個×0.1)×200円＝－180,000円
　　④市場総需要量差異＝(90,000個×0.1－10,000個)×200円＝－200,000円
　これにより，設例3.1で算出した不利な販売数量差異380,000円は，営業努力不足による180,000円と，市場全体の需要量が減少したことによる200,000円が原因であったことが分かります。

3．セールス・ミックス差異

また，新旧製品の交代期などに，新製品販売を促すことが会社の方針とされる場合があります。このような状況で，他の製品の販売量と比較した形での分析が役立つことがあります。これが，次に示す式 (3.7)〜(3.10)，あるいは図表3.14で示す製品別セールス・ミックス差異です。

---

⑤　製品別セールス・ミックス差異＝(実際販売量－実際総販売量*
　　　　　　　　　　　　　　　　　×予算セールス・ミックス**)
　　　　　　　　　　　　　　　　×予算販売単価　　　　　(3.7)

　＊総販売量＝全製品の販売量
　＊＊セールス・ミックス＝全製品の販売量に対するその製品の販売量比率

これは次のように示すこともできます。

---

⑤′　製品別セールス・ミックス差異＝実際総販売量×
　　(実際セールス・ミックス－予算セールス・ミックス)×予算販売単価
　　　　　　　　　　　　　　　　　　　　　　　　　　　　　(3.8)

---

⑥　製品別販売数量差異＝(実際総販売量×予算セールス・ミックス
　　　　　　　　　　　　－予算販売量)×予算販売単価　　(3.9)

そして，これは次のように示すこともできます。

図表3.14 セールス・ミックス差異

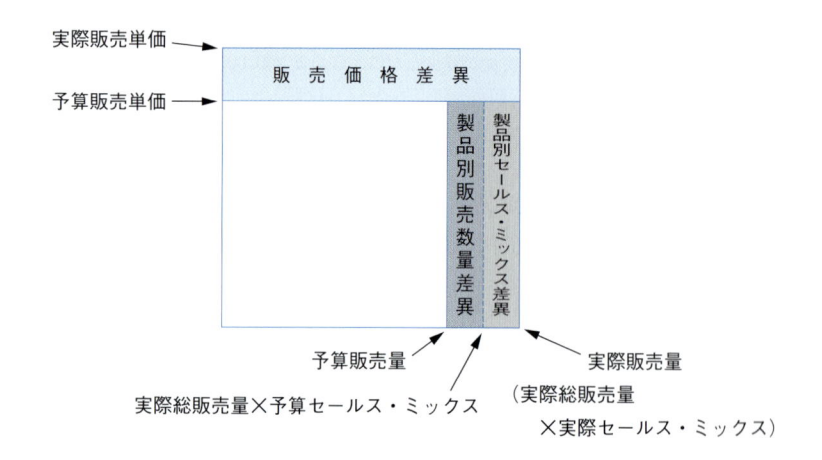

```
実際販売単価 ──┐
              ┌─────────────────────────┬──┬──┐
予算販売単価 ──→│   販  売  価  格  差  異  │  │  │
              │                         │製│製│
              │                         │品│品│
              │                         │別│別│
              │                         │販│セ│
              │                         │売│ー│
              │                         │数│ル│
              │                         │量│ス│
              │                         │差│・│
              │                         │異│ミ│
              │                         │  │ッ│
              │                         │  │ク│
              │                         │  │ス│
              │                         │  │差│
              │                         │  │異│
              └─────────────────────────┴──┴──┘
                                  ↑   ↑
                              予算販売量  実際販売量
                   実際総販売量×予算セールス・ミックス  (実際総販売量
                                                    ×実際セールス・ミックス)
```

⑥′ 製品別販売数量差異＝（実際総販売量－予算総販売量）
　　　　　　　　　　　×予算セールス・ミックス×予算販売単価

(3.10)

設例3.3:次のデータにより製品別セールス・ミックス差異を求めなさい。

[資 料]

予算	販売量(個)	単価(円)	販売高(円)
旧製品	2 $\left(\frac{1}{5}\right)$	50	100
新製品	8 $\left(\frac{4}{5}\right)$	60	480
	10		580
実際			
旧製品	5 $\left(\frac{1}{3}\right)$	50	250
新製品	10 $\left(\frac{2}{3}\right)$	60	600
	15		850

[解 答]

　予算に比べて実際総販売量は5個多くなっています。しかし予算では，旧製品:新製品の比率が2:8＝1:4を予定したにもかかわらず，実際には，5:10＝1:2で販売されています。この場合の製品別セールス・ミックス差異を算出すると，次のようになります。まず，実際の総販売量15個をもし予定セールス・ミックスで販売したとするなら旧製品販売量は15個×$\frac{1}{5}$＝3個，新製品販売量は15個×$\frac{4}{5}$＝12個です。これと実際販売量5個および10個の差により，予算と実際のセールス・ミックスの差異を算定することができます。

　　旧製品のセールス・ミックス差異＝(5個－3個)×50円＝100円,

　　新製品のセールス・ミックス差異＝(10個－12個)×60円＝－120円

　このように，新製品は販売量が予算を上回ったものの，予算では総販売量の80%$\left(\frac{1}{5}\right)$販売する予定でしたが，実際には約67%$\left(\frac{2}{3}\right)$しか販売できなかったために，ミックス差異はマイナスの金額が算定されました。この算定式によると，予算を上回ってもその数量が他の製品以上でないと，プラスの評価が得られないこととなります。この差異を算出することにより，特定製品の販売状況を，より明確に示すことが可能となります。

　ただし，セールス・ミックス差異に関しては，これ以外の算定式も複数存在し[3]，どれが適切かは議論が分かれています。またこの有効性は，上記の

ような製品相互に関連性がある状況に限定されるものであるため，これを適用する際には注意が必要です。むしろこれを算定せずとも，製品ごとに予算との数量差異を算定すれば十分との意見（Drury, 2004, pp.785-786）もあります。

4．原価差異

原価差異についても売上高差異と同様に，費目別，あるいは部門別に予算額と実際額を比較し，必要に応じてさらに細かく分析することが可能です。ただし次の点に注意が必要となります。たとえば生産量が予算を下回ったとき，生産に必要な原価消費額も，予算金額に比べて少なくなって当然です。しかしこれは有利な差異とはいえません。この場合は，実際生産量に対応した予算（これを変動予算という）の金額により，差異を算定する必要があります。これを図表3.7の製造間接費予算を例に説明してみましょう。

予算では，第1四半期は10,200個の生産量を予定していました（図表3.4，製造予算より）。しかし，実際生産量は10,000個であったとします。このとき，実際生産量に対応しない予算編成時のままの予算（これを固定予算という）による金額と実際額を比較した業績報告書が図表3.15です。ここでは，合計5,475円の有利差異が示されていますが，これにより有利と判断することはできません。実際生産量が減少しているため，それに対応した金額を示す予算（変動予算）を作成し，それと実際額との比較が必要だからです。これを示したのが図表3.16で，これによると，合計は1,525円の不利差異となっており，これが業績の良否をより正確に反映したものとなります。

---

3) ここで示した式では，販売単価を掛けることによりセールス・ミックス差異を算出しましたが，単位当たり貢献利益により計算する方法（Horngren, *et al*., 2006, p.510）もあります。

図表3.15 製造間接費業績報告書（固定予算）

製造間接費業績報告書（固定予算）　（単位：円）

	固定予算	実際額	差異*
生　産　量	10,200	10,000	−200
変　動　費			
間接材料費（￥10/個）	102,000	101,000	1,000
間接労務費（￥20/個）	204,000	200,500	3,500
そ の 他（￥5/個）	51,000	49,500	1,500
合　計（￥35/個）	357,000	351,000	6,000
固　定　費			
監 督 者 給 料	326,250	327,000	−750
減 価 償 却 費	49,375	49,000	375
そ　の　他	108,750	108,900	−150
合　　計	484,375	484,900	−525
製 造 間 接 費 合 計	841,375	835,900	5,475

＊"−"は不利差異を表すものとする

図表3.16 製造間接費業績報告書（変動予算）

製造間接費業績報告書（変動予算）　（単位：円）

	変動予算	実際額	差異*
生　産　量	10,000	10,000	0
変　動　費			
間接材料費（￥10/個）	100,000	101,000	−1,000
間接労務費（￥20/個）	200,000	200,500	−500
そ の 他（￥5/個）	50,000	49,500	500
合　計（￥35/個）	350,000	351,000	−1,000
固　定　費			
監 督 者 給 料	326,250	327,000	−750
減 価 償 却 費	49,375	49,000	375
そ　の　他	108,750	108,900	−150
合　　計	484,375	484,900	−525
製 造 間 接 費 合 計	834,375	835,900	−1,525

＊"−"は不利差異を表すものとする

3.6 予算統制

3.7　予算差異分析の際の注意点

○ 例外管理の原則

　差異分析にはかなりの手数および時間を要するのが普通です。そのため，これを実施するにはコストがかかるという事実を忘れてはなりません。それゆえに，すべての差異について分析を実施する必要はなく，差異分析に要するコストとそれにより得られる便益を比較し，後者が上回るときにのみこれを実施するのが適切であるとされています。そのため差異の金額に基準を設け，これを越える例外的に大きな差異のみ分析の対象とするのが普通です。これが例外管理の原則です。

○ 責任会計の原則

　責任会計の原則とは，責任者は自身にとってコントロール可能な原価（管理可能費）にのみ責任を持つべきとする原則です。たとえば，生産部門の責任者にとって，材料消費量はコントロール可能ですが，その購入価格に関しては購入担当部門の責任範囲であるため，これに影響力が及ばないことがあります。この場合に，不利な材料購入価格差異の責任をとらされると，会計制度や上司に対する不信感から，やる気が大きく損なわれ，その後の業績に悪い影響をおよぼすこととなりかねません。それゆえに，業績評価はその担当者にとってコントロール可能な範囲に限定すべきです。また，次のような責任外の原因による差異についても，業績評価に使用すべきではないとされています。

(1) 予算自体に問題がある場合
　例：予算設定時の判断ミスにより，予算金額が適切ではない場合。

(2) 予算設定の前提となる条件が変化した場合

例：予期しないライバル企業の出現，新製品の登場，異常気象等。

(1)は当然ですが，(2)についても，特に今日のような環境変化の激しい状況では，予算設定時の数値を予算期間経過後にそのまま適用できないことが多いため，これをそのまま基準値として使用することはできません[4]。

このような管理可能性の問題，および前述の予算スラックの発生や基準となる予算値のタイトネス・レベルの不適切性のため，差異分析の結果をストレートに個人の業績評価に結びつけるべきではありません。また，予算差異分析の数値を直接的に金銭的報酬に反映させるのも誤りです。したがって予算と実績の差異は，主に，予算を達成できなかった理由を探求し，問題点の改善や将来の予算編成の際の参考のために使用すべきです。そのため，今日では予算統制の重要性は以前に比べて低下しつつあります。

また差異分析に際しては，有利な差異が必ずしも企業にとって好ましい状況を示すわけではありません。たとえば，品質の劣る低価格の材料を購入することによって，有利な材料価格差異を計上することができますが，これにより，後の製造工程で欠陥品が多量に生じるのでは意味がありません。また強引な販売によっても，一時的に有利な売上高差異を計上することができます。それゆえに差異分析においては，単に差異を測定するだけではなく，その原因を分析検討することが重要となります。

3.8 予算の問題点

予算は，多数の有効な役割を果たしています。しかし前述のように，予算

---

[4] ただし，これらの状況変化も予期して業務を行うのが責任者の役割であるため，これらを排除すべきではないとの意見（Merchant, 1998, p.581）もあります。

管理の際に発生するスラック，タイトネス・レベルの選択の問題，あるいは時間の経過による前提条件の変化により，この有効性が損なわれる可能性があります。またそれ以外に，次の欠点が指摘されています。

(1) 財務指標の偏重

予算は，財務数値による短期的な目標額を示すものであるため，この達成のみに力を注ぎ，従業員教育のような，数値で表せない有用な活動を軽視するようになりがちです。

(2) 過大な事務負担

予算編成に必要な労力は少ないものではなく，その完成までに2～3ヶ月を要する企業も多数存在します。そのため，これに見合うだけのメリットが少ないとの批判もあります。

これらの欠点により，近年では予算不要論さえ主張されています（ホープ・フレーザー，2005）。しかし，他の全社的な計画，調整手法の存在なしに，これを廃止することは，地図なしで目標にむけて道をさまようのと同じ状況となりかねません。それゆえに，これに代わる有効な手法が存在しないなら，この問題点を改善することにより，よりよい形でこれを利用していくことが有効な方法といえるでしょう。

3.9　他の予算の形態

予算の欠点を克服するものとして，これまでいくつかの予算が提案されてきました。その代表的なものを紹介します。

◯ 継 続 予 算

今日のような変化の激しい企業環境においては，年に一度の予算では有効

ではありません。そこで，年度予算を通年で使用し続けるのではなく，定期的に新しい予算に更新していくタイプのものが必要とされています。継続予算（ローリング予算とも呼ばれる）はその要請にこたえたものです。

次のような形式が一般的とされます。ある予算期間（通常月次あるいは四半期）が経過するごとに，その期間の予算をはずし，代わりに新たな期間の予算を追加していくもので，たとえば2008年1月末になると，予算から1月分を削除し，新たに2009年1月分の予算を追加するという形式です。あるいは次のような形式もあります。まず第1四半期のみ月次予算を，残りの9ヶ月は四半期予算を作成し，時の経過につれて，第2四半期そして第3四半期というように順次月次予算を作成していきます。また同時に，四半期が終了するごとに新たな四半期の予算を作成することにより，絶えず12ヶ月分の予算を利用可能な状態にしておくという形式です。

この予算により，最新の活動結果と企業環境の変化を頻繁に予算に組み込むことで，予算をより現実を反映したものとすることができます。また，売上高や原価の目標レベルを迅速に変更でき，業績を現実的な目標と比較することが可能となります。さらに，部門責任者は年に一度でなく，継続的に予算に関与し，将来の計画を検討することを促されるため，現実に即した計画設定が可能となります。ただしこの予算の欠点は，予算編成の頻度が増すために，多大な労力とコストを必要とする点です。それゆえにこれらの長所・短所を勘案して，これを実行するか否かを決定すべきでしょう。

○ ゼロ・ベース予算

従来型の予算は，過去の活動や職能は将来も継続するとの前提の下に，過年度の実績数値を基礎として作成されます。それゆえに予算額が未消費の場合，次年度に削減されるのを防ぐために，予算額を使いきることがよく行われます。それに対してゼロベース予算（Zero Base Budgeting：ZBB）では，以前に認められた予算額は一切考慮されず，提案されたすべての予算項目は，

そのコストと便益との比較により査定を受け，優先順位がつけられ，その結果採否が決定されます。それゆえに，これを採用することにより，無駄な予算の消費を避けることが可能となるばかりではなく，各部門責任者に，毎期に全活動の有効性を考えることを促し，さらに予算編成の際に合理的な資金配分を徹底させることが可能となります。

ただし ZBB はすべての費用に有効なわけではありません。材料費や労務費のような資源の投入と産出（成果）の最適な関係が明確な費用は，生産量に応じて最適な費用を算定することが可能なため，ゼロから査定する有効性は低いといえます。

それに対して広告宣伝費，研究開発費，従業員訓練費のような自由裁量費と呼ばれる費用は，資源の投入と産出の関係が不明確なため，予算額が責任者の裁量に任されています。それゆえに，ZBB はこれらの費用に対して最も有効性を発揮します。また，そのため ZBB は，多くの金額が自由裁量費である政府や非営利組織で最も使用されています。

ただし，この予算の欠点は毎年ゼロから査定するため，多大なコストがかかることです。そのため，毎年ではなく数年おきに実施する例もみられます。

練習問題

3.1 次のデータに基づいて，売上高差異の分析を行いなさい。なお販売数量差異は市場占有率差異と市場総需要量差異に分解すること。

　　　予算売上高　@100 円×500 個＝50,000 円
　　　実際売上高　@95 円×480 個＝45,600 円
　　　予算市場占有率 10％，実際市場占有率 8％

3.2 予算管理の有効性と問題点について解説しなさい。

3.3 予算参加の長所と短所について解説しなさい。

参考文献

浅田孝幸・頼　誠・鈴木研一・中川　優・佐々木郁子（2005）『管理会計・入門（新版）』有斐閣

石井淳蔵・奥村昭博・加護野忠男・野中郁次郎（1996）『経営戦略論（新版）』有斐閣

岡本　清（2000）『原価計算（六訂版）』国元書房

櫻井通晴（2004）『管理会計（第三版）』同文館出版

J. ホープ・R. フレーザー著，清水　孝監訳（2005）『脱予算経営』生産性出版

（Hope, J. & R. Fraser（2003）, *Beyond Budgeting: How Managers Can Break Freedom the Annual Performance Trap*, Harvard Business School Publishing.）

Berfield, J. T., C. A. Raiborn & M. R. Kinney（1997）, *Cost Accounting: Traditions and Innovations*. 3rd ed., South-Western College Publishing.

Drury, C.（2004）, *Management and Cost Accounting*, 6th ed., Thomson Learning.

Hilton, R. W., M. W. Maher & F. H. Selto（1998）, *Cost Management: Strategies for Business Decisions*, Irwin McGraw-Hill.

Horngren, C. T., S. M. Dater & G. Foster（2006）, *Cost Accounting: A Managerial Emphasis*, 12th ed., Prentice-Hall.

Jiambalvo, J.（2001）, *Managerial Accounting*, John Wiley & Sons.

Merchant, K. A.（1998）, *Modern Management Control Systems: Text and Cases*, Prentice-Hall.

第4章

在庫管理

　在庫とは，将来の生産・販売活動のために，原料，材料，仕掛品，製品，あるいは商品が企業に保有されている状態です。これらを保有することは，保管費がかかること，およびこれに投じられた資金がムダになること等の欠点がある反面，在庫をなくすと突然の顧客からの注文，あるいは材料の供給がストップしたときに，企業は大きな打撃を受ける可能性があります。そのため一定量の在庫の保有は必要とされます。そこでこれらの適切な管理に関する問題や，在庫と発注に必要な費用を最小にする発注量の検討が行われています。

　他方，在庫の弊害が強く認識されるにつれて，これらを最小にすることを目指した生産方法が考案されるようになりました。本章ではこの問題について，特に原価の観点を中心に解説を行います。

○ *KEY WORDS* ○

在庫管理，ABC分析，発注費，保管費，経済的発注量，
JIT生産方式の原価削減効果，リード・タイム，ZD，
段取り時間，バック・フラッシュ原価計算

4.1　はじめに

　在庫を保有する主な理由は，急な注文や生産の要請に迅速に対応するためです。しかし割引等により大量購入が有利なときに，当座の必要量以上を購入したり，各工程の作業時間が異なるとき，その調整のため在庫が発生する場合があります。これらの消極的理由も含めて，以前は一定量の在庫を保有することが一般的でした。

　しかし，次のような弊害もあります。たとえば 100 万円で購入した材料を倉庫に貯蔵することは，100 万円の現金を，収益を生み出さないまま倉庫に寝かせているのと同じであるといえます。それどころか，かえってマイナスでさえあります。それはこれを管理するための費用や倉庫費がかかる上に，他の代替品の出現により不要となることもあるためです。これは仕掛品（未完成の製品）や製品の在庫についても同様です。そして，これらの弊害は過大な在庫をもつ企業が多くなるにつれて，強く意識されるようになってきました。

　そのため，在庫を可能な限り少なくしようという生産方式が考案されました。それがカンバン方式です。この方式は，これを実施したトヨタ自動車の発展とともに，Just In Time（略して JIT と呼ばれています）と名付けられ日本のみでなく世界中に急速に普及しています。しかし，これを導入したからといってすべての企業が成功するわけではありません。後述するように，うまく実施するためにはいくつかの条件が必要とされるからです。さらに販売，生産等の企業のすべてのプロセスを，一元的に管理するシステムも必要となります。

　本章ではこれらの問題について順次解説していきますが，在庫の問題は，"生産管理"という学問分野で従来から広く検討されています。そのため総合的な検討はそちらのテキストを参照してください。しかし，近年"管理会

計"でもこの問題が取り上げられることが多くなってきました。それは在庫が原価に大きな影響を与えることが強く認識されるようになってきたためです。そこで本章では，もっぱら在庫の原価・収益面に与える影響を中心に解説を行います。

まず最初に，JITを理解するための前提概念として，ABC分析と経済的発注量について説明し，その後でJITの解説に入ります。

4.2　ABC分析

　ABC分析とは，材料や部品の在庫を一律に管理するのではなく，重要度に応じてそれぞれ異なるやり方で管理しようとする方法です。これにより，重要度の低い在庫品にムダなエネルギーを費やすことなく，効率的な管理が可能となります。次に示すように，ABCの3つのグループに分類するため，このような名称が付いているのですが，さらにグループ分けを細かくして，それぞれに適した方法で管理することも可能です。

　Aグループ……数は少ないが高価格であるため，在庫金額中の多くの部分を占める材料。

　Cグループ……数は多いが低価格であるため，在庫に占める金額の割合が少ない材料。

　Bグループ……両グループの中間に位置する材料。

　Aグループは厳格な管理が必要であり，在庫を最小化するJITが有効となります。それに対してCグループは，厳格な管理をすることにより得られる便益よりコストの方が大きいと予想されます（コスト便益分析）。そのため，一つ一つの材料についてではなく，1箱あるいは一定の重量当たりで管理するのが適当です。たとえばダブルビン・システム（2つのケースに材料をいっぱいに充たしておいて，片方から使用していき，そのケースが空にな

った時点で新たな注文をするシステム），あるいはレッド・ライン・システム（ケースの中ほどに線を引いておき，材料がこれを下回ったとき注文をするシステム）が適するとされます。そしてBグループに関しては，その材料の重要性や調達の容易さ等の条件に応じて，各企業の管理者の判断により決定するのがよいことになります。たとえば，次に解説する経済的発注量が適する場合もあります。

4.3　経済的発注量

　材料や部品を注文するときに，まとめて大量に注文するか，少量ずつ数回に分けて注文するかにより，在庫に関連する原価は大きく変化します。そこで，最適な発注量（経済的発注量，Economic Order Quantity：EOQ）について次に解説します。

　発注量により変動する原価は，主に発注費と保管費です。**発注費とは，材料や部品を注文するときに発生する通信費や事務処理費，あるいは配送された材料の荷下ろし費，検査費のような費用**です。これは次の式により算出できます。

$$\text{発注費} = 1\text{回当たり発注費}(O) \times \text{年間発注回数} \underbrace{\frac{\text{年間必要量 } D}{1\text{回当たり発注量 } Q}} \quad (4.1)$$

　次に**保管費とは，在庫品を保管するために追加的に発生する費用**[1]のこと

---

[1] これは，第6章で解説する"意思決定"に関する問題であるため，その在庫品を保管することにより新たに発生する原価（差額原価）が対象となります。それゆえに，すでに倉庫に存在する他の在庫品のために使用されている光熱費や，保管業務に携わる従業員の給料（月給）のような費用項目はここでの考慮に含めるべきではありません。

です。これは火災保険料や，在庫品への投資により発生する資本コスト[2]等により構成され，次の式により算出されます。

$$保管費 = 1 単位当たり保管費(H) \times 平均在庫量\left(\frac{Q}{2}\right) \quad (4.2)$$

なお，平均在庫量の算出のために，1回当たり発注量(Q)を2で割っているのは次の理由によります。すなわち，倉庫に収められた材料は，毎日の材料消費量を一定と仮定すると，図表4.1のように直線的に減少していくので，平均在庫量は，発注量を2で割ることにより求めることができると考えられたためです。

ところで，この2種類の費用は次に示すように，1回当たり発注量に対して正反対の動きをします。

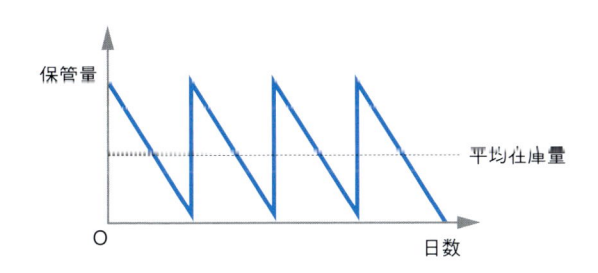

図表4.1 平均在庫量

[2) 在庫品として一定期間倉庫に保管することは，それを購入するためにかかった費用（購入金額および引取運賃等）を他の有利な先に投資すれば得られたと期待される収益を犠牲にしていることに等しいです。それゆえに，これを資本コストとして保管費に計上すべきです。また，これは機会原価と呼ばれ，"意思決定"において考慮すべき重要な費用項目です（詳しくは第6章を参照）。

> 1回当たり発注量増加 → 発注回数減少 → 発注費減少
> 　　　　　　　　　　　在庫量増加 → 保管費増加

　そのため，これらの費用の合計額は図表4.2のような形となり，総費用が最小となる発注量は Q であることが分かります。そこで，これを正確に算出するための公式が考え出されました。それは，前記の式を合計して1回当たり発注量（Q）について微分することにより導き出すことができます。その過程は省略して，結果の公式のみを示すと次のとおりとなります。

$$経済的発注量 = \sqrt{\frac{2 \times 必要量 \times 発注費}{保管費}} \tag{4.3}$$

図表4.2　発注費と保管費

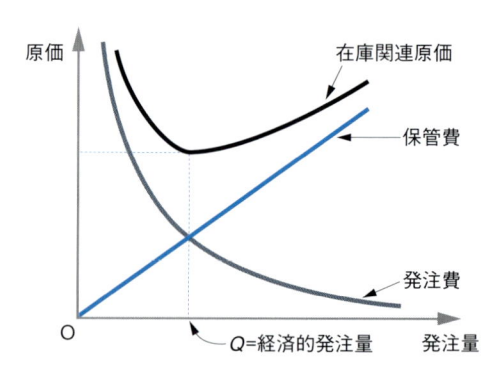

縦軸：原価　横軸：発注量

曲線：在庫関連原価，保管費，発注費

Q = 経済的発注量

設例4.1
次の[資料]に基づき以下の問題に答えなさい。
(1) 1回当たりの発注費を求めなさい
(2) 材料1個当たりの年間保管費を求めなさい。
(3) 経済的発注量を求めなさい。なお，材料の年間消費量は40,000個である。

[資　料]
1個当たり購入価格	970円
1個当たりの引取費用	30円
発注1回当たりの通信費	40円
発注1回当たりの検査費	160円
保管材料1個当たりの年間火災保険料	80円

材料1個当たりの年間保管費に，材料に対する投資額の2％（年利率）を資本コストとして計上する

[解　答]
(1) 40円＋160円＝200円
(2) 80円＋0.02(970円＋30円)＝100円
(3) $\sqrt{\dfrac{2\times 40{,}000\text{個}\times 200\text{円}}{100\text{円}}}=400$ 個

ただしこの公式(4.3)が成立するには，次の前提条件が必要となります。
▶平均在庫量は1回当たり発注量の$\dfrac{1}{2}$とする（＝1日当たり材料消費量は一定）。
▶保管費は，在庫量に比例して増加する。
▶1回当たり発注費および発注量はともに一定である。

このように，いくつかの条件を前提としているため，この公式を適用する際には注意が必要です。

また，実際の保管費は計算で使用される数値よりずっと高いのが普通です。それは，正確な保管費を算出するには，上記の費用以外に含めなければなら

4.3 経済的発注量

ない費用がいくつかあるからです。たとえば，倉庫を使用することにより，そのスペースを他社に賃貸すれば得られると期待される収益が失われる（機会原価）ことや，あるいは保管中に陳腐化，破損，盗難等により価値が減少する場合に生じる費用です。しかし，これらの正確な予測は困難であるため，公式での保管費には含めないのが普通です。それゆえに真の保管費曲線は，図表4.3で示すようにずっと急なものとなっています。

　一方で，発注のための通信費は，近年の急速な通信技術の発展により非常に安くなっています。また，配送品の検査費も，後述するようにJITを実施しているなら信頼できるサプライヤーを選定しているので不要となります。そのため1回当たりの発注費は非常に低いことになります。それゆえに，発注費曲線は図表4.3で示すように，ずっとなだらかなものとなります。したがって，これらの修正点を組み入れると実際の経済的発注量はかなり低い数量が算定され，在庫量ゼロを目的とするJITの場合に近い値となります。

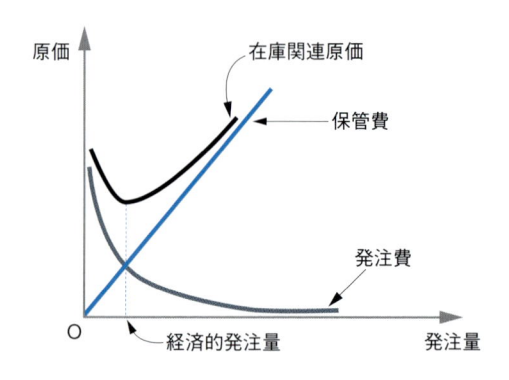

図表4.3　真の発注費と保管費

4.4 JIT

○ JITの意義

　従来の生産方式は，大量生産方式といわれ，事前の販売予測に基づき生産計画を立て，それに沿って流れ作業により同種製品を大量に生産する方式です。この長所は，大量生産による習熟効果により能率向上・コスト削減が得られることと，品切れによる顧客満足の低下や次工程の手待ち時間の発生を防ぐことができる点にあります。これらの長所により，長らく一般的な生産方法として広く実施されてきました。

　しかし，この方法の短所である過剰生産による多量の在庫の発生，期中の販売状況に応じた迅速な生産スケジュールの変更が困難であること，および作りすぎによる売れ残りの問題が深刻化するにつれて，1960年ごろトヨタにより考案されたJITが世界中で広く採用されるようになってきました。

　この方法は，大量生産方式の短所を克服するもので，需要量の変動に応じて「必要なときに，必要なものを，必要な量だけ」生産する方式で，在庫を最小限しか持たない点に特徴があります。ただし，従来の生産方式を採用していた企業が，単にこの部分だけを採用してもうまくいくものではなく，現実に導入後失敗した企業も多数存在します。これを成功させるためには，大量生産方式の長所を大きく損なうことなく，JITの長所を生かしていく次のような努力が必要とされます。

○ JIT実施の前提条件

(1) リード・タイムの短縮化

　リード・タイムという用語は，さまざまな意味で使用されますが，ここで

は材料を加工し，製品が完成するまでの時間，あるいは材料を工程に投入してからその工程の作業が完了するまでの時間をいいます。JITは在庫最小化を目標とするため，販売時点および次工程引渡し時点において品切れが生じる危険性があります。これを防ぐには，生産の指示が与えられてから完成までの時間を可能な限り短縮することが必要となります。そのためには，生産工程における無駄な時間，すなわち非付加価値時間である運搬・手待ち・検査時間を極限まで減少させること，および作業の迅速化を実現するための従業員訓練が必要となります。またコンピューター・システムによる統合生産により，見積の精度を上げることが求められます。

(2) 欠陥品ゼロ（Zero Defect 略して ZD と呼ばれています）の実現

在庫が最小限しかないため，欠陥品の発生は即座に製品あるいは部品の不足を招き，顧客満足の低下や次工程の作業停止を生じさせることになります。そこでこれを防ぐには，徹底した従業員の教育・訓練が必要です。また，従来のように最終工程で検査部門により欠陥品を発見・除去するのではなく，欠陥品が発生した時点で，作業を休止し，原因の追求，改善が実施されねばなりません。そのために，異常発生時点あるいは一定数量の生産が完了した時点で，自動的に機械が止まる自動停止装置つきの機械の活用が進められてきました。これがトヨタの自働化（にんべんのついた自動化）です。

(3) 段取り時間の短縮

段取りとは，特定製品を製造するための生産準備作業をいい，具体的には金型の交換や制御プログラムの変更などの作業を意味します。大量生産では同種の部品あるいは製品をまとめて生産するために，この段取り替えを少なくできるという長所があります。それに対してJITでは多種の製品を必要な量だけ生産するため，頻繁な段取り替えが必要となります。ところで自動車産業では，この作業を1回行うのに数時間要するケースもざらにあるとされています。それゆえに，この時間を短縮しなければ，JITの有効性は得られません。そこで，シングル段取り（10分未満の段取り時間の実現）あるいはワンタッチ段取り（1分以内）を目標に次のようなさまざまな努力が実施

されています。それは機械を止めずに実施するオフ・ラインでの段取り（外段取り）や，迅速な段取り実現のための徹底した従業員訓練の実施等です。

⑷　サプライヤー（部品納入業者）との関係の見直し

部品を外注する場合も，自社生産の場合と同様にZDおよびリード・タイムの短縮が不可欠です。それゆえに，低価格より品質および納期遵守に優れた業者を選定することが必要となります。そのためJIT導入企業は，信頼のおける少数の業者と継続的に取引する場合が多くなっています。

○　JITの原価・収益面での長所

⑴　在庫品の減少による効果
① 在庫品管理に要する事務費の削減
② 在庫品の破損，汚損，あるいは陳腐化に伴う原価の削減
③ 工程間の接近による材料運搬費（マテハン・コストともいわれています）の削減
④ 在庫スペース減少による機会原価の削減
⑤ 在庫投資減少による機会原価の削減

さらに原価削減以外に次のような効果もあります。

⑥ 利益操作の回避

固定製造間接費は何らかの基準により製品に配賦されるため，製品が売れ残る（在庫品）と，それに課された固定製造間接費は来期以降の費用となり，今期の利益が多く計上されます。これを悪用して，期末になると販売見込みに関係なく在庫品を増やす目的で多量の製品を生産し，今期の業績をよくみせることが可能であり，実際に多数の企業でこれが行われています。しかし，ムダな在庫を一切排除するJITにおいては，これが全く認められません。

⑵　リード・タイムおよび段取り時間の減少による効果[※頁3)]

非付加価値活動を減少させることにより，それに伴う人件費，および諸費用を削減することができます。

(3) ZD 実現による効果

① 原価削減効果

　欠陥品の修繕や再生産に伴う費用，すなわち仕損費を削減することができます。また，ZD を前提とすると検査が不要となり，検査費（人件費を含む）を削減することが可能となります。

② 差異分析の重要性低下

　ZD により，問題点が発生時点で認識され改善されるようになります。それにより，標準消費量に関する原価差異が発生しにくくなるので，差異分析の重要性が低下し，これに伴う事務負担を軽減することができるようになります。

(4) 生産形態変化による効果

　多種製品の生産に迅速に適応するには，複数の作業が可能な多能工による生産が適しています。それには，単一作業を反復的に行う従来のライン生産方式でなくセル生産方式が適した生産形態と考えられます。これは，1人あるいは1グループで製品完成までのすべての工程を担当する生産方式であり，そのため U 字型のラインが設置されることが多くなります。これにより，単一作業の単調さから解放されるとともに，製品完成へと至る達成感が増して，モチベーションを高めることができます。その結果，作業時間短縮による人件費の削減，および仕損費の減少が生じます。

◯ JIT の短所

　これらの数多くの有効性のために，JIT は多数の工場で採用され，さらに広く海外にも普及しましたが，次のような欠点がある点に注意すべきです。

(1) 品切れリスクの増大

　少数のサプライヤーとの取引に依存するために，災害などの予期しない事

---

3) 以下の3つの効果，すなわちリード・タイム短縮，ZD および生産形態変化によるものは，JIT 実施により生じる効果というより，JIT 成功のための生産環境整備により出現する効果といえます。

態により，納入が急にストップすると，生産が停止してしまう危険があります。これを防ぐために，一定量の在庫を保有すること，あるいは複数のサプライヤーを確保しておくこと等の対策が考えられています。

(2) 下請けの負担増

納期厳守および少量部品の頻繁な納入は，サプライヤーの側に多量の在庫，および過大な運送費の負担を強いることになりかねません。特に，サプライヤーが納入先企業の下請の立場にある場合に，実質的にサプライヤーの犠牲のもとに成立つJITとなる場合があります。

(3) 従業員の負担増

JITを成功させるには，能率向上やムダの排除を極限まで追及することが求められます。そのため，従業員に過重な負担を強いることがないように注意が必要です。

4.5　バック・フラッシュ原価計算

　JITを採用すると在庫が大幅に減少するため，原価計算および記帳方法を大幅に単純化することができます。つまり，在庫（材料，仕掛品，および製品）が存在しないなら，その期間に発生するすべての原価を売上原価勘定に記帳することが可能となり，在庫に関する面倒な配分計算が不要となるからです。とはいっても，期末に在庫が発生してしまうこともあります。そのときは，図表4.4（Maher, *et al*., 1997, p.517 を一部修正）で示したように，売上原価勘定から各勘定（材料，仕掛品，製品）に戻す処理を行います。これがバック・フラッシュ原価計算と呼ばれている方法です。

　これを例題により示してみましょう。なお，JITではZDを前提としており，問題が発生しても即座に改善するため，材料消費量差異や作業時間差異はごく少額と考えてよく，また，材料はサプライヤーとの長期契約により購

図表4.4　バック・フラッシュ原価計算勘定連絡図

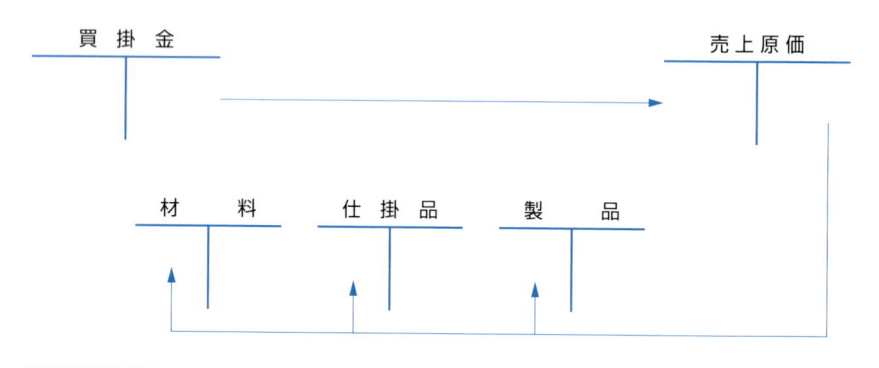

```
   買　掛　金                          売 上 原 価
   ─┬───────────────────────→──┬──
    │                            │
    │                            │
   材　料        仕 掛 品        製　品
   ─┬──         ─┬──           ─┬──
    │             │               │
    ↑             ↑               ↑
```

入することが多いため，材料価格差異に関しても同様と考えられます。それゆえに，この例では，標準原価差異は発生しないものとしています。また，JIT下では材料の在庫が非常に少ないため，「材料勘定を別に設ける必要はなく，仕掛品勘定と結合して材料・仕掛品勘定とされるケースが多い」（Barfield, *et al*., 1997, p.781）ため，仕訳および勘定連絡図（図表4.5）の科目名もそのようにしています。

> 設例4.2：当社はバック・フラッシュ原価計算を実施している。次のデータに基づいて，仕訳をしなさい。

[資　料]
　1個当たり標準原価1,000円（内訳：材料費600円，加工費400円），生産量5,000個，販売量4,900個，仕掛品および期首在庫は存在しない。材料購入額3,050,000円とする。

図表 4.5　バック・フラッシュ原価計算（設例 4.2）

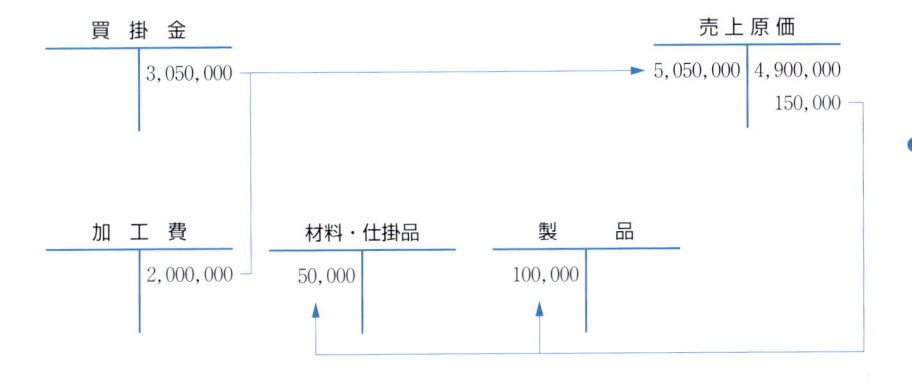

```
    買　掛　金                              売　上　原　価
       │ 3,050,000  ──────────────────▶  5,050,000 │ 4,900,000
                                                    │   150,000 ─┐
                                                                 │
    加　工　費        材料・仕掛品         製　　品                │
       │ 2,000,000      50,000 │          100,000 │               │
                         ▲                  ▲                    │
                         └──────────────────┴────────────────────┘
```

[解　答]

(売 上 原 価)　5,050,000　　(買　掛　金)　3,050,000
　　　　　　　　　　　　　　(加　工　費)　2,000,000*¹
(材料・仕掛品)　　50,000*²　(売 上 原 価)　　150,000
(製　　　品)　　100,000*³

*¹　400 円×5,000 個
*²　3,050,000 円−600 円×5,000 個
*³　1,000 円×(5,000 個−4,900 個)

図表4.6 バック・フラッシュ原価計算（設例4.2'）

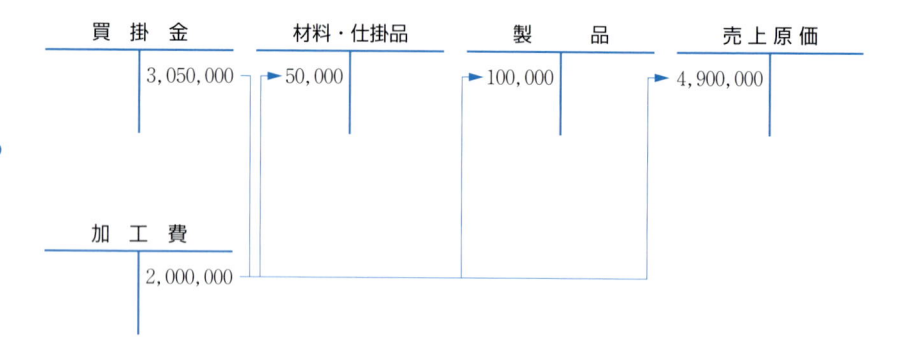

```
    買  掛  金          材料・仕掛品          製     品          売 上 原 価
         3,050,000 ─┬─► 50,000          ─► 100,000         ─► 4,900,000
                    │
                    │
    加  工  費       │
         2,000,000 ─┘
```

［別　解］

　参考までに他の方法も紹介します。"戻す処理"をするのではなく，途中の勘定記入を省略することにより，次の仕訳および図表4.6のように処理を簡略化する方法もあります（Barfield, *et al*., 1997, pp.782-783 を基に数値例を作成）。

　（材料・仕掛品）　　　50,000　　（買　　掛　　金）　3,050,000
　（製　　　　品）　　100,000　　（加　　工　　費）　2,000,000
　（売 上 原 価）　4,900,000

　これは，販売時点まで記帳を行わず，販売したときに材料購入額と加工費発生額を貸方に記入し，同時に売上原価勘定の借方に販売量に応じた金額を記入します。その際在庫がある場合は，製品在庫は製品勘定に，材料の在庫は材料・仕掛品勘定に記入するという方法です。

　これに類似する方法として，材料購入額でなく材料消費額を材料勘定から売上原価勘定に振替えることにより，材料勘定で材料在庫を示す方法も紹介されています（Barfield, *et al*., 1997, pp.783-784）。

　また在庫が存在しても，加工費についてはすべてを売上原価として，在庫

品に負担させない処理方法もあります（Horngren, *et al.*, 2006, p. 711, 岡本, 2000, p. 842 を参照）。

練習問題

4.1 次に示す資料を基にして，下記の問に答えなさい。

1個当たり購入価格	2,950 円
1個当たりの引取費用	50 円
倉庫係の給料（月給）	300,000 円
材料倉庫の光熱費	120,000 円
発注1回当たりの通信費	50 円
発注1回当たりの検査費	650 円
保管材料1個当たりの年間火災保険料	150 円

材料1個当たりの年間保管費の中に，材料に対する投資額の5%（年利率）を資本コストとして計上する。

（問1） 1回当たりの発注費を求めなさい

（問2） 材料1個当たりの年間保管費を求めなさい。

（問3） 経済的発注量を求めなさい。なお，材料の年間消費量は45,000個であり，購入は100個ずつとする。

4.2 経済的発注量を求める公式の問題点について解説しなさい。

4.3 JIT実施により，どのような原価削減効果があるかを説明しなさい。

参考文献

岩城宏一（2005）『実践トヨタ生産方式——人と組織を活かすコスト革命』日本経済新聞社

岡本 清（2000）『原価計算（六訂版）』国元書房

古田隆紀（1997）『現代管理会計論』中央経済社

R. S. キャプラン・A. アトキンソン著，浅田孝幸・小倉 昇監訳（1996）『キャプラン管理会計（下）』中央経済社

(Kaplan, R. S. & A. Atkinson（1989）, *Advanced Management Accounting*, 2nd ed., Prentice-Hall.)

Barfield, J. T., C. A. Raiborn & M. R. Kinney（1997）, *Cost Accounting: Traditions and Innovations*, 3rd ed., South-Western College Publishing.

Horngren, C. T., S. M. Dater & G. Foster (2006), *Cost Accounting: A Managerial Emphasis*, 12th ed., Prentice-Hall.

Maher, M. W., C. P. Stickney & R. L. Weil (1997), *Managerial Accounting: An Introduction to Concepts, Methods, and Uses,* 6th ed., The Dryden Press.

第5章

事業部制会計

「事業部に大幅に権限委譲したのはいいものの，その業績をどのように評価したらよいのだろうか？」

近年，企業規模の拡大・複雑化，市場環境の不確実性の高まり，企業間競争の激化などによって，経営管理上の権限・責任を下部組織へ大幅に委譲するケースが増えてきています。それに伴い，そのような分権化した組織をいかに効率的かつ効果的に管理するかという問題が生じてきています。

そこで本章では，分権的組織の代表的な形態である事業部制組織に基づき，分権的管理を支援する管理会計システムについて，業績評価の側面を中心に解説します。

○ KEY WORDS ○

分権化，職能別組織，事業部制組織，プロフィット・センター，インベストメント・センター，責任会計，目標整合性，管理可能性の原則，振替価格，投資利益率（ROI），残余利益（RI），EVA，カンパニー制，持株会社

5.1 分権化と組織構造

◯ 分権化の意義

　企業環境の変化に応じて事業活動が大規模化・複雑化してくると，経営トップに経営管理上の意思決定権限が集中する集権的組織（centralized organization）では逆に非効率的となります。というのは，トップ・マネジメントは現場の情報に精通することができないため，現場の状況に適切に対応した意思決定を迅速に行うことができないからです。

　そこで，事業環境，現場の状況に応じた適切な意思決定を迅速に行うためには，企業のトップから現場に近い管理者へ意思決定権限を与える必要がでてきます。このような，下位組織への意思決定権限の委譲は分権化（decentralization）と呼ばれています。

◯ 分権化のメリット

分権化を行うことにより，一般に次のようなメリットが得られます。

(1) 現場のことをよく知る管理者へ意思決定権限の委譲を行うことにより，現場から遠いトップが行うよりも迅速かつ適切な意思決定が可能になる。
(2) トップ・マネジメントは日常的な業務から解放され，戦略的な意思決定に専念することができる。
(3) 管理者たちの意思決定能力や経営管理能力を向上させる機会が与えられる。
(4) 分権化に伴う自由裁量によって，自部門の積極的な管理に向けて管理者たちを動機づけられる。
(5) 管理者たちの責任が明確になるため，適切な業績評価が可能になる。

◯ 職能別組織と事業部制組織

　企業組織の代表的な形態として，職能別組織と事業部制組織の2つがあります。

　職能別組織（functional organization）とは，製造部・販売部・人事部・経理部・研究開発部などの職能区分に基づいて，経営管理上の意思決定権限と責任を委譲する組織です。

　事業部制組織（divisionalized organization）とは，製品別や地域別，市場別，顧客別などによって組織を事業部と呼ばれる単位に分割し，各事業部の長に経営管理上の責任と権限を大幅に委譲した上で，生産や販売，人事，経理などの職能を総合的に担当させる組織です。

　この2つの組織構造を図示したものが図表5.1です。この図表に示され

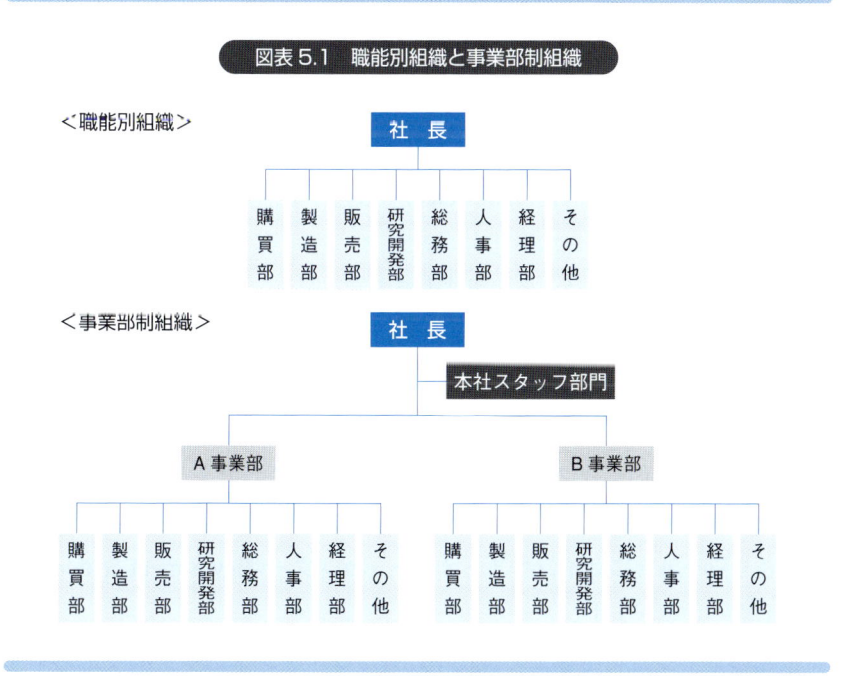

5.1 分権化と組織構造

図表5.1　職能別組織と事業部制組織

<職能別組織>
社長
─ 購買部／製造部／販売部／研究開発部／総務部／人事部／経理部／その他

<事業部制組織>
社長
─ 本社スタッフ部門
├ A事業部：購買部／製造部／販売部／研究開発部／総務部／人事部／経理部／その他
└ B事業部：購買部／製造部／販売部／研究開発部／総務部／人事部／経理部／その他

ているように，職能別組織は，企業全体として一つの完結した組織単位となっています。したがって，職能ごとの専門的な意思決定権限は委譲されるものの，トップ・マネジメントに意思決定権限が集中しやすく，より集権的な組織形態といえます。

一方，事業部制組織における各事業部は，一つの独立した職能別組織の会社のように組織されています。したがって，各事業部長は，職能別組織におけるトップ・マネジメントのように，それぞれの事業部についての大きな意思決定権限をもつことになります。このように，事業部制組織では，トップ・マネジメントから事業部長へ広範な意思決定権限の委譲がみられ，分権的組織（decentralized organization）の代表的な形態といわれています。

○ 事業部制組織と責任中心点

職能別組織では，各職能部門は，生産や販売，人事，経理などの各職能についての責任を個別的に負うことになります。したがって，各職能部門は，製造部門のように主として原価に対して責任をもつコスト・センター（cost center：原価中心点），販売部門のように主として収益に対して責任をもつレベニュー・センター（revenue center：収益中心点）などとして識別されます。

一方，事業部制組織は，各事業部内で生産や販売，人事，経理などの職能を総合的に担当する組織形態であるため，各事業部は独立採算を前提として総合的な利益責任を問われます。すなわち，各事業部は原価責任や収益責任を個別に負うのではなく，その差額としての利益に包括的な責任を負うのです。このような組織上の責任単位はプロフィット・センター（profit center：利益中心点）と呼ばれています。さらに，事業部が資産に対する投資の責任も負う場合にはインベストメント・センター（investment center：投資中心点）となります。

上記のような企業組織上の責任単位は，レスポンシビリティ・センター

（responsibility center：責任中心点）と総称されます。このように，企業組織上の管理責任単位を識別し，それを会計システムと結びつけることによって，管理責任者の権限と責任を明確に規定し，その業績を測定・評価することで分権的管理を効果的に行うための制度は，責任会計（responsibility accounting）と呼ばれています。

○ 事業部制組織における利益責任と目標整合性

　事業部制組織においては，職能別組織よりも大きな権限と責任が事業部長へ委譲されますが，とりわけ利益責任まで移譲されるということが，職能別組織との重要な相違点です。職能別組織では，利益責任はトップ・マネジメントが負いますが，事業部制組織においては事業部長に利益責任まで負わせることで，分権化によるメリットを通じた経営の活性化が可能になります。

　しかし一方では，分権化によって意思決定権限を委譲された事業部長をどう組織全体の目標の達成へ向けて動機づけるかという問題が生じます。事業部長が自分の事業部に対して大きな責任と権限を負わされている場合，自分の事業部の業績をよくみせるため，組織全体の利益に合致しない意思決定を行う可能性も考えられます。

　したがって，事業部制組織においては，組織全体の目標と事業部長の個人的目標との間の整合性を確保するよう，いかに事業部長を動機づけるかが重要な問題となります。そしてそれは，目標整合性（goal congruence）を促進するための業績評価システムをいかに構築するかという問題であり，事業部制会計の主要な課題となっているのです。

　そこで，次に事業部制組織における業績評価の方法についてみていくことにします。

5.2　事業部の利益概念と業績評価

　事業部の業績評価に当たっては，各種の評価指標が考えられますが，どの指標を用いるか，そしてその結果にどう報いるかによって，事業部長の行動は影響を受けます。したがって，全社的な目標と一致するような行動を各事業部長がとるように，いかに動機づけるかを考慮しながら評価指標を選択することが重要になります。本節では，事業部の業績評価指標として利益額を用いる場合の各種利益概念について解説します。

○ 事業部純利益

　事業部が利益責任を負うプロフィット・センターである場合，事業部が稼得した利益額に基づき業績を評価するのが合理的といえます。その際に用いられる利益概念に事業部純利益があります。これは財務会計で用いられる全部原価計算に基づき事業部ごとの純利益額を計算したものです。この事業部純利益をもとに各事業部の業績評価を行う方法は純利益法と呼ばれています。純利益法による事業部別損益計算書を示すと，図表5.2のようになります。

　純利益法による事業部別損益計算書は，財務会計で作成される損益計算書と同様のフォーマットであるため作成が容易であり，また管理者にとってもなじみ深いものであるため，一般によく用いられる評価方法です。

　図表5.2によると，A事業部の純利益は300億円であり，B事業部は250億円であるため，事業部が稼得した純利益額に基づいて業績を判断すれば，A事業部の方が高く評価されることになります。

図表 5.2 純利益法による事業部別損益計算書

(単位:億円)

	全社	A事業部	B事業部
売上高	5,000	3,000	2,000
売上原価	2,900	1,800	1,100
売上総利益	2,100	1,200	900
販売費・一般管理費	1,050	600	450
営業利益	1,050	600	450
本社費・共通費	500	300	200
事業部純利益	550	300	250

○ 純利益法による業績評価の問題点

しかしながら,この事業部純利益を事業部の業績評価に用いる場合,以下の3つの問題点が指摘できます。

(1) 事業部の売上原価や販売費・一般管理費などについて変動費・固定費の区分がなされていないため,売上高との対応関係が明確ではなく,したがって,業績向上のための方策を立てにくい。

(2) 事業部以外で発生する本社費・共通費が事業部に配賦されているため,適切に事業部の業績を表しているとはいえない。本社費・共通費の配賦基準が変わったとすると,業績評価指標である各事業部の利益額も変わってくる。

(3) 本社費・共通費はもちろんのこと,事業部で発生する原価・費用についても,事業部長にとって管理可能なものと管理不能なものとに区分されていないため,事業部長の業績を適切に評価するのが難しい。

◯ 本社費・共通費の配賦問題

　純利益法においては，本社費・共通費を各事業部に配賦するため，業績評価において上記(2)，(3)のような問題が生じます。ここで本社費とは，本社の総務部や人事部，経理部などの本社スタッフ部門で発生する費用のことです。また，共通費とは，事業部の活動を支援するために設けられる情報処理部門や物流部門，研究開発部門などの補助サービス部門（共通部門）で発生する費用のことです。

　各事業部は，こうした本社スタッフ部門や補助サービス部門で提供されるサービスを直接あるいは間接的に利用して活動を行っています。したがって，そこで発生する本社費・共通費は各事業部で負担すべきと考えられます。

　しかし，本社費・共通費は事業部の外で発生したものであり，事業部長にとって管理上の権限・責任がないものです。また，実際に本社費・共通費を負担させる場合には，各事業部の活動と提供されたサービスの利用度とを直接関連づけることが困難な費用があるため，何らかの基準を設けて各事業部に配賦せざるを得ません。したがって，本社費・共通費を配賦された上での事業部純利益は，事業部の活動の結果を必ずしも適切に表しているとはいえません。このように，本社費・共通費の配賦は業績評価上の問題を生じさせることになります。

　ところが，実際には多くの企業で本社費・共通費を事業部に配賦し，事業部純利益を計算しています。それは，本社費・共通費を配賦することによって，その存在を各事業部に明確に示すことができるため，次のような効果が期待されるからです。

(1) 本社費・共通費を各事業部で負担することによって初めて全部コストを回収することができ，それによって全社利益が生み出されることを理解させる。

(2) 本社費・共通費を自分たちが負担することになれば，本社サービスの利用の無駄を省き，有効な利用を動機づけることができる。

○ 事業部貢献利益

　事業部純利益を事業部の業績評価に用いた場合に指摘された3つの問題点を解決するため提案されたのが，事業部貢献利益を用いる方法であり，これは貢献利益法と呼ばれています。貢献利益法による事業部別損益計算書を示すと，図表5.3のようになります。

　この事業部別損益計算書において特徴的なのは，費用について，①変動費と固定費に区分されている点，②その上で固定費について管理可能固定費と管理不能固定費に区分されている点，③さらに管理不能固定費について個別固定費と共通固定費に区分されている点です。

　そしてそれぞれの費用に対応して，(1)貢献利益（contribution margin），(2)管理可能利益（controllable profit），(3)事業部貢献利益（divisional contribution margin），(4)全社純利益（net profit）という4つの利益が計算されている点です。貢献利益法による事業部別損益計算書におけるこれら4つの利益概念の意味合いは以下のとおりです。

図表5.3　貢献利益法による事業部別損益計算書

（単位：億円）

	全　社	A事業部	B事業部
売上高	5,000	3,000	2,000
変動費	2,200	1,200	1,000
貢献利益	2,800	1,800	1,000
管理可能固定費	1,050	800	250
管理可能利益	1,750	1,000	750
管理不能個別固定費	700	400	300
事業部貢献利益	1,050	600	450
管理不能共通固定費	500		
全社純利益	550		

(1) 貢献利益

貢献利益は，売上高から変動費を控除したものであり，固定費の回収と利益の創出に貢献する利益としての意味合いをもちます。貢献利益法による事業部別損益計算書では，原価が変動費と固定費に区分され，売上高から変動費を控除して貢献利益が計算されています。これによって，売上高と原価と利益の関係（CVP関係）を掴むことができ，短期利益計画や業務的意思決定問題に役立つ情報を得ることができるのです。

しかし，事業部の管理責任下にある固定費が含まれていないため，貢献利益は業績評価指標として必ずしも適切ではありません。

(2) 管理可能利益

管理可能利益は，貢献利益から管理可能固定費を控除したものであり，事業部長にとって管理可能な利益を表しています。したがって，事業部長はこの管理可能利益に直接的な責任を負っており，事業部長の業績を評価するのに最も適した利益となります。

これは，事業部長の業績は，委譲された権限・責任の中で管理可能なもの（影響をおよぼすことができるもの）のみに基づいて評価すべきであるとする管理可能性の原則に基づくものです。

なお，貢献利益法による事業部別損益計算書では，固定費について管理可能固定費と管理不能固定費に区分されています。管理可能固定費とは，事業部長が管理権限・責任をもっている固定費のことであり，当該事業部の広告宣伝費や研究開発費，人件費などがこれに該当します。

(3) 事業部貢献利益

事業部貢献利益は，管理可能利益から管理不能個別固定費を控除したものですが，これは事業部に直接跡づけられる費用をすべて控除した差益であるため，事業部の業績を包括的に評価するのに最も適した利益となります。

しかし，管理不能な費用を含んでいるため，事業部長の業績評価指標としては適切ではありません。このように，事業部制組織において業績を評価する場合，事業部そのものの業績と事業部長の業績を区別しなければならない

点に注意が必要です。

なお，貢献利益法による事業部別損益計算書では，管理不能固定費について個別固定費と共通固定費に区分されています。管理不能個別固定費とは，本社が導入を意思決定した設備の減価償却費などのように，事業部長は決定権限をもたないが，その費用の発生が当該事業部に直接跡づけられる固定費のことです。他には，当該事業部の保険料や固定資産税などがこれに該当します。

(4) 全社純利益

管理不能共通固定費は本社費・共通費に該当するものであり，これらは事業部に配賦されることなく，事業部貢献利益の全社合計から一括して控除され，最終的に全社の純利益が計算されます。それによって，貢献利益法では，事業部純利益を事業部の業績評価に用いた場合に指摘された本社費・共通費に関する問題が解決されています。

5.3　振替価格の設定と業績評価

○ 振替価格の意義

振替価格（transfer pricing）とは，ある事業部が同じ企業内の他の事業部を相手に製品またはサービスを取引する際に用いられる価格のことです。この関係を例示したのが図表5.4です。

この図では，A事業部は部品Jを製造しており，B事業部はA事業部から部品Jを仕入れ，それにさらに加工を加えた上で，製品Kとして外部市場へ販売しているという関係になっています。この取引において，A事業部（供給事業部）からB事業部（購入事業部）へと部品Jが振り替えられますが，その際の取引価格が振替価格となります。図表5.4では，振替価格は

図表 5.4 事業部間の取引と振替価格

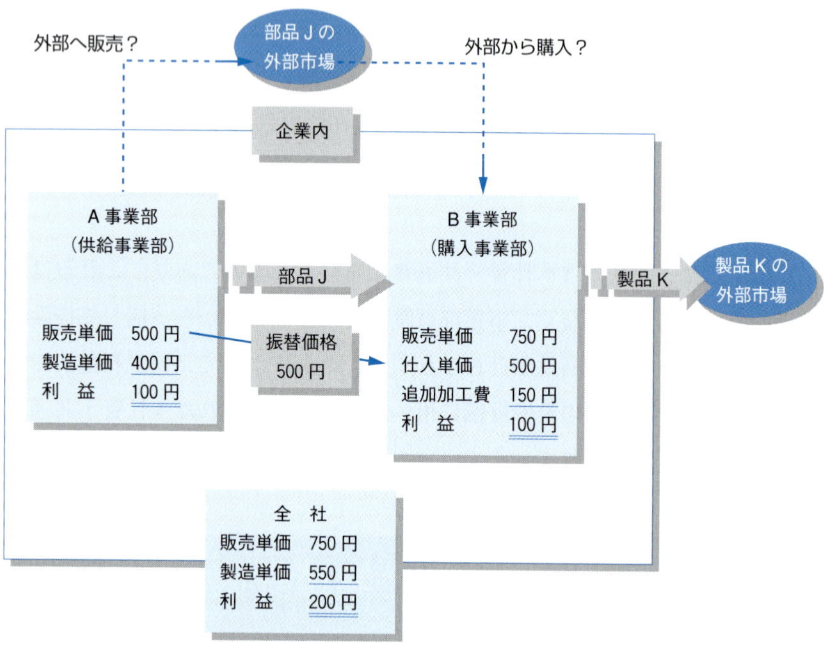

外部へ販売？ — 部品Jの外部市場 — 外部から購入？

企業内

A事業部（供給事業部）　→ 部品J →　B事業部（購入事業部）　→ 製品K →　製品Kの外部市場

A事業部
販売単価　500円
製造単価　400円
利　益　　100円

振替価格　500円

B事業部
販売単価　750円
仕入単価　500円
追加加工費　150円
利　益　　100円

全　社
販売単価　750円
製造単価　550円
利　益　　200円

500円（単価）であり，それはA事業部にとっては売上高（販売単価）を，B事業部にとっては仕入単価を意味します。

振替価格の2つの目的

振替価格の設定には意思決定と業績評価という異なる2つの目的があります。

事業部は独立採算を前提として大幅な意思決定権限を委譲された自律的な組織です。したがって，企業外部に部品Jの市場があり，その外部市場を通

じた取引（外部市場への販売あるいは購入）の方が有利な場合，各事業部は必ずしも内部振替取引をする必要はありません。このような内部振替取引の拒否権は忌避宣言権と呼ばれており，振替価格は，この忌避宣言権を行使するかどうかの意思決定を行う際に役立つ情報を提供するよう設定されなければなりません。

また，A事業部からB事業部への振替は内部取引であるため，その価格がいくらに設定されようと，全社的にみればその利益額に変わりはありません。しかし，振替価格をいくらに設定するかによって，各事業部の利益額が変わってくるため，各事業部の業績評価に直接的な影響を与えることになります。したがって，振替価格は各事業部の業績を適切に表すように設定されなければなりません。

しかし，振替価格の設定に際して，事業部長が自部門の利益最大化のみを考慮した行動をとる場合，組織全体としては部分最適化につながりかねません。したがって，各事業部の利益追求が，全社的な観点からの利益追求につながるという目標整合性を促進するように，いかに振替価格を設定するかが重要な問題となります。

◯ 振替価格の設定基準

振替価格を設定する基準として，①市価基準，②原価基準，③交渉価格基準があります。

1．市 価 基 準

市価基準は，事業部間で振り替えられる製品に競争的な外部市場が存在する場合，その市場価格を振替価格として利用するものです。市価基準には，単純市価基準――市価をそのまま用いる方法――と，市価マイナス基準――内部振替の場合には外部販売と比べ販売費等の経費がかからないため，それらを控除した価格を振替価格とする方法――があります。

この基準によれば，購入事業部が供給事業部の不能率を転嫁されることもなく，また供給事業部の高能率によって実現した低い振替価格によって購入事業部が恩恵を受けることもなくなります。事業部は利益責任を総合的に負うプロフィット・センターとして業績評価されるので，市価による振替価格は各事業部の意思決定のためにも，業績評価のためにも最適な基準を提供します。

ただし，市価が存在しない場合や，市価情報の入手コストがかかりすぎる場合，あるいは外部市場が十分に競争的ではない場合などは他の基準を用いることになります。

> 設例5.1：S事業部は部品Pを月間10,000個生産している。T事業部ではS事業部から購入した部品Pに追加加工を施し，月間10,000個の製品Qとして外部市場に販売している。部品P，製品Qに関するデータは[資料]のとおりである。
>
> 外部市場における部品Pの市場価格は@3,200円であるとする。S事業部からT事業部への部品Pの振替価格にこの市場価格を用いた場合，両事業部の利益はいくらになるか。

[資 料]

	部品P	製品Q
標準変動費	@2,000円	@1,500円
標準固定費	1,000万円	800万円
製造・販売数量	10,000個	10,000個
販売価格		@6,000円

[解答・解説]

各事業部の利益ならびに全社の利益は次のように計算されます。

(単位：円)

	（S事業部）部品P		（T事業部）製品Q			（全　社）製品Q	
	1個当たり	月間(10,000個)	1個当たり	月間(10,000個)		1個当たり	月間(10,000個)
売上高（外部）			6,000	60,000,000	売上高	6,000	60,000,000
売上高（内部）	3,200	32,000,000			標準変動費		
仕入（内部）			3,200	32,000,000	S事業部	2,000	20,000,000
標準変動費	2,000	20,000,000	1,500	15,000,000	T事業部	1,500	15,000,000
貢献利益	1,200	12,000,000	1,300	13,000,000	計	3,500	35,000,000
標準固定費	1,000	10,000,000	800	8,000,000	貢献利益	2,500	25,000,000
事業部貢献利益	200	2,000,000	500	5,000,000	標準固定費		
					S事業部	1,000	10,000,000
					T事業部	800	8,000,000
					計	1,800	18,000,000
					事業部貢献利益	700	7,000,000

　したがって，S事業部の貢献利益は1,200万円，事業部貢献利益は200万円，T事業部の貢献利益は1,300万円，事業部貢献利益は500万円となります。また，このときの全社の貢献利益は2,500万円，事業部貢献利益は700万円となります。

　振替価格に市場価格を用いた場合，市場価格に基づいて算定された利益をもとに業績が評価されるので，各事業部に対して外部市場を意識した経営効率の改善を動機づけられます。

　また，たとえば製品Qの販売価格が5,500円を下回れば，T事業部では損失が発生するので，部品PのS事業部からの振替ならびに追加加工について再検討する必要が出てきます。あるいは，部品Pの市価が3,000円を下回った場合もS事業部からの振替について再検討が必要となります。

　このように，市価基準に基づく振替価格は，各事業部ならびに全社的な利益の最適化へ向けての意思決定に必要な情報を提供することができます。

2．原 価 基 準

　原価基準は，振替価格を設定する基準として供給事業部の製造原価を用い

るもの	ですが，基準とする原価として何を用いるかによって次のように分類されます。

①全部原価を基準とするか（全部原価基準），限界原価（変動費）を基準とするか（限界原価基準）。

②全部原価を基準とする場合，実際原価を基準とするか（実際原価基準），標準原価を基準とするか（標準原価基準）。

(1) 全部標準原価基準

振替価格に実際原価を用いると，供給事業部の不能率を購入事業部に転嫁することにつながるので，購入事業部の業績を適切に評価できなくなります。また，供給事業部においても，不能率が業績に反映されないので，コスト削減の誘因が働きません。

したがって，全部原価を基準とする場合には標準原価を用いるのが望ましいといえます。しかしながら，全部標準原価を振替価格に用いた場合，供給事業部には振替による利益は発生せず，それによって購入事業部の利益が過大に報告されるため，業績評価に用いるには注意が必要です。

(2) 原価プラス基準

こうした問題点を修正する方法が原価プラス基準です。これは，全部標準原価に一定のマージンを上乗せし，それを振替価格とするものです。この上乗せしたマージン部分が供給事業部の利益となります。この方法によると，供給事業部にはあらかじめ設定された利益が保証されることになるので，業績評価という観点からするとやはり問題が残ることになります。しかしながら，原価基準の中ではこの全部標準原価プラス基準が最もよく用いられている方法です。というのも，市価が存在しない場合，全部標準原価に一定のマージンを上乗せした額は，市価見積額に最も近い額になると考えられるからです。

(3) 限界原価基準

振替価格設定の基準として，供給事業部の全部原価ではなく限界原価（変動費）を用いる方法が，限界原価基準（変動費基準）です。しかし，この方

法による振替では，供給事業部に利益をもたらさないばかりか，固定費の回収もできないことになります。したがって，供給事業部の生産能力に余力がある場合に，追加注文を引き受けるか否かといった短期的な意思決定のためには有用な情報を提供できますが，業績評価への役立ちは期待できません。

設例5.2：設例5.1と同じ条件下で（ただし，部品Pの市価は存在しないものとする），S事業部からT事業部への部品Pの振替価格に，①全部標準原価，②全部標準原価の110％，③限界原価を用いた場合，各事業部の利益はどうなるか計算しなさい。

[解答・解説]

①全部標準原価を振替価格に用いた場合，各事業部の利益は以下のようになります。

（単位：円）

	（S事業部）部品P		（T事業部）製品Q	
	1個当たり	月間（10,000個）	1個当たり	月間（10,000個）
売上高（外部）			6,000	60,000,000
売上高（内部）	3,000	30,000,000		
仕入（内部）			3,000	30,000,000
標準変動費	2,000	20,000,000	1,500	15,000,000
貢献利益	1,000	10,000,000	1,500	15,000,000
標準固定費	1,000	10,000,000	800	8,000,000
事業部貢献利益	0	0	700	7,000,000

したがって，S事業部の事業部貢献利益は0円，T事業部の事業部貢献利益は700万円となります。このように，供給事業部には振替による利益は発生せず，それによって購入事業部の利益が過大に報告されることがわかります。

②全部標準原価の10％を供給事業部のマージンとして上乗せした価格で振り替えた場合，各事業部の利益は次のようになります。

	(S事業部) 部品P		(T事業部) 製品Q	
	1個当たり	月間(10,000個)	1個当たり	月間(10,000個)
売上高(外部)			6,000	60,000,000
売上高(内部)	3,300	33,000,000		
仕入(内部)			3,300	33,000,000
標準変動費	2,000	20,000,000	1,500	15,000,000
貢献利益	1,300	13,000,000	1,200	12,000,000
標準固定費	1,000	10,000,000	800	8,000,000
事業部貢献利益	300	3,000,000	400	4,000,000

(単位:円)

　したがって，S事業部の事業部貢献利益は300万円，T事業部の事業部貢献利益は400万円となります。このように，全部標準原価の10%をマージンとして上乗せした価格で振り替えると，供給事業部の利益は10%のマージン分300万円となり，あらかじめ設定された利益額がもたらされていることがわかります。

　③限界原価(変動費)を振替価格に用いた場合，各事業部の利益は以下のようになります。

(単位:円)

	(S事業部) 部品P		(T事業部) 製品Q	
	1個当たり	月間(10,000個)	1個当たり	月間(10,000個)
売上高(外部)			6,000	60,000,000
売上高(内部)	2,000	20,000,000		
仕入(内部)			2,000	20,000,000
標準変動費	2,000	20,000,000	1,500	15,000,000
貢献利益	0	0	2,500	25,000,000

　したがって，S事業部の貢献利益は0円，T事業部の貢献利益は2,500万円となります。このように，限界原価(変動費)で振り替えると，供給事業部では利益は発生せず，また固定費の回収もできないことになります。しかし，全部原価が回収できなくても，限界原価以上の価格で取り引きできれば，

供給事業部に貢献利益がもたらされるため，短期的な意思決定のためには有用な情報を提供できます。

3．交渉価格基準

交渉価格基準は，供給事業部と購入事業部との間での協議によって振替価格を決定するものです。これは，市価基準・原価基準のいずれも振替価格の基準として妥当性を欠く場合に用いられる基準です。こうした事業部間の交渉を通じて，各事業部ならびに全社的な利益に貢献する振替価格の設定を行うことが理想ですが，振替価格は各事業部の業績に直接影響を与えるので，時として両者が対立し，調停が必要になるなどの問題もあります。

5.4 インベストメント・センターの資本効率と業績評価

　事業部がインベストメント・センターとして資産に対する投資意思決定権限を広範に与えられている場合，投下した資本額に対してどのくらい利益を上げたかという資本効率の評価が重要になります。本節では，資本効率を評価する業績指標について解説します。

◯ 投資利益率

　投資利益率（Return On Investment：ROI）は，事業部で使用した資本（資産）に対して稼得した利益がどのくらいであるかという投下資本に対する収益性をみる指標であり，次の計算式で求められます。

$$投資利益率 = \frac{利益額}{投下資本額} \times 100 \qquad (5.1)$$

　投資利益率を算定する場合の分子の利益として各種の事業部利益概念が考えられますが，事業部長の業績を測るには管理可能利益が，事業部自体の業績を測る場合には事業部純利益（本社費配賦後利益）が適切です。また，分母の投下資本額としては，事業部長の業績を測るには管理可能投下資本額が，事業部自体の業績を測る場合には事業部総資産が用いられます。

> **設例5.3**：今期，X事業部の管理可能利益は6億円，Y事業部の管理可能利益は9億円であった。なお，管理可能な投下資本額はX事業部30億円，Y事業部90億円である。両事業部長の業績を利益額と投資利益率で評価しなさい。

[解答・解説]

　X事業部の管理可能利益は6億円，Y事業部の管理可能利益は9億円であるので，稼得した利益額で各事業部長の業績を評価すれば，Y事業部長の方が優れています。

　一方，各事業部の投資利益率を計算すると，X事業部は20％（＝6億÷30億），Y事業部は10％（＝9億÷90億）となり，資本効率を考慮して各事業部長の業績を評価すれば，X事業部長の方が優れています。

○ 投資利益率の構成要素

　投資利益率は図表5.5に示したように，売上高利益率と資本回転率という2つの要因に分解することができます。売上高利益率は売上高に対してどのくらい利益を上げたかという収益性をみる指標であり，資本回転率は投下資本をいかに効率的に使って売上高を上げたかという投下資本の効率性をみる指標です。そしてさらに，それらを構成する要素に細分化していくことが

図表5.5 投資利益率の構成要素

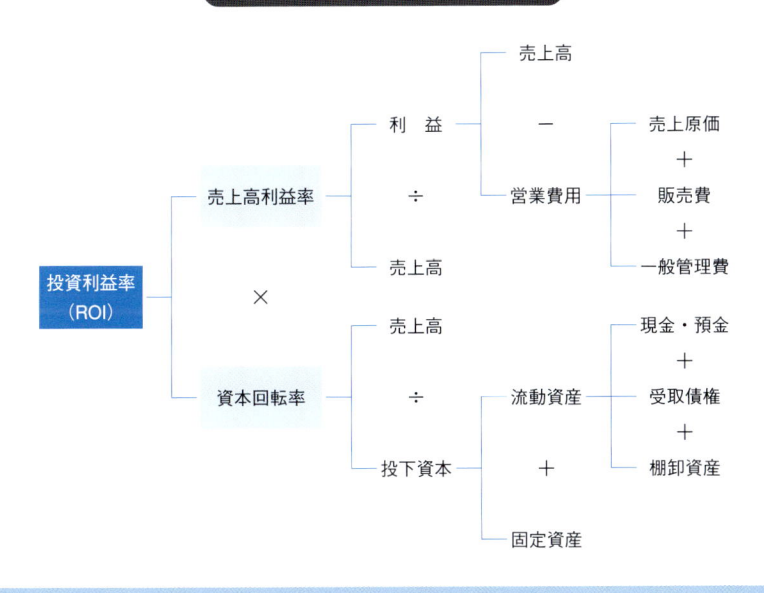

```
                        ┌─ 売上高
              ┌─ 利 益 ─┤              ┌─ 売上原価
              │         │              │    +
              │         └─ 営業費用 ──┤   販売費
  ┌─ 売上高利益率         －           │    +
  │           ÷                        └─ 一般管理費
  │           │
投資利益率     └─ 売上高
 (ROI) ×
  │           ┌─ 売上高                ┌─ 現金・預金
  │           │                        │    +
  └─ 資本回転率 ÷         ┌─ 流動資産 ─┤   受取債権
              │           │            │    +
              └─ 投下資本 ┤            └─ 棚卸資産
                          +
                          └─ 固定資産
```

できるため，各構成要素の分析を通じて収益性と資本効率を総合的に評価できる指標といえます。

また投資利益率は比率で表されることにより，規模に関係なく他の事業部や会社全体，あるいは外部企業との比較も可能になります。アメリカ企業では，事業部が投資権限も委譲されたインベストメント・センターとして位置づけられていることが多く，資本効率が考慮できる投資利益率はよく用いられる指標となっています。

○ 投資利益率と目標整合性の問題

しかし，この投資利益率を事業部長の業績評価に用いると，全社的な目標と一致しない行動を事業部長がとるという，目標整合性に関する問題が生じ

る場合があります。特に，個人の業績と報酬が密接に連動している場合，事業部長の業績がこの比率で評価されるとすれば，当然，事業部長はこの比率の増大に向けて動機づけられることになります。すると，この比率を改善するために短期的な観点から自事業部の利益を優先させた意思決定が行われ，それによって，長期的に事業部そして全社に経済的価値をもたらす投資に消極的になる可能性があるのです。設例を用いてこの点を検討してみましょう。

> **設例 5.4**：設例 5.3 の X 事業部では，現在，投資額が 10 億円で，その投資から期待される管理可能利益が 1.5 億円の新規投資案を検討している。この投資案を実行した場合の X 事業部の投資利益率を計算し，この投資案を実行すべきか否か判断しなさい。なお，資本コスト率は 12% とする。

[解答・解説]

新規投資案を実行した場合の投資利益率を計算すると以下のようになります。

	X 事業部	新規投資案	投資後
管理可能利益	60,000 万円	15,000 万円	75,000 万円
投下資本額	300,000 万円	100,000 万円	400,000 万円
投資利益率	20%	15%	18.75%

この新規投資案の投資利益率は 15% であり，X 事業部の現在の投資利益率 20% を下回っています。もしこの投資案を実行すると，X 事業部の投資利益率は 18.75% へと低下してしまいます。したがって，X 事業部の業績が投資利益率で評価されるとしたら，事業部長はこの投資を実行しないでしょう。

この投資案は，X 事業部の資本コスト率 12% を超える投資案であり，長期的にみれば X 事業部そして全社にも経済的価値をもたらす投資案です。しかしながら，投資利益率を業績評価に用いると，事業部長の投資決定の基準は，投資案が資本コストを超えて経済的価値をもたらすかどうかではなく，現在の自事業部の投資利益率水準を改善するかどうかへ変わってしまいます。したがって，投資案が資本コストを上回っているとしても，現在の事業部の

投資利益率水準を下回っている場合，その投資案の採用によって事業部の投資利益率水準が低下してしまうので，その実行を見合わせる可能性が出てくるのです。

このように，投資利益率を業績評価指標として利用すると，全社的な価値の増大とは矛盾した，事業部の利益を優先させた短期的な意思決定へと事業部長を動機づけてしまう可能性があります。

○ 残余利益

残余利益（Residual Income：RI）とは，事業部の管理可能利益（税引前営業利益）から，その利益を稼得するために最低限必要な投資のコスト（資本コスト）を控除して残った利益のことをいいます。すなわち，管理可能利益の中から投資のコストを回収した上で，どれだけ利益が残っているかで業績を評価しようとする考え方です。残余利益は以下の計算式によって求められます。

$$
\begin{aligned}
\text{残余利益} &= \text{管理可能利益} - \text{資本コスト} \\
&= \text{管理可能利益} - \text{投下資本額} \times \text{資本コスト率}
\end{aligned} \quad (5.2)
$$

設例5.3のX事業部，Y事業部の例を使って残余利益の計算例を示すと次のようになります。なお，資本コスト率は12％とします。

	X事業部	Y事業部
管理可能利益	60,000万円	90,000万円
投下資本額	300,000万円	900,000万円
資本コスト	36,000万円	108,000万円
	（＝300,000万円×12％）	（＝900,000万円×12％）
残余利益	24,000万円	－18,000万円

したがって，X事業部の残余利益は24,000万円であり，X事業部に投下された資本のコストを回収してさらに利益を生み出していることがわかりま

す。一方，Y事業部は管理可能利益が90,000万円とX事業部より大きいのですが，残余利益がマイナスであるため，Y事業部に投下された資本のコストを回収できていないことがわかります。

残余利益と目標整合性の問題

　残余利益を業績評価指標として用いることの大きな意義は，投資利益率で指摘した目標整合性の問題を回避することができる点にあります。設例5.4のX事業部の例を用いてこの点を検討してみましょう。

> 設例5.5：設例5.4のX事業部において，新規投資案を実行した場合の残余利益を計算し，この投資案を実行すべきか否か判断しなさい。

[解答・解説]
新規投資案を実行した場合の残余利益を計算すると以下のようになります。

	X事業部	新規投資案	投資後
管理可能利益	60,000万円	15,000万円	75,000万円
投下資本額	300,000万円	100,000万円	400,000万円
資本コスト	36,000万円	12,000万円	48,000万円
	(＝300,000万円×12％)	(＝100,000万円×12％)	(＝400,000万円×12％)
残余利益	24,000万円	3,000万円	27,000万円

　残余利益は，(5.2)が示しているように，事業部が資本コストを上回って稼得した利益額を示しています。したがって，残余利益を業績評価に用いた場合，資本コストを上回る投資であれば，それを実行することによって必ず残余利益の増大となって表れます。X事業部でも，投資案実行後の残余利益は24,000万円から27,000万円へと増加しています。

　このように，業績評価指標として残余利益を用いることで，投資利益率を用いる場合にみられるような，目標整合性に関する問題を回避することができます。そして，事業部そして全社に対して経済的価値をもたらす投資に対して積極的に取り組むよう事業部長を動機づけることができるのです。

このような優れた特徴をもつため，アメリカでは投資利益率に代えて残余利益を用いるべきとの主張がなされてきていますが，実務におけるその利用は少数にとどまっているのが現状です。

○ E V A

近年，残余利益の発展形ともいえる EVA（Economic Value Added：経済的付加価値）と呼ばれる指標が注目されています。EVAとは，アメリカの経営コンサルティング会社であるスターン・スチュワート社（Stern Stewart & Co.）によって考案された，株主価値の創造に基づく業績評価指標であり，同社の登録商標にもなっています。

EVAは税引後営業利益（Net Operating Profit After Tax：NOPAT）から加重平均資本コスト（Weighted Average Cost of Capital：WACC）を控除して求められます。ここで，加重平均資本コストとは，債権者と株主という企業の資金提供者の期待収益率を資本構成の割合に合わせて加重平均したものです。

したがってEVAは，税引後営業利益から，その利益を稼得するために使用されるすべての資本のコスト（債権者への利子の支払いや株主への配当金の支払いなど）を控除して残った利益（残余利益）を表しています。

EVAは，企業が債権者と株主の期待収益率（加重平均資本コスト）を上回る収益性を上げているかどうかを示すものであり，もしEVAがプラスであればそれは株主価値の増大分を表しています。このように，EVAを業績評価指標として用いることにより，株主価値の創造へ向けた経営を行うことができます。

また，EVAを事業部長の業績評価指標に用いた場合，残余利益と同様に，資本コストを上回る投資を実行することによってEVAを増大させることができるため，目標整合性に関する問題を回避することができ，経済的価値をもたらす投資へ向けて事業部長を動機づけることができます。

○ EVAの算定式

EVAの算定式をまとめると次のようになります。

> EVA＝税引後営業利益－加重平均資本コスト
> 　　＝税引後営業利益－投下資本額×加重平均資本コスト率　　　(5.3)

ここで，

> 税引後営業利益＝営業利益×(1－税率)　　　(5.4)

であり，加重平均資本コスト率は，次の式で求められます[1]。

$$WACC = \frac{D}{D+E} r_d (1-t_c) + \frac{E}{D+E} r_e \quad (5.5)$$

D：有利子負債額　　r_d：負債コスト率　　t_c：税率
E：株主資本額　　　r_e：株主資本コスト率

○ EVAスプレッド

EVAの算定式は次のように変形することができます。

---

1) 式中，負債コストに（1－税率）が掛けられていますが，これは負債による節税効果を考慮し，企業が実質的に負担する負債コストを求めているためです。

$$\begin{aligned}
\text{EVA} &= 税引後営業利益 - 投下資本額 \times 加重平均資本コスト率 \\
&= \left(\frac{税引後営業利益}{投下資本額} - 加重平均資本コスト率 \right) \times 投下資本額 \quad (5.6)
\end{aligned}$$

↔ EVA スプレッド

(5.6) 中の括弧内は，EVA スプレッドと呼ばれています。$\dfrac{税引後営業利益}{投下資本額}$ は投資利益率（ROI）を表しているため，EVA スプレッドは，投資利益率から加重平均資本コスト率を控除したものとなります。

(5.6) からわかるように，EVA がプラスになるためには，EVA スプレッドがプラスになる必要があります。そのためには，投資利益率が資本コスト率を超えていなければなりません。したがって，事業部長に資本コストを上回る投資を動機づけ，資本効率を改善していくことができるのです。

また，投資利益率は，図表 5.5 で示されているように，売上高利益率と資本回転率に分解できます。このように，EVA スプレッドを用いることによって，EVA をその構成要素に分解していくことができ，EVA を向上させる方策を検討していくことができます。

設例 5.6

(1) W 社に関する以下のデータをもとに，加重平均資本コスト率を計算しなさい。

D：有利子負債額　24,000 万円　　r_d：負債コスト率　　8%
E：株主資本額　　36,000 万円　　r_e：株主資本コスト率　14%
t_c：税率　　　　　　50%

(2) W 社の G 事業部と H 事業部の営業利益はそれぞれ 8,400 万円，6,000 万円であり，投下資本はそれぞれ 40,000 万円，20,000 万円である。両事業部の EVA を求めなさい。また，EVA スプレッドを用いた計算も行いなさい。なお，両事業部が直面するリスクは類似しているため，(1)で求めた全社の加重平均資本コスト率を適用している。

[解　答]

(1) W社の加重平均資本コスト率は，(5.5) より以下のように求められます。

$$WACC = \frac{24,000}{24,000+36,000} \times 8\% \times (1-0.5) + \frac{36,000}{24,000+36,000} \times 14\%$$
$$= 10\%$$

(2) G事業部とH事業部のデータをもとにEVAを計算すると以下のようになります。

	G事業部	H事業部
営業利益	8,400万円	6,000万円
投下資本	40,000万円	20,000万円
税引後営業利益	4,200万円 （＝8,400万円×(1−0.5)）	3,000万円 （＝6,000万円×(1−0.5)）
加重平均資本コスト	4,000万円 （＝40,000万円×10%）	2,000万円 （＝20,000万円×10%）
EVA	200万円 （＝4,200万円−4,000万円）	1,000万円 （＝3,000万円−2,000万円）
投資利益率	10.5% （＝4,200万円/40,000万円）	15% （＝3,000万円/20,000万円）
EVAスプレッド	0.5% （＝10.5%−10%）	5% （＝15%−10%）
EVA	200万円 （＝0.5%×40,000万円）	1,000万円 （＝5%×20,000万円）

5.5　分権的組織の新たな展開と業績評価

　これまで，分権化の代表的な組織形態として事業部制組織を中心に業績評価の問題をみてきました。しかし，近年，わが国企業はより効率的な経営，資本効率を重視した経営が求められており，それに応じる形で，企業組織の再編や分権化の多様なあり方が模索されてきています。そこで本節では，社内分社の新しいあり方としてのカンパニー制と，グループ経営の新しいあり方としての純粋持株会社について紹介します。

○ カンパニー制と業績評価

1．カンパニー制の意義と特徴

カンパニー制とは，企業内にカンパニーと呼ばれる製品別あるいは顧客別などの事業単位を設け，その長であるカンパニー長（プレジデント）に投資権限や人事権を含めた大幅な権限を委譲し，独立会社と同じ自律性の高い組織単位として経営を担当させる分権管理制度のことです。1994年にソニー㈱が初めて導入した組織形態です[2]。

こうしたカンパニー制を導入しようという動きは，これまでプロフィット・センターとして位置づけられることが多かったわが国企業の事業部の権限を大幅に拡大し，本来的な事業部制の特徴である製販一体型の独立採算を前提とした自己完結的な組織へ近づけようとする試みであるともいえます。

カンパニー制がもつ特徴として，①投資責任や人事権など大幅な権限が委譲されたインベストメント・センターとして位置づけられる，②独立会社と同じような自主経営が求められるため独自の貸借対照表と社内資本金をもつ，③インベストメント・センターとして貸借対照表をもつため資本効率を厳しく問われる，などが挙げられます。

2．カンパニーの業績評価

カンパニー制においては，各カンパニーに大幅な権限が委譲され，あたかも独立した会社のように組織されるため，損益計算書のみならず貸借対照表を用いた管理が行われますが，その効果的管理の鍵を握るのが社内資本金制度です。

社内資本金制度とは，事業部やカンパニーなどの事業単位に社内資本金を割り当て，それに基づき事業活動を行わせることで，事業単位を独立した会社と同様の自律性をもって運営することを目的とした制度のことです。この

---

2) なお，ソニーでは2005年10月よりカンパニー制を廃止し，特定製品分野へ直結した事業本部を中心とした組織へと機構改革を実行しています。

制度はわが国企業において固有の発展を遂げてきたものですが，ソニーがカンパニー制の採用に併せて取り入れたことにより，最近では，カンパニー制の採用を機にこの制度を導入する企業が増えています。

このように各カンパニーは独自の資本金が与えられ，その効率的運用を任されることになるため，業績評価に当たっても投資利益率などの資本効率を測る尺度が用いられることになります。それによってあたかも独立した会社であるかのような自律性・独立採算性を各カンパニーに徹底できるようになるのです。

なおソニーでは，1999年4月のカンパニー制の見直し後，同年9月よりEVAを導入し，各カンパニーの資本効率の向上を通じた企業価値の創造を目指しています。

○ グループ経営と純粋持株会社

1．企業再編の動向

バブル経済崩壊後，わが国企業においては，事業の効率化を目指した「選択と集中」をとおして企業再編が進められてきました。企業再編の目的は企業グループ全体の企業価値の向上にあり，グループ経営をいかに行っていくかが重要な経営課題となっています。それには，個別財務諸表中心から連結財務諸表中心への企業会計制度の転換に基づく，連結経営重視の流れも影響を与えています。

企業再編には，企業の合併・買収や持株会社の設立などを行う組織統合と，不採算事業からの撤退や営業譲渡などを行う会社分割があります。

企業再編に伴う経営上の要請に呼応する形で制度面での整備も進んでいます。1997年の独占禁止法改正によりわが国においても純粋持株会社が認められるようになり，1999年にはその設立を円滑に行うための株式交換・移転制度が創設されました。また，2001年から会社分割制度が導入され，2003年には連結納税制度が始まっています。

2．純粋持株会社の特徴

純粋持株会社とは，株式の所有によって他社を支配することを主目的とした会社であり，自らが事業活動を行うことはありません。その点で，自らも事業を行うと同時に子会社等の事業を管理する従来の事業持株会社と大きく異なっています。

このような純粋持株会社には，次のような特徴・利点があります。

⑴　事業と経営が明確に分離できるため，持株会社は自分たちの個別事業にとらわれることなく，グループ全体としての経営戦略の立案・実行に集中することができる。

⑵　純粋持株会社は，傘下の事業会社の株主となるため，株主としての視点から各事業会社の経営・管理が行われる。したがって，事業子会社の業績評価は株主の立場から行われるため，ROE（株主資本利益率）やEVAなどの指標が用いられる。

⑶　事業リスクを事業子会社への投下資本に限定することができるため，社内にリスクを抱え込む事業部制に比べるとリスクを回避できる。また，事業に伴うリスクを事業子会社別に明確にできるため，事業多角化のリスクを分散できる。

⑷　各事業子会社の個別事業環境に合わせた人事労務政策が可能になる。事業部制においては，全社統一的な人事体系を個別事業環境に合わせて変えることは困難であり，事業部間でのリスクの違いに起因する矛盾が生じる場合もあった。

3．純粋持株会社における管理会計システム

前述したように，企業再編の目的は企業グループ全体の企業価値の向上にあり，純粋持株会社においても，グループ全体としての企業価値の創出が重視されます。

これまでの事業部はプロフィット・センターとして位置づけられることが多く，損益計算書に基づく利益を中心に業績評価が行われてきました。しか

し，純粋持株会社における事業子会社はインベストメント・センターとして明確に位置づけられ，貸借対照表も考慮した業績評価が行われます。

その際，純粋持株会社は株主としての立場から，個別事業子会社に対してEVAなどの企業価値の創出に直結した指標を活用することによって，各事業子会社には資本コストを意識した投資判断を促し，結果的に資本効率を改善することができます。さらに，より一層のグループ経営の効率性を追求するための事業領域の選択や集中（事業ポートフォリオ・マネジメント）を行うこともできます。

また，経営者だけではなく，一般従業員の業績評価に対しても，企業価値とリンクした報酬システムを導入することによって，企業価値向上へ動機づけることができます。

このように，純粋持株会社におけるグループ経営においては，管理会計システムに対して，グループ全体としての企業価値向上を目指した取り組みをサポートしていくような役割が求められているのです。

練習問題

5.1 事業部制組織における分権的管理を支援する業績評価システムについて説明しなさい。

5.2 事業部制組織において，事業部の業績評価と事業部長の業績評価を区別する理由について，管理可能性の原則に関わらせて説明しなさい。

5.3 β電子工業のU事業部とV事業部の前年度と今年度の実績データは以下のとおりである。このデータをもとに，前年度と比較した両事業部長の今年度の業績を，①利益額，②投資利益率，③残余利益の観点からコメントしなさい。なお，同社では両事業部に対する資本コスト率を12%としている。

（単位：万円）

	U事業部		V事業部	
年度	20X1	20X2	20X1	20X2
管理可能利益	30,000	23,000	40,000	45,000
管理可能投下資本額	200,000	150,000	250,000	290,000

参 考 文 献

上埜　進（2004）『管理会計――価値創出をめざして（第二版）』税務経理協会
大塚宗春・辻　正雄（1999）『管理会計の基礎』税務経理協会
岡本　清（2000）『原価計算（六訂版）』国元書房
岡本　清・廣本敏郎・尾畑　裕・挽　文子（2003）『管理会計』中央経済社
上總康行（1993）『管理会計論』新世社
木村幾也（1998）「カンパニー制から持株会社の会計へ」『企業会計』第 50 巻第 2 号，55-62 頁．
R. S. キャプラン著，西村　明・昆　誠一監訳（1989）『上級管理会計』中央経済社（Kaplan, R. S. (1982), *Advanced Management Accounting*, Prentice-Hall.）
櫻井通晴（2004）『管理会計（第三版）』同文舘出版
D. ソロモンズ著，櫻井通晴・鳥居宏史監訳（2005）『事業部制の業績評価』東洋経済新報社（Solomons, D. (1965), *Divisional Performance: Measurement and Control*, Irwin.）
西澤　脩（1996）『経営管理会計』中央経済社
西澤　脩（2000）『新版　分社経営の管理会計――持株会社・カンパニー制等の経営・会計指針』中央経済社
伏見多美雄・渡辺康夫（1995）「カンパニー制マネジメント・コントロールと日本型事業部制」『産業経理』第 54 巻第 4 号，2-11 頁．
C. T. ホーングレン・G. L. サンデム・W. O. ストラトン著，渡邊俊輔監訳（2004）『マネジメント・アカウンティング（第二版）』TAC 株式会社出版事業部（Horngren, C. T., G. L. Sundem & W. O. Stratton (2002), *Introduction to Management Accounting*, 12th ed., Prentice Hall.）
門田安弘（2001）『管理会計――戦略的ファイナンスと分権的組織管理』税務経理協会
門田安弘編著（2003）『管理会計学テキスト（第三版）』税務経理協会
山田庫平・吉村　聡編著（2006）『経営管理会計の基礎』東京経済情報出版

第Ⅲ部

意思決定会計

though
第 6 章

業務的意思決定

　企業を経営していく中で，将来の企業活動についてさまざまな意思決定を行う必要があります。たとえば，遊休設備を使って特別注文を引き受けるかどうか，あるいはどのような組み合わせで製品を販売したら最も儲かるだろうか，といったような問題です。

　この例にみられるような日常的な業務執行に関する意思決定は，業務的意思決定と呼ばれています。意思決定問題の分析に際しては，意思決定に関連する情報と関連しない情報を適切に識別することが重要となります。

　そこで本章では，関連情報に基づく差額原価収益分析を適用した業務的意思決定問題の考え方について，具体的な例題をとおして解説します。

○ KEY WORDS ○

経営意思決定，戦略的意思決定，業務的意思決定，関連原価，
未来原価，特殊原価調査，非関連原価，差額原価，埋没原価，
機会原価，差額原価収益分析，総額法，差額法，
最適セールス・ミックス，貢献利益分析，線形計画法

6.1　経営意思決定と業務的意思決定

◯ 経営意思決定の意義

　企業経営には，将来進むべき方向に対するいくつかの代替案からの選択が必要となります。このような経営者が行う代替案からの選択は一般に経営意思決定と呼ばれています。

　今日，企業はかつてないほど変化の激しい環境下で活動しており，そこで生き残っていくためには，そうした環境の変化へ適切に対応していく必要があります。そのためにも，経営者は企業の進むべき方向に関して，いくつかの代替案の中から最善の案を選択し，それを適切に実行していくことが求められています。

　特に，今日見られるようなグローバルな規模での企業間競争の激化，歯止めのきかない価格競争，IT革命の進展，企業価値・株主価値の重視，国際的な規模でのM&Aの展開，といった経営環境にあっては，企業の将来の方向を決める経営意思決定の重要性はますます高まっています。

◯ 経営意思決定の２つのタイプ

　このような経営意思決定を考える場合，その意思決定が経営構造の変革を伴うか否かによって，戦略的意思決定（strategic decision）と業務的意思決定（operating decision）の２つに分類することが有用です。

　戦略的意思決定とは，経営の基本構造の変革に関する意思決定です。たとえば，海外に工場を建設したり，新鋭の生産設備を導入したり，M&Aを行ったり，新製品を開発したり，といった問題に関する意思決定です。したがって，その意思決定の成否は会社に大きなインパクトをもたらします。また，

意思決定の効果が長期に及ぶため，貨幣の時間価値を考慮して代替案を評価する必要があります。この戦略的意思決定については第7章で詳細に説明します。

一方，業務的意思決定は，戦略的意思決定で決められた経営の基本構造を前提として，その基本構造の中で行われる日常反復的な業務執行に関する意思決定です。通常，生産・販売能力の変更を伴わない短期的な意思決定を考えるため，貨幣の時間価値は考慮しません。その代わり，代替案の評価に際して，さまざまな特殊原価概念が用いられます。

このような業務的意思決定の具体例として，以下のような意思決定問題があります。

(1) 部品を自製するか購入するか
(2) 部品をそのまま販売するか，追加加工をして製品として販売するか
(3) 特別注文を受けるか否か
(4) 既存製品を廃止すべきか否か
(5) 最適な製品販売の組み合わせ（セールス・ミックス）

6.2　意思決定プロセスと関連情報

○ 意思決定プロセスと管理会計情報の役割

経営意思決定では，企業の進むべき将来の方向に関する選択がなされますが，その意思決定プロセスは，通常，4つのステップから構成されます（図表6.1参照）。

ステップ1では，認識された問題が明確に定義されます。その過程で組織の目標や戦略などをもとにした現状の分析などが行われます。

ステップ2では，問題解決のための代替案が探索され作成されます。この

図表6.1 経営意思決定プロセス

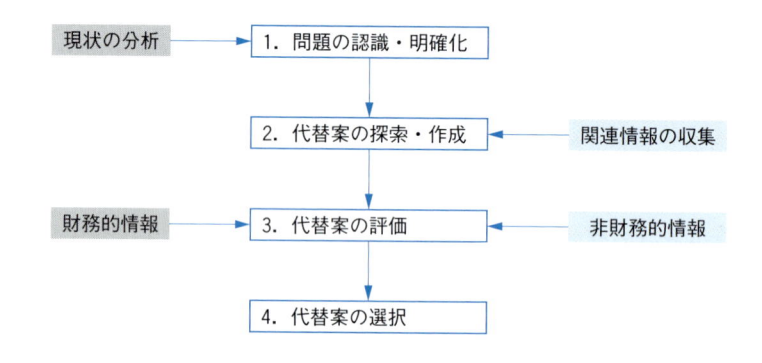

```
現状の分析  →  1. 問題の認識・明確化
                      ↓
               2. 代替案の探索・作成  ←  関連情報の収集
                      ↓
財務的情報  →  3. 代替案の評価       ←  非財務的情報
                      ↓
               4. 代替案の選択
```

　代替案の探索プロセスにおいて，意思決定に必要なさまざまな企業の将来活動に関連する情報が収集されます。

　ステップ3では，各代替案（意思決定モデル）のうち，どの案が最も有利な案かを評価します。評価に際して重要な役割を果たすのが財務的情報です。しかし，財務的に評価できない要因も意思決定に当たって重大な影響を与えるため，非財務的情報についても考慮に入れて評価が行われます。

　ステップ4では，**ステップ3**における代替案の比較・評価の結果に基づいて，経営者による代替案からの最善の案の選択が行われます。

　この一連のステップの中で，管理会計が中心的な役割を果たすのは，**ステップ2**の「代替案の作成」と**ステップ3**の「代替案の評価」の局面です。すなわち，管理会計は評価対象の代替案に財務的データを提供することで，意思決定モデルを作成し，それに基づき経営者が代替案を評価するのをサポートします。

◯ 経営意思決定と関連情報

では、意思決定を行う場合、どのような情報が必要になるのでしょうか。簡単な例を用いて考えてみましょう。

> 設例6.1：A製作所のH工場では、2つの部品XとYを組み立てて製品Zを生産している。近々、部品Yと機能は変わらないが購入コストが安い部品Qが登場するとの情報が入ってきた。そこでH工場では部品Yを部品Qに取り替えるかどうか検討を始めた。なお、組立に要する時間は変わらないため、直接労務費に変化はない。また、製品の販売価格にも変更はない。
> この意思決定を行う際に重要になるのはどの情報だろうか？

[解答・解説]

この意思決定においては、部品Yを使い続けるという〈現状維持案〉と、部品Yに代えて部品Qを使うという〈部品Qへの変更案〉とを比較し、どちらの案が最善かを判断していくことになります。そこで、2つの代替案の概要を図示してみると、図表6.2のように表すことができます。

図表6.2からわかるように、「直接労務費」と「部品Xの購入コスト」はどちらの案を選択するにしても同じです。ということは、この「直接労務費」と「部品Xの購入コスト」の部分をいくら比較しても、どちらの案が優れているかは判断できません。したがって、代替案の間で差を示さない部

図表6.2 代替案と関連情報

〈現状維持案〉	直接労務費	部品X	部品Y
〈部品Qへの変更案〉	直接労務費	部品X	部品Q

分については，意思決定に関係ない情報であり，分析の対象から除外してもかまわないのです。

つまり，意思決定する際に必要なのは，代替案の間で差を示している部分の情報であり，そこに着目して比較を行うことによって，はじめてどちらの案が優れているかが判断できるのです。

この設例の場合には，2つの代替案の間で差を示しているのは，「部品Yの購入コストと部品Qの購入コスト」です。したがって，この部分を比較することによって，部品Qの購入コストの方が低いことが明確になり，〈部品Qへの変更案〉の方が有利と判断できるのです。すなわち，この意思決定を行う際に重要な情報は，「部品Yの購入コストと部品Qの購入コスト」となります。

○ 関連原価と非関連原価

意思決定においては，意思決定に影響を与える原価，すなわち関連原価（relevant cost）に着目して意思決定していく必要があります。設例6.1でみたように，意思決定に有用な情報を提供する関連原価とは，代替案の間で差を示す原価，すなわち差額原価（differential cost）です。

また，意思決定は，企業の将来に関する代替案からの選択ですから，そこで必要とされる情報は過去についての情報（過去原価：past cost）ではなく，将来についての情報を示す未来原価（future cost）です。

以上をまとめると，意思決定に際して考慮すべき関連原価の要件とは次のとおりです。

(1) 未来原価であること
(2) 代替案の間で差額を示すこと

設例6.1では，代替案の間で差を示す部分が原価のみの場合を扱っていますが，代替案の間で収益に差がでる場合には，これを意思決定に影響を与える収益（関連収益）として考慮に入れる必要があります。これら意思決定に

影響を与える関連原価と関連収益は，関連情報（relevant information）と呼ばれます。

　一方，意思決定に影響を与えない原価，つまり意思決定に際して考慮しなくてよい原価は非関連原価（irrelevant cost）と呼ばれます。非関連原価は，代替案の間で差額を示さないこと（埋没原価）によって識別されます。設例6.1においては，代替案の間で差を示さない「直接労務費」と「部品Xの購入コスト」がこれに該当します。したがって，これらの原価は，意思決定に当たって分析から除外されます。

　関連原価/非関連原価に関して注意すべき点は，ある原価が本来的な性質として関連原価/非関連原価としての性質をもっているわけではないということです。検討している意思決定問題によって，どの原価が関連原価になるか非関連原価になるかが変わってくるのであり，意思決定に当たって両者を適切に見分けることが重要です。

6.3　意思決定のための原価概念

　経営意思決定においては，問題解決に向けた個別的かつ臨時的な分析が行われますが，そうした意思決定に有用な原価情報を提供するために行われる臨時的な原価計算は特殊原価調査（special cost studies; special cost analysis）と呼ばれます。この特殊原価調査では，原価計算制度で用いられる原価の一般概念とは異なるさまざまな原価概念が用いられます。これら意思決定のための原価は特殊原価（special cost）と呼ばれています。

　このように意思決定においてはさまざまな原価概念が用いられますが，それは利用目的に応じて適切な原価概念を使い分けていこうとする考え方によるものです。たとえば，財務諸表を作成するために必要な情報と，経営管理者の業績を評価するために必要な情報，特別注文を受けるかどうかを意思決

定するために必要な情報はそれぞれ異なっています。すなわち，「異なる目的には異なる原価」（different costs for different purposes）を用いる必要があるのです。

　意思決定はある特定の状況において個別的かつ臨時的に行われる将来の企業行動についての選択であり，そこで用いられる特殊原価も意思決定問題に対応した特定目的の原価であり，それはあらゆる問題に普遍的に適用できるものではありません。

　以下では，意思決定のために用いられる代表的な特殊原価概念を説明します。

○ 差額原価

　差額原価（differential cost）とは，代替案の間で生じる原価の差額分のことです。意思決定に当たっては，将来の企業活動に関する代替案の間での比較を行いますが，その際，差額原価は関連原価としてきわめて重要な役割を果たします。

　差額原価は，通常，増分原価（incremental cost）と同義に扱われます。すなわち，代替案間の差額が増加分として現れたものが増分原価です。さらに，代替案間の差額が減少分として現れたものを減分原価（decremental cost）として両者を区別して用いる場合もあります。

> 設例6.2：U工業では，昨今の景気回復を受けて，主力製品Gの生産を10,000個から15,000個へと増産する計画を検討している。増産に当たっての原価データは［資料］のとおりである。なお，固定製造間接費は製造用機械の減価償却費である。差額原価はいくらか？

[資　料]

(単位：万円)

	現状維持案 (10,000個)	増産案 (15,000個)
直 接 材 料 費	100	150
直 接 労 務 費	50	75
変動製造間接費	20	30
固定製造間接費	70	70
製造原価合計	240	325

[解答・解説]

この意思決定問題における代替案間の差額原価を計算すると，以下のようになります。

(単位：万円)

	現状維持案 (10,000個)	増産案 (15,000個)	差額原価
直 接 材 料 費	100	150	50
直 接 労 務 費	50	75	25
変動製造間接費	20	30	10
固定製造間接費	70	70	―
製造原価合計	240	325	85

したがって，この意思決定問題における差額原価は，直接材料費50万円，直接労務費25万円，変動製造間接費10万円，製造原価合計で85万円となります。

このように変動費の差額分は典型的な差額原価となります。変動費は操業度に応じて比例的に増減する原価であり，したがって代替案によって操業度が変動する場合に，変動費が差額原価を構成します。しかし，意思決定問題によっては，固定費の差額分も差額原価になる場合があるので注意が必要です。

◯ 埋没原価

埋没原価（sunk cost）とは，代替案によって変化しない原価のことです。したがって，将来の企業活動に関する意思決定には関連しない原価であり，非関連原価として意思決定の分析から除外されます。過去の投資によって発生した減価償却費は，いずれの代替案を選択しようとも発生するため埋没原価の典型的な例といえます。

設例6.2において，〈現状維持案〉と〈増産案〉のいずれの案を選択したとしても，製造用機械の減価償却費である「固定製造間接費」は70万円同額発生します。したがって，この意思決定には影響を与えないため，非関連原価として分析から除外します。

◯ 機会原価

機会原価（opportunity cost）とは，意思決定においていくつかの代替案の中からある一つの案を選択することにより，採用されなかった他の代替案から得られたであろう利益を失うことになりますが，その場合の失われた利益，すなわち逸失利益のことをいいます。採用されなかった代替案が複数ある場合には，そのうちの最大の逸失利益が機会原価となります。

たとえば，A案，B案，C案があり，それぞれ80万円，120万円，100万円の利益が見込まれるとします。この場合，利益が最も大きいB案を選択したとすると，採用されなかった他の2つの代替案のうち最大の利益をもたらすC案の100万円の利益が，B案を選択したことによる機会原価となります。

機会原価は実際の現金支出が伴うわけではないため，実際の現金支出と結びつけて理解される支出原価概念とは対立する概念です。したがって，通常，財務会計機構に組み込まれるものではありませんが，意思決定に当たっては重要な概念となります。

6.4 差額原価収益分析

○ 経営意思決定と差額原価収益分析

　意思決定問題の評価に際して適用される代表的な分析手法が差額原価収益分析 (differential cost and revenue analysis) または差額分析 (differential analysis) です。差額原価収益分析は，代替案間で差額を示す収益（差額収益）と原価（差額原価），そして両者の差額としての利益（差額利益）に基づいて代替案の評価を行う手法です。

　差額原価収益分析の基本的な考え方を式で示すと次のようになります。

$$\text{差額収益} - \text{差額原価} = \text{差額利益}$$

　意思決定問題によって，収益と原価のいずれか一方のみに差額が出るものもあれば，両方に差額が出るものもあるため，差額を示す部分を適切に識別することが重要です。

　差額原価収益分析の分析手順をまとめると以下のようになります。
(1) 比較検討する代替案を適切に理解・把握する。
(2) 代替案の間で差額を示さない収益・原価（埋没原価）を除外する。
(3) 差額収益・差額原価をもとに差額利益を計算し，その結果に基づいて最善の案を決定する。

○ 差額原価収益分析の適用例

　では，差額原価収益分析の適用の仕方を具体的な例を使って説明しましょ

う。ここで取り上げるのは，業務的意思決定の典型的な例である「特別注文を引き受けるかどうか」という問題です。これは生産能力に余裕がある状況で，通常の販売価格を下回る価格での特別注文がきた場合，それを引き受けるべきかどうかを決定する問題です。

> 設例6.3：B社では高級ボールペンを生産・販売している。現在，これまで取引のなかったY社から，B社のボールペンを景品として配りたいため，来月，1本3,500円で3,000本納入できないかという注文が入った。
> このY社からの注文を引き受けるべきか断るべきか，以下の [資料] をもとに判断しなさい。

[資 料]
① ボールペンの販売に関するデータ
　販売価格は5,000円であり，来月の予定販売数量は12,000本である。
② ボールペンの生産に関するデータ
　B社のボールペンの月間生産能力は15,000本であるが，来月の予定生産数量は12,000本である。
　ボールペンの来月の単位当たり予定製造原価は以下のとおりである。固定製造間接費は製造用機械の減価償却費である。

（単位：円）

直接材料費	1,000
直接労務費	750
変動製造間接費	500
固定製造間接費	1,250
販売費	250
	3,750

なお，B社では，この一度限りの低い販売価格での注文を受けたとしても，今後，既存の取引先との価格に影響はないと予測している。また，この注文を引き受けることにより，追加の販売費は発生せず，生産能力に余裕があるため追加の設備投資も必要ない。

[解答・解説]

本設例における代替案を確認すると，〈注文を引き受ける案（引受案）〉と〈注文を断る案（拒否案……この場合，当初の予定どおりの生産・販売数量

になる)〉となります。

　本設例で注意すべき点は，次のような誤った意思決定がなされる可能性があることです。すなわち，ボールペンの単位当たり予定製造原価が3,750円であるのに対して，特別注文における販売価格は3,500円です。したがって，製造原価を下回る価格で販売はできないとして，この特別注文を断る意思決定を行ってしまうことです。このような問題は，意思決定に当たって関連原価と非関連原価を適切に識別していないために起こるものです。

　それでは分析の実際に入っていきましょう。まず，この問題における代替案の全体計算を行うと図表6.3のようになります。

　この分析結果からわかるように，特別注文を引き受けた場合，営業利益が3,750千円増加します。したがって，この特別注文は引き受けるべきとの判断になります。

　このように，代替案それぞれの全体計算を行い，その差額を比較して代替案の優劣を評価する方法を総額法といいます。

　これに対して，一方の案を基準案とした上で，もう一方の案との間で生じ

図表6.3　全体損益計算（総額法）

（単位：千円）

	拒否案	引受案
売上高	60,000	70,500
売上原価		
直接材料費	12,000	15,000
直接労務費	9,000	11,250
変動製造間接費	6,000	7,500
固定製造間接費	15,000	15,000
販売費	3,000	3,000
営業利益	15,000	18,750

る差額の部分にのみ焦点を当てて代替案を評価する方法を差額法（増分法）といいます。

図表6.3をもとに，代替案間の収益・原価の差額を計算したのが，図表6.4です。このケースでは，引受案（②）を基準案として拒否案（①）との差額収益・差額原価，両者の差額としての差額利益を計算し（図表6.4中の②－①の計算），基準案が有利かどうかを分析しています。したがって，差額利益がプラスであれば基準案が有利であり，マイナスであれば基準案が不利であることを示します。

この分析結果から，特別注文を引き受けた方が3,750千円だけ営業利益が大きくなることがわかります。このように，代替案間の差額の部分にのみ注目して分析しても，全体計算した場合（総額法）と同じ結果を得ることができます。

差額法を適用する際には，先に示した分析手順にあるように，まず非関連原価（埋没原価）を除外し，その上で，代替案の間で差額を示す関連情報（差額収益・差額原価・差額利益）に基づいて代替案を評価していきます。

図表6.4　総額法と差額法による分析

（単位：千円）

	拒否案①	引受案②	差額（②－①）	
売上高	60,000	70,500	10,500	（差額収益）
売上原価				
直接材料費	12,000	15,000	3,000	（差額原価）
直接労務費	9,000	11,250	2,250	（差額原価）
変動製造間接費	6,000	7,500	1,500	（差額原価）
固定製造間接費	15,000	15,000	－	（埋没原価）
販売費	3,000	3,000	－	（埋没原価）
営業利益	15,000	18,750	3,750	（差額利益）

この設例においては，固定製造間接費は製造用機械の減価償却費であり，また販売費は追加注文によって増加しないため，代替案間で差額は発生しません。したがって，これらが非関連原価（埋没原価）となるため分析から除外します。

また，売上高，直接材料費，直接労務費，変動製造間接費について，拒否案で発生する60,000千円，12,000千円，9,000千円，6,000千円は，いずれの案を選択しても発生するため，代替案の間で差額を示さない非関連収益・原価（埋没原価）となり，これも分析から除外します。

こうして代替案の間で差額を示さない部分を除去すると，差額収益・差額原価のみが残るため，これに基づき差額利益を計算し代替案の評価を行います。図表6.4で示されている差額は，このようにしてすべての非関連収益・原価を除去した上で残った，関連収益・関連原価に基づく計算結果です。

これまで，差額法を説明するために，全体計算をもとにした差し引き計算によって代替案間の差額を求めましたが，直接，差額法を適用する場合には以下のような分析になります。

```
                                           (単位：千円)
  差額収益  (@3,500円×3,000本)              10,500
  差額原価
    直接材料費   (@1,000円×3,000本)   3,000
    直接労務費   (@750円×3,000本)     2,250
    変動製造間接費 (@500円×3,000本)   1,500    6,750
  差額利益                                    3,750
```

6.5　業務的意思決定の事例

本節では，典型的な業務的意思決定問題について設例をとおして検討してみます。ここで取り上げる業務的意思決定問題は，(1)追加加工か販売か，(2)

自製か購入か，(3)既存の製品を中止すべきか否か，の3つです。

◯ 追加加工か販売か

　追加加工か販売かの意思決定は，半製品または製品をそのまま販売するのと，追加加工を加えて完成品にしたり，別の製品として販売するのと，どちらが有利かを判断する問題です。

　この問題は差額原価収益分析の基本的な考え方が適用できる典型的なケースです。

> **設例6.4**：F社は，自社生産の半製品Sに，さらに加工を加えて製品Tとして販売している。最近，半製品Sの市場が急成長してきたため，F社でも，追加加工を加えて製品Tとして販売するのをやめて，半製品Sのまま市場へ販売する検討を始めた。半製品Sの単位当たり見積製造原価は350円であり，予想市場価格は500円である。また，製品Tの予想市場価格は800円であるが，追加加工費として単位当たり250円かかる。
>
> 　予定生産・販売数量を20,000個とした場合，F社は半製品Sを市場で販売した方がよいか，それとも今までどおり追加加工を加えて製品Tとして販売した方がよいか，判断しなさい。

［解答・解説］

　差額原価収益分析の基本的な考え方は「差額収益－差額原価＝差額利益」ですから，これに両案の収益，原価を当てはめ，その差額としての差額利益をもとにいずれの案が有利かを判断していきます。

　〈追加加工を加え製品Tとして販売する案〉を基準にして，〈半製品Sのまま販売する案〉よりもどのくらい収益・原価が増加するかをみていくと，次のようになります。

> 差額収益 　　－　　 差額原価 　　＝　　 差額利益
> [300円×20,000個] － [250円×20,000個] ＝ 1,000,000円

　この式が表しているのは，〈追加加工を加え製品Tとして販売する案〉は，〈半製品Sのまま販売する案〉よりも追加加工費が [250円×20,000個＝500万円] 余計にかかりますが，収益で [300(＝800－500)円×20,000個＝600万円] 増分収益が得られるため，トータルでは100万円利益が多くなるということです。

　ここで，半製品Sを生産することにかかわる製造原価は，いずれの案を選択した場合でも等しく発生するため，非関連原価（埋没原価）としてこの分析から除外される点に注意が必要です。

　このように，半製品Sのまま販売するよりも，追加加工を加え製品Tとして販売した方が，利益が100万円多くなるので，今までどおり半製品Sに追加加工を加えて製品Tとして販売した方がよいという判断になります。

◯ 自製か購入か

　自製か購入かの意思決定は，会社で生産している製品を構成する部品について，自社で生産するのと外部から購入するのと，どちらが有利かを判断する問題です。

　この問題では，部品を自製しようが購入しようが製品の販売価格には影響を与えないため，代替案間の差額原価に基づき評価していくことになります。

設例6.5：Y通信工業は，通信用機器の組立部品Rを自製しており，1ヶ月当たりの予定生産数量は3,000個である。そこへ，S部品工業から組立部品Rを1個当たり12,000円で来月から納入できるとのオファーがあった。組立部品Rの来月の予定製造原価に関するデータは[資料]のとおりである。

Y通信工業は，組立部品Rを自製すべきか，S部品工業から購入すべきか判断しなさい。

[資 料]

（単位：円）

	単位当たり原価	3,000個の原価
直接材料費	5,000	15,000,000
直接労務費	3,500	10,500,000
変動製造間接費	1,500	4,500,000
固定製造間接費		
段取費，保守費用	1,000	3,000,000
減価償却費，保険料	3,000	9,000,000
製造原価計	14,000	42,000,000

[解答・解説]

組立部品Rの購入原価が12,000円であり，単位当たり製造原価が14,000円であることから，一見するとS部品工業から購入する方が有利にみえます。

しかし，自製する場合に発生する固定製造間接費のうち減価償却費と保険料は，組立部品Rを自製した場合でもS部品工業から購入した場合でも変わらず発生するため，埋没原価（非関連原価）となり，この分析からは除外して考える必要があります。したがって，差額分析を行うと次のようになります。

（単位：円）

	単位当たり原価		3,000個の原価	
	自製案	購入案	自製案	購入案
購 入 原 価		12,000		36,000,000
直接材料費	5,000	—	15,000,000	—
直接労務費	3,500	—	10,500,000	—
変動製造間接費	1,500	—	4,500,000	—
固定製造間接費	1,000	—	3,000,000	—
計	11,000	12,000	33,000,000	36,000,000
差 額 原 価	1,000		3,000,000	

 このように，S部品工業から購入するより自製した方が単位当たり1,000円，3,000個で300万円有利となるので，組立部品Rを自製すべきであるという判断になります。

○ 既存の製品の生産・販売を中止すべきか否か

 製品別損益計算書上で営業利益が赤字になっている製品がある場合，その製品の生産・販売を中止するかどうかが問題となります。

 この問題では，製品の生産・販売を中止してもしなくても発生する非関連原価（埋没原価）を適切に識別することと，製品の全社利益への貢献度をみるために，製品別の貢献利益を求めることが重要です。

 なお，現在の業務活動を変更・中止することによってその発生を回避できる（発生しなくなる）原価は回避可能原価（avoidable cost）と呼ばれ，意思決定にあたって関連原価となります。一方，現在の業務活動を変更・中止してもその発生を回避できない（発生し続ける）原価は回避不能原価（unavoidable cost）と呼ばれ，意思決定に当たっては非関連原価となります。

設例6.6：文具メーカーのC社は、ボールペンとシャープペンと万年筆を生産している。ここ数年、万年筆の販売不振が続いており、以下の［資料］のとおり、来期の製品別損益計算書上でも赤字が予想されている。そこで、万年筆の生産・販売を中止するかどうかの検討が開始された。万年筆の生産・販売を中止してもそれに代わる収益性の高い製品はない。また、万年筆の生産・販売を中止することによって、ボールペンとシャープペンの販売数量は影響を受けないと仮定する。万年筆の生産・販売を中止すべきか否か判断しなさい。

［資料］

製品別損益計算書

（単位：千円）

項　目	ボールペン	シャープペン	万年筆	合　計
売　上　高	300,000	240,000	120,000	660,000
変　動　費	130,000	120,000	70,000	320,000
貢献利益	170,000	120,000	50,000	340,000
固　定　費				
個別固定費	70,000	45,000	30,000	145,000
共通固定費	75,000	60,000	30,000	165,000
営業利益	25,000	15,000	−10,000	30,000

［解答・解説］

　ある製品の生産・販売を中止するかどうかが問題となるのは、製品別損益計算書上で赤字が示されているような場合です。しかし、各製品の全社利益への貢献度は、共通固定費を各製品に配賦する前の製品別の貢献利益に基づいて判断していく必要があります。もし製品別の貢献利益がプラスの値であれば、その製品は共通固定費の回収と営業利益の創出に貢献していると判断されるので、生産を継続すべきと判断します。

　そこで、［資料］で示された製品別損益計算書を、次のような製品別の貢献利益を示す形の損益計算書に作成し直して判断していきます。

製品別損益計算書

(単位:千円)

項　目	ボールペン	シャープペン	万年筆	合　計
売　上　高	300,000	240,000	120,000	660,000
変　動　費	130,000	120,000	70,000	320,000
貢献利益	170,000	120,000	50,000	340,000
固　定　費				
個別固定費	70,000	45,000	30,000	145,000
製品別貢献利益	100,000	75,000	20,000	195,000
共通固定費				165,000
営業利益				30,000

　この種の問題で間違いを犯しやすいのは、「万年筆の生産・販売を中止すれば、それにかかわる費用がすべて発生しなくなる」と考えてしまうことです。しかし、共通固定費は各製品に共通的に発生しているものであり、万年筆の生産・販売を中止したからといって、万年筆が負担していた分(30,000千円)が発生しなくなるわけではなく、それを今度は他の製品で負担していかなければなりません。つまり、共通固定費は万年筆の生産・販売に関わりなく発生する費用であり、意思決定に際しては非関連原価(埋没原価)となるのです。

　したがって、差額分析によるとこの問題は以下のように分析されます。

(単位:千円)

万年筆の生産・販売の中止による差額収益(減分収益)		△120,000
万年筆の生産中止により発生を回避できる原価(差額原価)		
変動費	70,000	
個別固定費	30,000	100,000
差額利益		△20,000

　このように、万年筆の生産・販売を中止した場合、万年筆が共通固定費の回収、そして営業利益の創出に貢献していた20,000千円の製品別貢献利益が失われるので、全社の営業利益は10,000千円へ減少してしまうことになります。

　以上の分析より、万年筆は20,000千円というプラスの製品別貢献利益を

生み出しており，それによって共通固定費の回収と全社利益の創出に貢献しているため，万年筆の生産・販売を中止するべきではないという判断になります。

6.6 最適セールス・ミックスの意思決定

◯ セールス・ミックスの基本的な考え方

　企業は複数製品を生産・販売しており，製品によって収益性や消費する資源が異なるのが普通です。その場合に，どのような製品の組み合わせで生産・販売したら利益が最大化されるかが，経営管理者にとって大きな関心事となります。

　このような，複数製品に適切な資源配分を行い，営業利益の最大化を目指す意思決定問題は，最適セールス・ミックス（販売組み合わせ）の決定あるいは最適プロダクト・ミックス（製品組み合わせ）の決定と呼ばれます。

　最適セールス・ミックスを決定する場合の最も基本的な考え方は，製品ごとの貢献利益をみていくことです。貢献利益は固定費の回収と利益の創出に貢献する利益であり，これが大きい製品を多く生産・販売することによって全社的な営業利益を最大化することができます。

　たとえば，製品A，製品Bという2つの製品を生産・販売しており，各製品のデータは以下のとおりとします。なお，固定費は600万円とします。

	製品A	製品B
販売単価	2,000円	1,800円
単位当たり変動費	1,200円	900円
単位当たり貢献利益	800円	900円

　この場合には，単位当たり貢献利益が高い製品Bを優先的に生産・販売

すべきとなります。仮に，各製品をトータルで10,000個生産・販売した場合の営業利益を，以下の(1)～(3)の組み合わせのもとで比較してみると次のようになります。

(単位：千円)

	(1)製品Aのみ生産・販売	(2)製品Aを50%，製品Bを50%の組み合わせで生産・販売		(3)製品Bのみ生産・販売
		製品A	製品B	
売上高	20,000	10,000	9,000	18,000
変動費	12,000	6,000	4,500	9,000
貢献利益	8,000	4,000	4,500	9,000
固定費	6,000	6,000		6,000
営業利益	2,000	2,500		3,000

このように，単位当たり貢献利益が最も高い製品Bのみを生産・販売した場合に，営業利益が最大になることがわかります。

◯ 希少資源の最適利用とセールス・ミックスの決定

前節では，最適セールス・ミックスを決定する場合の最も基本的な考え方をみてきました。しかし，企業にはさまざまな希少資源が存在しており，それが生産・販売上の制約条件となっています。たとえば，機械の運転時間や原材料，あるいは販売数量や売り場面積などが希少資源になりうるものです。そうした希少資源が存在する場合には，その希少資源の最適利用を第1に考えなければなりません。

希少資源の最適利用が問題とされる場合，前述した製品ごとの貢献利益に基づく組み合わせの判断では誤った意思決定を行ってしまう点に注意が必要です。この場合には，製品ごとの希少資源単位当たり貢献利益に基づき，それが高い製品順にその希少資源を利用していきます。このような分析手法は貢献利益分析（contribution margin analysis）と呼ばれています。次の設例で考えてみましょう。

設例6.7：α工業では，P，Q，Rという3種類の製品を生産・販売している。同社では，製品P，Q，Rに関する以下のような [資料] をもとに，次年度の生産計画を立案中である。

利用できる機械作業時間が年間5,200時間に制限されている場合，営業利益を最大化するためにはどの製品をどれだけ生産すべきか判断しなさい。

[資 料]

	製品P	製品Q	製品R
販売単価（単位：千円）	1,000	1,200	1,500
単位当たり変動費（千円）	450	600	720
単位当たり貢献利益（千円）	550	600	780
最大販売可能数量（年間）（個数）	800	1,000	500
単位当たり必要機械作業時間（時間）	2	3	6
固定費（年間）（千円）	……800,000		

[解答・解説]

与えられた [資料] より，製品P，Q，Rはすべて単位当たり貢献利益がプラスの値です。したがって，もし利用できる機械作業時間に制限がなければ，各製品とも最大販売可能数量まで生産することによって利益を最大化できます。

しかし，製品P，Q，Rともに最大販売可能数量まで生産すると，機械作業時間は7,600時間（2時間×800個＋3時間×1,000個＋6時間×500個）必要です。ところが，利用できる機械作業時間は5,200時間に制限されています。そのため，各製品を最大販売可能数量まで生産することはできません。

このように，機械作業時間が希少資源として制約条件になっているので，機械作業時間の最適な利用を考えなければなりません。この場合には，機械を1時間動かすことで最も利益を稼げる製品を生産することで，機械作業時間の最適な利用を図ることができます。

そこで，各製品の機械作業時間当たりの貢献利益を計算すると，次のようになります。

	製品P	製品Q	製品R
単位当たり貢献利益（千円）	550	600	780
単位当たり必要機械作業時間（時間）	2	3	6
機械作業時間当たり貢献利益（千円）	275	200	130

したがって，希少資源の機械作業時間5,200時間を，機械作業時間当たりの貢献利益が高い製品P，製品Q，製品Rの順番で利用します。

製品Pの最大販売可能数量は800個ですから，800個の生産に1,600機械作業時間（800個×2時間）を向けます。次に，製品Qの生産に残りの3,600機械時間（5,200時間－1,600時間）が向けられます。しかし，製品Qの最大販売可能数量は1,000個ですから，必要とされる機械時間は3,000機械時間（1,000個×3時間）です。したがって今度は，残りの600時間（3,600時間－3,000時間）が製品Rの生産に向けられます。製品Rについては，単位当たりの機械作業時間は6時間ですから，製品Rは600時間÷6時間＝100個生産されます。

この結果，製品Pを800個，製品Qを1,000個，製品Rを100個生産・販売するという組み合わせの時に営業利益が最大となります。なお，その時の利益額は318,000千円となります。

○ 線形計画法とセールス・ミックス

前節では，制約条件が1つの場合を扱いましたが，さらに制約条件が付け加わる場合，線形計画法（Linear Programming：リニア・プログラミング，LP）を用いる必要があります。

線形計画法は，与えられた制約条件の下で，目的関数が最大となる（貢献利益を最大化する）解を求める方法です。本節では簡単な設例に基づき，図（グラフ）を用いた線形計画法の適用方法を説明していきます。

設例6.8：β工業では，S，Tという2種類の精密機械部品を生産・販売している。部品S，Tは，機械作業のあと，熟練作業員による高度な仕上げ作業が必要である。同社では，製品S，Tに関する以下のような［資料］をもとに，次年度の生産計画を立案中である。

　このような条件の下で，営業利益を最大化するセールス・ミックスを決定しなさい。

［資　料］

	製品S	製品T
販売単価（単位：千円）	2,500	2,000
単位当たり変動費（千円）	1,500	800
単位当たり貢献利益（千円）	1,000	1,200
固定費（年間）（千円）	……300,000	
最大販売可能数量（年間）（個数）	220	300
単位当たり必要機械作業時間（時間）	15	30
最大機械稼働時間（年間）（時間）	……6,000	
単位当たり必要労働作業時間（時間）	10	5
最大労働作業時間（年間）（時間）	……2,500	

［解答・解説］

　製品Sの生産量を x，製品Tの生産量を y とし，貢献利益を Z とすると，上記条件の下での目的関数，制約条件，非負条件は次のように表すことができます。

　　　　目的関数：$Z = 1,000x + 1,200y$（貢献利益の最大化）
　　　　制約条件：$15x + 30y \leq 6,000$（機械作業時間の制約）
　　　　　　　　　$10x + 5y \leq 2,500$（労働作業時間の制約）
　　　　　　　　　　　　　$x \leq 220$（製品Sの販売上の制約）
　　　　　　　　　　　　　$y \leq 300$（製品Tの販売上の制約）
　　　　非負条件：$x \geq 0，y \geq 0$（製品S，Tの生産量は正の値）

　そこでこの関数関係をグラフに描くと，図表6.5のようになります。

　したがって，上記の制約条件と非負条件を満たす可能解は，図中の青色の

図表6.5 制約条件と可能域

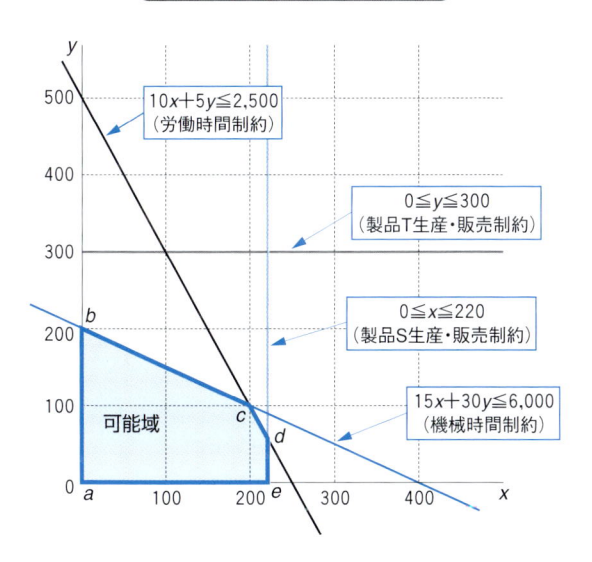

$10x+5y \leqq 2,500$（労働時間制約）
$0 \leqq y \leqq 300$（製品T生産・販売制約）
$0 \leqq x \leqq 220$（製品S生産・販売制約）
$15x+30y \leqq 6,000$（機械時間制約）

可能域

領域内（可能域）にあります。この可能域を示す多角形の端点 $a \sim e$ のうち，目的関数を最大化する点が求める最適解です。

そこで，端点の座標を目的関数に代入して計算すると以下のようになります。

端点	変数(x, y)	目的関数($Z=1,000x+1,200y$)
a	(0, 0)	$1,000 \times 0 + 1,200 \times 0 = 0$
b	(0, 200)	$1,000 \times 0 + 1,200 \times 200 = 240,000$
c	(200, 100)	$1,000 \times 200 + 1,200 \times 100 = 320,000$（最適解）
d	(220, 60)	$1,000 \times 220 + 1,200 \times 60 = 292,000$
e	(220, 0)	$1,000 \times 220 + 1,200 \times 0 = 220,000$

したがって，製品Sを200個，製品Tを100個，生産・販売する場合に，貢献利益が320,000千円で最大となります。

練習問題

6.1 業務的意思決定問題を例に挙げ，その問題において関連情報と非関連情報は何かを考えてみなさい。

6.2 差額原価収益分析には総額法と差額法という2つの手法があるが，意思決定問題へ差額法を適用した場合の利点と問題点について調べなさい。

6.3 冷凍食品会社のM食品は，冷凍うどんを生産・販売している。現在，設備に余裕があるため，新規に冷凍そばの生産・販売を検討している。冷凍そばを追加生産・販売した場合のデータは以下のとおりである。

(1) 冷凍そばの販売に関するデータ

1個当たりの予定販売価格は150円，1ヶ月当たりの予定販売量は50,000個である。また，冷凍そばの追加販売に伴い販売費が100万円増加する。

(2) 冷凍そばの生産に関するデータ

冷凍そばの1個当たりの予定製造原価は以下のとおりである。

（単位：円）

直接材料費	50
直接労務費	40
変動製造間接費	20
製造原価計	110

M食品は，冷凍そばを生産・販売すべきか否か，判断しなさい。

6.4 本文中の設例6.5の状況に，以下の条件が加わったと仮定する。Y通信工業では，生産設備能力をフルに使って組立部品Rを生産している。もし組立部品RをS部品工業から購入することにした場合，組立部品Rのために使われていた生産設備を使って新型の組立部品R-Ⅱを生産・販売できるとする。組立部品R-Ⅱを生産・販売することにより得られる利益は500万円と見積もられた。この状況下において，Y通信工業は，組立部品Rを自製すべきか，S部品工業から購入すべきか判断しなさい。

6.5 総合スーパー大手のGマートは，食料品，衣料品，雑貨，日用品，電化製品という5つの主要な販売部門をもっている。しかしここ数年，専門店との競争が激化し，[資料] の販売部門別損益計算書に示されているように，衣料品部門と雑貨部門で赤字が続いている。そこで，Gマートは衣料品部門と雑貨部門を廃止すべきか否か判断しなさい。また，その意思決定の結果，全社の営業利益はいくらになるか求めなさい。なお，ある販売部門を廃止することによって，他の販売部門の売上高は影響を受けないと仮定する。

[資 料]

販売部門別損益計算書

(単位:千円)

項　目	食料品	衣料品	日用品	雑　貨	電化製品	合　計
売 上 高	400,000	300,000	250,000	120,000	350,000	1,420,000
変 動 費	180,000	140,000	110,000	65,000	145,000	640,000
貢 献 利 益	220,000	160,000	140,000	55,000	205,000	780,000
固 定 費						
部門個別固定費	100,000	85,000	60,000	56,000	81,000	382,000
全社共通固定費	87,000	78,000	62,000	27,000	83,000	337,000
営 業 利 益	33,000	−3,000	18,000	−28,000	41,000	61,000

参 考 文 献

青木茂男監修,櫻井通晴訳(1981)『A. A. A. 原価・管理会計基準――原文・訳文・解説(増補版)』中央経済社

上埜　進(2004)『管理会計――価値創出をめざして(第二版)』税務経理協会

大塚宗春・辻　正雄(1999)『管理会計の基礎』税務経理協会

岡本　清編(1982)『管理会計の基礎知識』中央経済社

岡本　清・廣本敏郎・尾畑　裕・挽　文子(2003)『管理会計』中央経済社

加藤勝康・豊島義一編著(2003)『Q&A管理会計入門』同文舘出版

小林健吾(1996)『最新版　原価計算総論』創成社

櫻井通晴(2004)『管理会計(第三版)』同文舘出版

廣本敏郎(1997)『原価計算論』中央経済社

C. T. ホーングレン・G. L. サンデム・W. O. ストラトン著,渡邊俊輔監訳(2004)『マネジメント・アカウンティング(第二版)』TAC株式会社出版事業部(Horngren, C. T., G. L. Sundem & W. O. Stratton (2002), *Introduction to Management Accounting*, 12th ed., Prentice-Hall.)

宮本寛爾・小菅正伸編著(2006)『管理会計概論』中央経済社

山田庫平・吉村　聡編著(2006)『経営管理会計の基礎』東京経済情報出版

第7章

戦略的意思決定

　今日, 各企業はグローバルな規模での企業間競争における生き残りをかけて, M&Aを行ったり, 海外へ工場を建設したり, 戦略的なプロジェクトへの積極的な投資活動を展開しています。このような戦略的プロジェクトへの投資の成否は企業の将来を大きく左右することから, 適切な投資案の評価と意思決定の重要性が高まっています。

　そこで本章では, 戦略的意思決定の中でも管理会計情報が大きな役割を果たす, 設備投資意思決定における投資案の評価方法について解説します。投資意思決定においては, 企業価値, 株主価値の向上という観点から資本効率を重視した投資決定が求められており, その目的に合致した評価方法であるDCF法の果たす役割が大きくなってきています。

○ KEY WORDS ○

戦略的意思決定, 設備投資意思決定, 資本予算,
キャッシュ・フロー, 経済命数, 貨幣の時間価値,
現在価値, 資本コスト, 割引キャッシュ・フロー法 (DCF法),
会計的利益率法, 回収期間法, 正味現在価値法,
収益性指数法, 内部利益率法

7.1 戦略的意思決定と設備投資意思決定

○ 戦略的意思決定の意義

　今日みられるような激しい競争環境の中で，企業は競争優位性の確保を目指して，さまざまな戦略的なプロジェクトを立ち上げ実行しています。たとえば，新製品の開発や，新規事業への進出，海外市場への進出，海外への工場建設，新鋭の生産設備の導入，M&Aの実行，既存事業のリストラなどです。

　こうした戦略的なプロジェクトは，中長期的な企業活動の枠組みの決定に深く関わっており，その成否は企業の生き残りにとって非常に大きな影響を与えるものです。このような，経営の基本構造の決定・変革に関して随時的に行われる意思決定は，戦略的意思決定（strategic decision）と呼ばれています。

○ 設備投資意思決定と管理会計の役割

　戦略的意思決定の中でも，特に管理会計情報が大きな役割を果たすのは，設備投資に関する意思決定です。設備投資意思決定は，生産・販売設備の新設・更新・取替・廃棄などに関する意思決定を行うものであり，資本予算（capital budgeting）として検討されます。この設備投資意思決定に対して，管理会計は財務的な情報を提供することで意思決定をサポートします。

　設備投資の意思決定は，企業の将来の成長に欠かせないものですが，一度支出がなされると企業の経営構造を長期にわたり規定することになります。したがって，設備投資の成否は企業の命運を大きく左右するため，経営戦略と密接なつながりをもって展開されることになります。

○ 設備投資意思決定の特徴

設備投資意思決定の特徴として，次の4点が挙げられます。

(1) 設備投資意思決定における経済性計算は，企業全体の利益を対象に行うのではなく，個々の投資プロジェクトそれ自体を対象に行う。

(2) 経済的効果の測定には，会計上の利益ではなくキャッシュ・フロー（cash flows，CF：現金の流出入額）を用いる。

(3) 経済性計算における計算対象期間は，1年などのある特定の会計期間ではなく，個々の投資プロジェクトの予想貢献年数（経済命数）である。

(4) 設備投資プロジェクトは長期間にわたるため，その評価に際して貨幣の時間価値（time value of money）を考慮する。

このような特徴から，設備投資意思決定の経済性計算においては，キャッシュ・フロー，経済命数，貨幣の時間価値，資本コストなどの概念を理解することが重要になります。

7.2　設備投資意思決定の基本的な考え方

設備投資意思決定においては，プロジェクトに対する当初の投資額と，その投資によって得られる経済的効果とを比較して，投資案の採算性を判断します。その場合の基本的な判断基準は，投資した額より，その投資から得られるリターンの方が大きいかどうかということです。

この考え方を投資額（I）と投資からのリターン（R）との関係をもとに図式化すると，図表7.1のように表すことができます。

図表 7.1　投資決定の基本原則

投資からのリターン　$R > I$　投資額
↓
投資案を実行

◯ 投資決定の評価プロセスと基礎概念

　投資決定においては，投資額（I）と投資からのリターン（R）とを比較して投資案を評価しますが，実際に I と R を見積もる際には，いくつかの基礎概念を理解しておく必要があります。

　投資案の評価は，①投資案に対する初期投資額（原投資額）の算定，②投資案から得られる毎期の経済的効果の見積もり，③投資案の経済性計算・評価というプロセスで行われます。

　図表 7.2 は，投資案の評価プロセスと，その各段階において，どのような基礎概念が必要になるかをまとめたものです。

　そこで次に，投資案の評価プロセスにおいて理解しておく必要のある基礎概念——①キャッシュ・フロー，②経済命数，③現在価値概念，④資本コスト——について説明していきます。

7.3　設備投資意思決定の基礎概念

◯ キャッシュ・フロー

　投資決定の経済性計算では，投資からの経済的効果の測定に，キャッシ

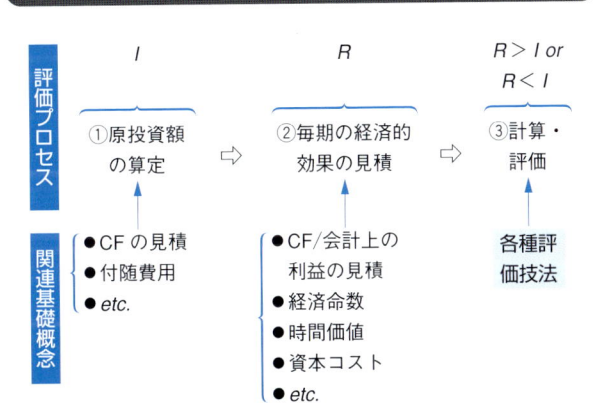

図表7.2 設備投資意思決定の評価プロセスと関連基礎概念

評価プロセス：

I → ①原投資額の算定　⇒　R → ②毎期の経済的効果の見積　⇒　$R > I$ or $R < I$ → ③計算・評価

関連基礎概念：
- ①：● CFの見積　● 付随費用　● etc.
- ②：● CF/会計上の利益の見積　● 経済命数　● 時間価値　● 資本コスト　● etc.
- ③：各種評価技法

ュ・フロー（Cash Flows：CF）を用います。キャッシュ・フローとは現金の流出入額のことで，財務会計における費用収益対応の原則に基づいて測定された収益・費用とは異なるものです。

なお，第6章で学習したように，意思決定に関連する情報は，代替案の間で差額を示す将来についての情報であるため，この場合のキャッシュ・フローは将来差額キャッシュ・フローとなります。

投資案のキャッシュ・フローは，①原投資額，②毎期のキャッシュ・フロー，③処分時のキャッシュ・フローの3つから構成されます。

1．原投資額

原投資額の基本的な考え方は，投資案の経済的効果を実現するために必要とされるキャッシュ・フローをすべてこれに含めるということです。

したがって，設備本体への投資額以外に運送費や据付費などの付随費用が発生する場合がありますが，これらは原投資額に含めて考えます。

また，設備の取替投資の場合，今まで使っていた設備を売却することによってキャッシュ・インフローが得られる場合，その分だけ原投資額が少なくてすむことを意味します。したがって，旧資産の売却からのキャッシュ・インフローは原投資額から控除します。

> **設例7.1**：A社は，現在，設備投資案を検討している。設備投資額は95億円で，これに運送・据付のための付随費用が5億円かかる。この投資案を採用すればこれまでの設備が不用になり，その売却見積額は10億円である。この投資案の原投資額を求めよ。

[解　答]
　原投資額＝取得原価(本体価格＋付随費用)－旧資産売却によるキャッシュ・インフロー
　　　　　＝(95億円＋5億円)－10億円＝90億円

2．毎期のキャッシュ・フロー

　投資案からの経済的効果の測定は，現金の流入額と流出額に基づくキャッシュ・フローによって行われます。

　キャッシュ・フローは，投資案実行後の当該設備から得られるキャッシュ・インフロー（売上高）から，実際に現金支出を伴う費用（キャッシュ・アウトフロー）を控除した正味キャッシュ・フローとして求められます。

　財務会計において測定された費用・収益に基づく会計上の利益には，実際に現金支出のないものが含まれています。したがって，キャッシュ・フローを計算するためには，現金支出を伴わない費用（非現金支出費用）の取り扱いに注意が必要になります。

　こうした非現金支出費用の代表的なものに減価償却費があります。減価償却費は財務会計上費用として扱われるので，その分だけ税引前利益を減少させ，税引前利益に対して課される法人税を減らす効果をもっています（こうした節税効果は**タックス・シールド**(tax shield)と呼ばれます）。したがって，会計上の利益からキャッシュ・フローへの修正計算に当たって，減価償却費

は一度費用として計上し，法人税を控除した後，税引後利益に加え戻すという手続きを踏まなければなりません。

毎期のキャッシュ・フローの算定手続をまとめると次のようになります。
(1) 売上高から現金支出費用と減価償却費を控除して税引前利益を計算する。
(2) 算定された税引前利益から税金を控除して税引後利益を計算する。
(3) その税引後利益に減価償却費を加え戻し，キャッシュ・フローを算定する。

設例7.2：設例7.1での原投資額の算定に引き続き，A社は，設備投資案のキャッシュ・フローの見積もりを行っている（経済命数は5年）。以下の条件をもとに，毎期のキャッシュ・フローを計算しなさい。
(1) この投資による毎期の売上高（キャッシュ・インフロー）は100億円であり，減価償却費を含めた総費用が58億円と予測される（非現金支出費用は減価償却費のみである）。
(2) この設備の減価償却は定額法で行う予定である（耐用年数5年，残存価額は取得原価の10%）。
(3) 法人税率は50%である。

[解 答]
毎期のキャッシュ・フローの一覧表を作成すると以下のようになります。

	1年度	2年度	3年度	4年度	5年度
売上高	100	100	100	100	100
(－)現金支出費用	40	40	40	40	40
(－)減価償却費*	18	18	18	18	18
税引前利益	42	42	42	42	42
(－)法人税（50%）	21	21	21	21	21
税引後利益	21	21	21	21	21
(＋)減価償却費	18	18	18	18	18
キャッシュ・フロー	39	39	39	39	39

$$*減価償却費 = \frac{取得原価 - 残存価額}{耐用年数} = \frac{100億 - (100億 \times 10\%)}{5} = 18億円$$

したがって，毎期のキャッシュ・フローは39億円となります。

3．処分時のキャッシュ・フロー

設備投資案の経済命数終了時に当該設備に処分価値がある場合には，処分時にその額だけキャッシュ・インフローがあることになります。したがって，最終期のキャッシュ・フローの計算にその処分価額を含めます。

設例7.2において，A社が検討している設備の残存価額は取得原価の10%（10億円）でしたが，実際の処分価値の見積額も同額の10億円だったとすると，この10億円が設備の処分価額となり，設例7.2で算定した第5年度のキャッシュ・フローは，49（＝39＋10）億円となります。

◯ 経済命数

設備投資プロジェクトにおいては，ある特定の会計期間を対象に経済性計算が行われるのではなく，個々の投資プロジェクトからの経済的効果が生じる期間に基づいて計算が行われますが，この期間のことを経済命数（economic life）といいます。

経済命数は，減価償却において用いられる法定耐用年数とは異なる概念であることに注意が必要です。法定耐用年数は，設備から生み出される経済的効果をもとに算定された経済的耐用年数ではなく，法律的に決められた期間に過ぎないものです。これに対して，経済命数は設備の陳腐化などを考慮に入れた上で，当該設備が利用できる年数を見積もったものであり，実際の経済的効果が見込まれる期間を表しています。

◯ 貨幣の時間価値

貨幣の時間価値（time value of money）とは，「時の経過によってお金の価値が変わる」という考え方のことです。

これを理解するために，「1万円を今もらうのと1年後にもらうのとどちらを選びますか？」という問いを考えてみましょう。仮に，今1万円もらって年利子率10％で銀行に預金したとすると，1年後には10％の利子がついて1万1千円になります。このことは，現在の1万円と1年後の1万円は同じ価値をもつものではなく，現在の1万円の方が価値が高いということを意味しています。したがって，1年後に1万円もらうよりも，今1万円もらった方が得となります。

この例から分かるように，時間の経過によってお金の価値は変わってくるため，お金の価値を考える場合にはその点を考慮に入れることが重要なポイントになります。

投資決定においては，当初の投資額（I：現在のキャッシュ・アウトフロー）と投資からのリターン（R：将来キャッシュ・フロー）とを比較して投資案を評価します（図表7.1参照）。ところが，投資の効果が生じる期間が長期にわたるため，時の経過によって将来キャッシュ・フローの価値（R）は現在の価値とは異なることになります。そこで，将来キャッシュ・フロー（R）を現在の価値に直し，時間軸を現在に合わせた上で当初（現在）の投資額（I）と比較しなければなりません。このように，「貨幣の時間価値」の考え方は，投資決定においてきわめて重要です。

上例の「1万円を年利子率10％で銀行に預金した場合の価値」を計算式で示すと，図表7.3のようになります。

この関係を一般式で表すと（7.1）のようになります。なお，FV（Future Value）は将来価値（n年後の元利合計），PV（Present Value）は現在価値（現時点での元金），rは利子率，nは期間をそれぞれ表しています。

図表 7.3 将来価値の計算

年	預金額		利息		元利合計（将来価値）
1年後	10,000	+	10,000×10%	=	$10,000×(1+0.1)=11,000$
2年後	11,000	+	11,000×10%	=	$10,000×(1+0.1)^2=12,100$
3年後	12,100	+	12,100×10%	=	$10,000×(1+0.1)^3=13,310$

$$FV = PV \times (1+r)^n \qquad (7.1)$$

将来価値がこのような形で計算されるとすれば，それがもつ現在価値は上式を変形した次の式で求められます。

$$PV = \frac{FV}{(1+r)^n} \qquad (7.2)$$

このように，現在価値は将来価値を利子率で割り引くことによって求められます。ここで割引（discounting）とは，将来価値を現在価値に変換することであり，その際用いられる利子率は割引率（discount rate）と呼ばれます。

たとえば，利子率10%として，将来の10,000円の現在価値を求めると図表7.4のようになります。

これをみると，利子率10%のもとで，たとえば3年後の10,000円の現在価値は7,513円となることがわかります。また，毎年10,000円ずつ3年間受け取ったとすると，その単純合計額は30,000円ですが，時間価値を考慮した現在価値合計額を求めると24,868円となります。この関係を図式化したものが図表7.5です。

図表 7.4　現在価値の計算

年	金額（将来価値）		現価係数		現在価値
1	10,000	×	$\dfrac{1}{(1+0.1)}$	=	9,091
2	10,000	×	$\dfrac{1}{(1+0.1)^2}$	=	8,264
3	10,000	×	$\dfrac{1}{(1+0.1)^3}$	=	7,513
合　計					24,868

図表 7.5　毎期のキャッシュ・フローと現在価値

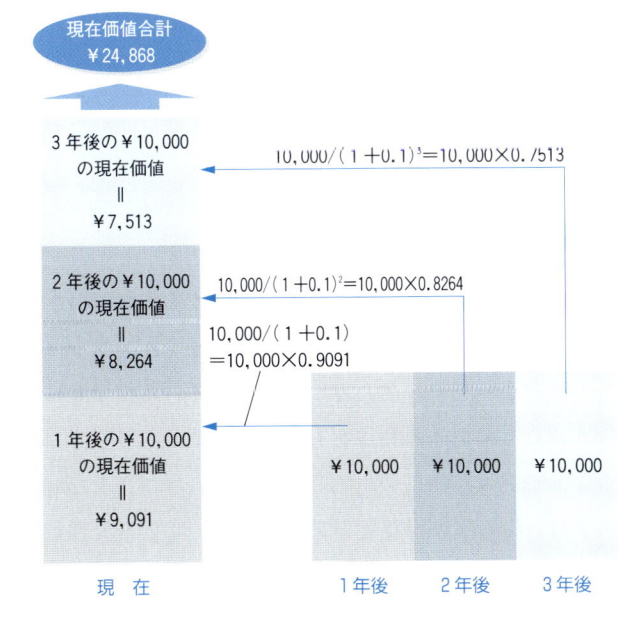

現在価値合計
¥24,868

3年後の¥10,000の現在価値
=
¥7,513

$10,000/(1+0.1)^3 = 10,000 \times 0.7513$

2年後の¥10,000の現在価値
=
¥8,264

$10,000/(1+0.1)^2 = 10,000 \times 0.8264$

$10,000/(1+0.1) = 10,000 \times 0.9091$

1年後の¥10,000の現在価値
=
¥9,091

現　在	1年後	2年後	3年後
	¥10,000	¥10,000	¥10,000

7.3　設備投資意思決定の基礎概念

なお，現在価値を求める際に用いられる $\frac{1}{(1+r)^n}$ は現価係数と呼ばれています。この現価係数を計算した結果をまとめた現価係数表（巻末の付表参照）を利用すれば，該当する年数（n）と割引率（r）に対応した現価係数を簡単に得ることができます。たとえば，上例で2年目の場合，割引率は10%なので（$n=2$，$r=10\%$），現価係数表から現価係数は0.8264だということがわかります。したがって，現在価値は，10,000×0.8264＝8,264円と簡単に計算することができます。

また，上例のように毎年の金額（キャッシュ・インフロー）が均一の場合には，年金現価係数を用いて現在価値合計を簡単に計算することができます。この年金現価係数についても，その計算結果をまとめた年金現価係数表（巻末の付表参照）を利用します。上例では，$n=3$，$r=10\%$なので，年金現価係数表より年金現価係数は2.4869となり，現在価値合計は10,000×2.4869＝24,869円と，1回の計算で答えを導き出すことができます。

○ 資本コスト

資本コスト（cost of capital）は，投資案にとっての必要最低利益率としての意味合いをもち，将来キャッシュ・フローを現在価値に割り引く際に，割引率として利用されるものです。

設備投資には多額の資本が必要であり，その資本を各種資金源泉（借入金や社債，株式など）から調達し利用するには，利子や配当金などの支払いという形でコストがかかります。したがって，採用される投資案は，それらの資金調達に伴うコストを上回る利益をもたらす必要があります。このように資本を用いることで不可避的に発生するコストが資本コストです。したがって，資本コストは，投資案の採算性を考える場合の必要最低利益率，あるいは不利な投資案を切り捨てるための切捨率の役割を果たします。

設備投資意思決定においては，資本コストは調達資金源泉別の資本コストを加重平均した加重平均資本コスト（WACC）が用いられます。この算定

方法については第5章を参照して下さい。

7.4 設備投資案の評価方法

投資プロジェクトを評価する代表的な技法には，以下のようなものがあります。
- ▶会計的利益率法（Accounting Rate of Return method：ARR法）
- ▶回収期間法（payback period method）
- ▶正味現在価値法（Net Present Value method：NPV法）
- ▶内部利益率法（Internal Rate of Return method：IRR法）

これらの技法を2つの基準――(a)貨幣の時間価値を考慮するかどうか，(b)経済的効果の測定に何を用いるか――を用いて分類すると，図表7.6のよ

図表7.6　投資案の評価技法の体系

貨幣の時間価値		経済的効果の測定
考慮しない	会計的利益率法	会計上の利益
	回収期間法	
考慮する	正味現在価値法	キャッシュ・フロー
	内部利益率法	

うにまとめられます。

このうち，経済的効果の測定にキャッシュ・フローを用い，なおかつ貨幣の時間価値を考慮に入れる方法を総称して割引キャッシュ・フロー法（Discounted Cash Flow method：DCF法）といいます。

以下では，これらの評価技法を説明していきますが，次の設例7.3のデータを共通のデータとして用います。

> 設例7.3：Y社では，新製品の製造・販売のための新設備導入に当たって，A案，B案という2つの案を検討している。各案の原投資額ならびに各案から見込まれる毎期のキャッシュ・インフローに関するデータは［資料］のとおりである。

［資 料］

（単位：億円）

案＼期	原投資額 0	毎期のキャッシュ・インフロー				
		1	2	3	4	5
A案	100	30	35	40	25	25
B案	125	40	40	40	40	40

○ 会計的利益率法

1．会計的利益率法の概要

会計的利益率法（Accounting Rate of Return method：ARR法）は，投資利益率法（Return On Investment method：ROI法）とも呼ばれ，投資から期待される年々の平均利益を分子とし，総投資額または平均投資額を分母とすることから求められる比率を算定し，その大小にもとづきプロジェクトを評価する方法です。分子には，キャッシュ・フローではなく，会計上の利益（税引後利益）を用いることから会計的利益率と呼ばれています。

2．算 定 式

会計的利益率法は，分母に何を用いるかで次の2つに分けられます。

① 総投資利益率法…分母に総投資額を用いる方法

$$総投資利益率 = \frac{税引後平均利益}{総投資額} \times 100 \qquad (7.3)$$

② 平均投資利益率法…分母に平均投資額（総投資額÷2）を用いる方法

$$平均投資利益率 = \frac{税引後平均利益}{平均投資額} \times 100 \qquad (7.4)$$

平均投資利益率法における平均投資額は，（総投資額÷2）で求められますが，これは設備に投下された資本は，耐用年数を通じて毎年減価償却の手続きによって回収されるため，投資の全期間を通じてみれば，投下資本の平均残高は総投資額の1/2とみなすことができるからです。

3．評 価 基 準

会計的利益率法は，投資によってどれだけ利益を上げることができるかという収益性の観点から投資案の評価を行う方法です。したがって，この比率が高いほど優れた投資案ということになります。投資案の評価に当たっては，目標投資利益率と比較し，それを上回るものを採用することになります。また，複数の投資案からの選択においては，この比率が高いものをもって優れた投資案とします。

4．長 所 ・ 短 所

会計的利益率法は，会計上の利益との整合性があるため会計担当者にとって理解しやすく，また計算資料の入手が容易で計算も簡単であるという特徴をもっています。また，業績評価指標としてROIが用いられている場合，

両者の整合性が保たれるため，業績目標との兼ね合いをみながら投資決定ができるという利点もあります。

しかし，①経済的効果の測定にキャッシュ・フローではなく会計上の利益を用いている，②「貨幣の時間価値」を考慮していない，という点から理論的に問題があるとされています。

> 設例7.4：設例7.3のデータをもとに，A案，B案どちらの投資案を採用すべきか，会計的利益率法で評価しなさい。なお，減価償却は定額法で行われる（耐用年数5年，残存価額はゼロ）。

[解　答]

会計的利益率法では，投資からの経済的効果の測定に会計上の利益（税引後平均利益）を用います。設例で与えられたデータはキャッシュ・フローなので，「キャッシュ・フロー＝税引後利益＋減価償却費」に基づき，「税引後利益＝キャッシュ・フロー－減価償却費」によって，税引後利益を算定します。

ここで，A案，B案の減価償却費はそれぞれ次のようになります。

$$A案の減価償却費 = \frac{100億}{5} = 20億円 \qquad B案の減価償却費 = \frac{125億}{5} = 25億円$$

したがって，投資案A，Bの毎期の税引後利益は次のように計算されます。

（単位：億円）

案 \ 期	原投資額 0	毎期の税引後利益 1	2	3	4	5
A案	100	10	15	20	5	5
B案	125	15	15	15	15	15

これをもとに総投資利益率ならびに平均投資利益率を算定すると次のようになります。

	A案	B案
①総投資利益率	$\frac{(10+15+20+5+5)億円/5}{100億円} \times 100 = 11\%$	$\frac{15億円}{125億円} \times 100 = 12\%$
②平均投資利益率	$\frac{(10+15+20+5+5)億円/5}{100億円/2} \times 100 = 22\%$	$\frac{15億円}{125億円/2} \times 100 = 24\%$

以上の計算結果から，会計的利益率の高いB案を採用する方がよいという判断になります。

○ 回 収 期 間 法

1．回収期間法の概要

回収期間法（payback period method）は，「投資からもたらされる毎期のキャッシュ・フローによって，原投資額を回収するのにどのくらいの期間がかかるか」という考え方に立つ評価方法です。具体的には，毎期のキャッシュ・インフローを累計していき，原投資額と等しくなる期間（回収期間）を計算します。

2．算　定　式

毎期のキャッシュ・フローが均一である場合，回収期間は次の式で計算できます。

$$回収期間 = \frac{原投資額}{毎期のキャッシュ・フロー} \tag{7.5}$$

3．評 価 基 準

回収期間法は，投資額の早期回収という観点から投資案を評価する方法です。したがって，その評価に際しては，トップ・マネジメントが設定する回収期間と比較し，それより早期に回収できるかどうかで判断します。また，複数の投資案からの選択においては，原投資額を早期に回収する投資案をもって優れた投資案とします。

4．長 所 ・ 短 所

回収期間法は，①経済的効果の測定にキャッシュ・フローを用いる，②投資案の収益性よりも投資額の早期回収を重視する，③計算が簡単でわかりやすい，という特徴をもっています。

一方で，次のような欠点も指摘されています。①原投資額回収以後の収益性を無視している。②基準となる回収期間の設定が恣意的になる。③貨幣の時間価値を考慮しない。

そこで，③の貨幣の時間価値を考慮しないという欠点を補うため，回収期間法に「貨幣の時間価値」の考え方を取り入れた「割引回収期間法」（discounted payback period method）という方法があります。

この評価方法は，投資からもたらされる毎期のキャッシュ・フローを現在価値に修正した上で，これを累積していき，原投資額と等しくなる期間を計算するものです。

> 設例7.5：設例7.3のデータをもとに，A案，B案どちらの投資案を採用すべきか，回収期間法で評価しなさい。

［解　答］

（単位：億円）

期	A案			B案		
	CF	累積回収額	累積未回収額	CF	累積回収額	累積未回収額
0	(100)	0	(100)	(125)	0	(125)
1	30	30	(70)	40	40	(85)
2	35	65	(35)	40	80	(45)
3	40	105	5	40	120	(5)
4	25	130	30	40	160	35
5	25	155	55	40	200	75

以上の結果より，各案の回収期間は次のようになります。

　A案：2年＋(35/40)×1年＝2.875年
　B案：125/40＝3.125年

したがって，回収期間の短いA案を採用する方がよいという判断になります。

○ 正味現在価値法

1．正味現在価値法の概要

正味現在価値法（Net Present Value method：NPV 法）は，次の内部利益率法とともに，経済的効果の測定にキャッシュ・フローを用い，なおかつ貨幣の時間価値を考慮に入れるDCF法の代表的な評価方法です。

ここで正味現在価値（Net Present Value：NPV）とは，投資によって将来得られるキャッシュ・フローを一定の割引率（資本コスト率）で現在価値に割り引いて現在価値合計（PV）を求め，それを原投資額（I_0）から控除することによって算定された，投資から得られる正味の現在価値のことです。この関係を式で表すと次のようになります。

$$NPV = PV - I_0 \tag{7.6}$$

この正味現在価値がプラスになるかどうかで投資案の採否を決定する方法が正味現在価値法です。

2．算　定　式

正味現在価値法における計算を一般式の形で表すと次のようになります。なお，I_0 は原投資額，CF_t は t 期のキャッシュ・フロー，r は資本コスト率，n は投資案の経済命数を表しています。

(1) 毎期のキャッシュ・フローが均一ではない場合

$$\begin{aligned}NPV &= \frac{CF_1}{(1+r)} + \frac{CF_2}{(1+r)^2} + \cdots\cdots + \frac{CF_n}{(1+r)^n} - I_0 \\ &= \sum_{t=1}^{n} \frac{CF_t}{(1+r)^t} - I_0\end{aligned} \tag{7.7}$$

ここで，$\dfrac{1}{(1+r)^n}$ は，現価係数を表すので，現価係数表を利用して計算を行います。

(2) 毎期のキャッシュ・フローが均一の場合

$$\begin{aligned}NPV &= \frac{CF}{(1+r)} + \frac{CF}{(1+r)^2} + \cdots\cdots + \frac{CF}{(1+r)^n} - I_0 \\ &= CF\left\{\frac{1}{(1+r)} + \frac{1}{(1+r)^2}\cdots\cdots + \frac{1}{(1+r)^n}\right\} - I_0 \\ &= CF\left\{\frac{1-(1+r)^{-n}}{r}\right\} - I_0 \quad\quad\quad (7.8)\end{aligned}$$

ここで，$\dfrac{1-(1+r)^{-n}}{r}$ は，年金現価係数を表すので，年金現価係数表を利用して計算を行います。

3. 評 価 基 準

正味現在価値法は，投資からのキャッシュ・フローの現在価値合計から原投資額を控除した正味現在価値をもとに投資案の評価を行います。その際，正味現在価値がプラスになれば，投資額よりも投資から得られる経済的効果の方が大きいということになるので，その投資案は採用に値するという判断になります。もし，正味現在価値がマイナスになる場合には，投資から得られる経済的効果が投資額より小さいということになるので，この投資案は採用に値しないという判断になります。この関係を図式化すると次のようになります。

$$\begin{aligned}NPV = (PV - I_0) > 0 &\quad \Rightarrow 投資案を採用 \\ NPV = (PV - I_0) < 0 &\quad \Rightarrow 投資案を棄却\end{aligned}$$

また，複数の投資案からの選択を行う場合には，正味現在価値の大きいも

のをもって優れた投資案とします。

4．長所・短所

正味現在価値法には，資本コストの決定に問題があるなどの点が指摘されています。

しかし，①貨幣の時間価値を考慮に入れている，②内部利益率法のような複雑な計算を必要としない，③複数の投資案の中からどれか1つの案しか採用できないような場合（相互排他的投資案）でも正しい評価が行える，という特徴をもっています。したがって，各種評価方法の中で理論的に最も優れた方法といわれています。

5．収益性指数法

正味現在価値法では，正味現在価値は絶対額で表され，その正負（大小）が投資案の評価基準となるため，投資案の投資効率に関しては評価することができません。そこで，投資案の投資効率をみるために，投資からもたらされるキャッシュ・フローの現在価値合計を原投資額で割った比率である収益性指数（Profitability Index：PI）を用いて投資案を評価する収益性指数法（Profitability Index method：PI法）と呼ばれる評価方法があります。

収益性指数は次の式で求められます。

$$PI = \frac{PV}{I_0} \quad (7.9)$$

収益性指数法では，収益性指数が1より大きい投資案を採用し，1より小さい投資案を棄却します。複数の投資案からの選択を行う場合には，収益性指数の大きいものをもって優れた投資案とします。

設例7.6：設例7.3のデータをもとに，A案，B案どちらの投資案を採用すべきか，正味現在価値法ならびに収益性指数法で評価しなさい。なお，資本コスト率は10%とする。

[解　答]
【正味現在価値法】

$$NPV_{(A)} = \frac{CF_1}{(1+r)} + \frac{CF_2}{(1+r)^2} + \cdots\cdots + \frac{CF_n}{(1+r)^n} - I_0$$
$$= \frac{30}{(1+0.10)} + \frac{35}{(1+0.10)^2} + \frac{40}{(1+0.10)^3} + \frac{25}{(1+0.10)^4} + \frac{25}{(1+0.10)^5} - 100$$
$$= 30 \times 0.9091 + 35 \times 0.8264 + 40 \times 0.7513 + 25 \times 0.6830 + 25 \times 0.6209 - 100$$
$$= 118.8465 - 100$$
$$= 18.8465 \text{ 億円}$$

$$NPV_{(B)} = \frac{CF}{(1+r)} + \frac{CF}{(1+r)^2} + \cdots\cdots + \frac{CF}{(1+r)^n} - I_0$$
$$= 40 \left\{ \frac{1-(1+0.10)^{-5}}{0.10} \right\} - 125$$
$$= 40 \times 3.7908 - 125$$
$$= 151.632 - 125$$
$$= 26.632 \text{ 億円}$$

正味現在価値はA案，B案とも正の値であるため，いずれの案も採用に値します。しかし，A案かB案かのどちらかを選択しなければならないため，正味現在価値が高いB案を採用する方がよいという判断になります。

【収益性指数法】

$$PI_{(A)} = \frac{PI_{(A)}}{I_0} = \frac{118.8465}{100} = 1.188 \qquad PI_{(B)} = \frac{PI_{(B)}}{I_0} = \frac{151.632}{125} = 1.213$$

したがって，収益性指数が高いB案を採用する方がよいという判断になります。

内部利益率法

1．内部利益率法の概要

内部利益率法（Internal Rate of Return method：IRR法）は，投資案の内部利益率を算出し，これを必要利益率（切捨率）と比較し投資案の優劣を評価する方法です。

ここで内部利益率とは，投資案からのキャッシュ・インフローの現在価値合計を原投資額と等しくするような割引率のことをいいます。したがって内部利益率法では，投資案からもたらされるキャッシュ・インフローの現在価値合計と原投資額とが等しくなるような割引率を未知数として求め，求めた値とあらかじめ設定された必要利益率（切捨率）とを比較していきます。

2．算　定　式
(1) 毎期のキャッシュ・フローが均一ではない場合
　内部利益率の算定式は，投資が当初に1回だけなされるとすると，次のように表されます。これは，右辺と左辺を等しくするような未知の割引率r（＝内部利益率）を求めることを意味しています。

$$I_0 = \sum_{t=1}^{n} \frac{CF_t}{(1+r)^t}$$

$$\frac{CF_1}{(1+r)} + \frac{CF_2}{(1+r)^2} + \cdots\cdots + \frac{CF_n}{(1+r)^n} - I_0 = 0 \qquad (7.10)$$

　この方程式を手計算で解くことはできないので，試行錯誤法によって解をみつけなければなりません。この手順は次のようになります。
① 任意に選んだ割引率を用いて，投資案からもたらされるキャッシュ・フローの現在価値合計を計算する。
② その現在価値合計を当初の投資額と比較する。
③ 　a）もし現在価値合計が原投資額より高ければ，先に選んだ割引率より高い割引率を適用し，①の計算を再度行い，その結果を原投資額と比較する。
　　b）逆に現在価値合計が原投資額より低ければ，より低い割引率を適用し，①の計算を行い，原投資額と比較する。
④ この手続きを繰り返し，投資から得られるキャッシュ・フローの現在価値合計を原投資額とほぼ等しくする割引率をみつける。

(2) 毎期のキャッシュ・フローが均一の場合

もし毎期のキャッシュ・フローが均一の場合，(7.10) は次のようになります。

$$\frac{CF}{(1+r)} + \frac{CF}{(1+r)^2} + \cdots\cdots + \frac{CF}{(1+r)^n} - I_0 = 0$$

$$I_0 = CF \left\{ \frac{1}{(1+r)} + \frac{1}{(1+r)^2} \cdots\cdots + \frac{1}{(1+r)^n} \right\}$$

$$\frac{I_0}{CF} = \frac{1-(1+r)^{-n}}{r} \quad (7.11)$$

この場合，右辺は年金現価係数を表しています。このように，投資案からの毎期のキャッシュ・フローが均一の場合には，原投資額を毎期のキャッシュ・フローで割った値が年金現価係数を表すため，年金現価係数表を利用することによって簡単に内部利益率を求めることができます。

3．評価基準

内部利益率法では，投資案からもたらされるキャッシュ・インフローの現在価値合計と原投資額とが等しくなるような内部利益率を求め，求めた値があらかじめ設定された必要利益率（切捨率）よりも高ければ採用に値し，低ければ採用に値しないと判断します。一般に，必要利益率（切捨率）として資本コストが用いられます。この関係を図式化すると次のようになります。

> 内部利益率＞必要利益率（切捨率）⇒投資案を採用
> 内部利益率＜必要利益率（切捨率）⇒投資案を棄却

なお，複数の投資案からの選択を行う場合には，内部利益率の大きいものをもって優れた投資案とします。

4. 長所・短所

内部利益率法は，DCF法の代表的な評価方法であり，DCF法が共通的に有する利点をもっています。しかし，①必要利益率（切捨率）の決定に問題がある，②計算が複雑である，といった弱点もあります。

> 設例7.7：設例7.3のデータをもとに，A案，B案どちらの投資案を採用すべきか，内部利益率法で評価しなさい。なお，資本コスト率は10％とする。

[解　答]

A案のキャッシュ・フローは毎期均一ではないため，以下のように試行錯誤法によって内部利益率をみつける必要があります[1]。この場合，A案の内部利益率は約17％と求められます。

（単位：億円）

期	CF	試算①―16％		試算②―18％		試算③―17％	
		現価係数	現在価値	現価係数	現在価値	現価係数	現在価値
0	−100	1.0000	−100	1.0000	−100	1.0000	−100
1	30	0.8621	25.8630	0.8475	25.4250	0.8547	25.6410
2	35	0.7432	26.0120	0.7182	25.1370	0.7305	25.5675
3	40	0.6407	25.6280	0.6086	24.3440	0.6244	24.9760
4	25	0.5523	13.8075	0.5158	12.8950	0.5337	13.3425
5	25	0.4761	11.9025	0.4371	10.9275	0.4561	11.4025
計	55		3.2130		−1.2715		0.9295

また，B案のキャッシュ・フローは毎期均一であるため，原投資額を毎期のキャッシュ・フローで割って年金現価係数を求めると，125億円/40億円＝3.125となります。

本投資案は経済命数が5年であるため，年金現価係数表の期間が5年のときの係数をみていき，3.125に最も近い係数の利率を探します。すると18％のとき3.1272，19％のとき

---

[1] 試行錯誤法では任意に選んだ割引率を用いて計算をスタートしますが，全くの試行錯誤で最初の値（解答例では16％）をみつけるのはやはり困難です。そこで，資本コスト率を一つの目安に最初の値を選択することもできますが，より合理的な方法は，毎期のキャッシュ・フローを均一と考え（本設例では，毎期のキャッシュ・フローの平均値31億円），年金現価係数表を利用して目安となる最初の値をみつける方法です（本設例では，100億/31億＝3.2258…したがって，年金現価係数表の期間が5年のときの係数をみていき，3.2258に最も近い係数の利率17％を出発点に計算を始めます）。

3.0576 です。したがって，3.125 に最も近い係数を示す利率 18％ が B 案の内部利益率となります。

A 案，B 案の内部利益率とも必要利益率（資本コスト率）10％ を越えているため，いずれの案も採用に値します。しかし，A 案か B 案かのどちらかを選択しなければならないため，内部利益率が高い B 案を採用する方がよいという判断になります。

コラム

現在では，パソコンの表計算ソフト（エクセルなど）を使って，NPV や IRR の計算が容易にできるようになっています。正味現在価値については NPV 関数，内部利益率については IRR 関数を用い，資本コスト率とキャッシュ・フローのセル範囲などを指定することで計算できます。

以下に示したのは，設例7.3 のデータをもとにエクセルのシート上で計算してみたものです。たとえば正味現在価値の場合，計算式は「＝NPV（資本コスト率，毎期の CF のセル範囲）＋原投資額のセル」であり，これを任意のセルに入力すると（下の例では，「＝NPV(10％, B2：F2)＋A2」），計算結果（¥1,884,930,860.41）がそのセルに表示されます。以下の計算例をもとに各自挑戦してみましょう。

	A	B	C	D	E	F
1	原投資額	第1期 CF	第2期 CF	第3期 CF	第4期 CF	第5期 CF
2	¥−10,000,000,000	¥3,000,000,000	¥3,500,000,000	¥4,000,000,000	¥2,500,000,000	¥2,500,000,000
3						
4		正味現在価値	¥1,884,930,860.41	＝NPV(10％, B2：F2)＋A2		
5						
6		内部利益率	17.42％	＝IRR(A2：F2)		
7						

7.5 設備投資意思決定の問題例

これまで簡単な例を用いて設備投資プロジェクトの評価方法を説明してきましたが、ここでは取替投資というもう少し複雑な状況における設備投資意思決定の問題を考えてみます。

設例 7.8：取替投資

W社では、3年前に新設備を導入し製品Mの製造・販売を行っている。しかし最近になって、製品Mを生産するためのより効率的な生産設備が登場し、それに伴い現有設備の生産能率の低下が著しくなってきた。また、新設備を導入すれば、製品Mの市場での競争力も高まり、売上高も増加すると見込まれるため、W社では最新設備への取替を検討し始めた。現有設備を使い続ける案をA案とし、新設備を導入する案をB案とする。以下のデータをもとに、A案、B案どちらの投資案を採用すべきか正味現在価値法で評価しなさい。

(1) 減価償却は、現有設備・新設備とも定額法による。
(2) 現有設備は耐用年数8年、残存価額は取得原価の10%として減価償却されている。同設備はすでに3年が経過しており、残存期間は5年である。
(3) 新設備は耐用年数5年、残存価額は取得原価の10%として減価償却される。
(4) 設備の耐用年数にわたり、売上高、現金支出費用とも一定であると仮定する。
(5) 法人税率は50%とする。
(6) 資本コスト率は8%とする。

[資 料]

(単位:万円)

	現有設備	新設備
取得原価	40,000	50,000
経済命数	8年	5年
現在の処分価額	10,000	—
5年後の処分価額	1,000	5,000
年間売上高	55,000	70,000
年間現金支出費用	33,000	28,000

[解答・解説]

　本設例のように2つの代替案間で選択を行う場合には，両案間の増分キャッシュ・フローの現在価値を計算して評価する差額法（増分法）が用いられます。これは，第6章で学習したように，経営意思決定のための計算は，差額原価収益分析で行うことが基本となるからです。ここでは，B案を基準として，A案を採用するよりどのくらい増分キャッシュ・フローの現在価値が大きくなるかをみていきます。

(1) 原投資額の算定

(単位:万円)

新設備の取得原価	50,000
現有設備売却によるCF	(10,000)
現有設備売却による税効果[*1]	(8,250)
計	31,750

[*1] 現有設備売却による税効果の計算

　新設備を導入する場合には現有設備を売却することになりますが，現在の処分価額が帳簿価額を下回るので売却損がでます。したがって，その売却損の分だけ税引前利益が減少するので，法人税の支払いがその分軽減されます。この税効果を原投資額の算定に際して考慮に入れる必要があります。

$$現有設備の減価償却費 = \frac{40,000万円 - (40,000万円 \times 10\%)}{8年}$$
$$= 4,500万円$$

$$現有設備の現在の帳簿価額 = 40,000万円 - (4,500万円 \times 3年)$$
$$= 26,500万円$$

$$現有設備売却による税効果 = (26,500万円 - 10,000万円) \times 50\%$$
$$= 8,250万円$$

(2) 毎期のキャッシュ・フローの計算

（単位：万円）

	B案－A案
増分売上高	15,000
増分現金支出費用	(5,000)
増分減価償却費*2	4,500
増分税引前利益	15,500
法人税	7,750
増分税引後利益	7,750
増分減価償却費	4,500
増分CF	12,250

*2 増分減価償却費の計算

$$新設備の減価償却費 = \frac{50{,}000万円 - (50{,}000万円 \times 10\%)}{5年}$$
$$= 9{,}000万円$$

増分減価償却費 = 9,000万円 － 4,500万円 = 4,500万円

(3) 設備の処分時のキャッシュ・フロー

原投資額の算定の場合と同様に，5年後の設備の処分に際して帳簿価額と処分価額との間に差額が出る場合には，税効果を考慮に入れる必要があります。

（単位：万円）

	A案	B案
5年後の設備の帳簿価額（①）	4,000	5,000
5年後の設備の処分価額（②）	1,000	5,000
設備処分損（③＝①－②）	3,000	0
設備売却による税効果（④＝③×50％）	1,500	0
設備売却によるCF（⑤＝②＋④）	2,500	5,000
増分CF（B案－A案）		2,500

(4) 正味現在価値の計算

$$NPV = \frac{CF_1}{(1+r)} + \frac{CF_2}{(1+r)^2} + \cdots\cdots + \frac{CF_n}{(1+r)^n} - I_0$$
$$= \frac{12{,}250}{(1+0.08)} + \frac{12{,}250}{(1+0.08)^2} + \frac{12{,}250}{(1+0.08)^3} + \frac{12{,}250}{(1+0.08)^4}$$
$$+ \frac{(12{,}250 + 2{,}500)}{(1+0.08)^5} - 31{,}750$$

$$= 12,250 \times 3.3121 + 14,750 \times 0.6806 - 31,750$$
$$= 18,862.075 \text{万円}$$

　以上の計算の結果，新設備に取り替えるB案をもとにした増分キャッシュ・フローの正味現在価値が，18,862.075万円と正の値となるので，B案を採用する方がよいという判断になります。

練習問題

7.1　設備投資案の経済性計算において，DCF法（割引キャッシュ・フロー法）による評価が優れている点を説明しなさい。

7.2　α社では新設備の導入を検討している。この設備の初期投資額は40,000万円であり，経済命数は6年，経済命数終了後の残存価額は4,000万円と見積もられた。正味現在価値法で評価する場合，この新設備からの毎期のキャッシュ・フローがいくら以上であればこの投資案を実行すべきか。なお，同社の資本コスト率は10%である。

7.3　β社は，新製品の製造・販売に当たって，以下のような新規設備投資案を検討している。

(1) 設備投資額は190億円で，これに運送・据付のための付随費用が10億円かかる。

(2) この設備の経済命数は5年であり，5年後の処分価額は20億円と推定される。

(3) 減価償却は定額法による（耐用年数：5年，残存価額：取得原価の10%）。

(4) 法人税率は50%である。

(5) 資本コスト率は8%である。

(6) この投資による新製品売上高ならびに現金支出費用の見積額は以下のとおりである。

（単位：億円）

	第1年度	第2年度	第3年度	第4年度	第5年度
新製品売上高	160	200	230	190	150
現金支出費用	100	120	140	110	90

以下の設問に答えなさい。

（問1）　原投資額ならびに毎期のキャッシュ・フローを計算しなさい。

(問2) 本投資案を①回収期間法（目標回収期間3年），②正味現在価値法，③内部利益率法によって評価しなさい。

参 考 文 献

上埜　進(2004)『管理会計——価値創出をめざして(第二版)』税務経理協会
大塚宗春・辻　正雄(1999)『管理会計の基礎』税務経理協会
岡本　清(2000)『原価計算(六訂版)』国元書房
加藤勝康・豊島義一編著(2003)『Q&A管理会計入門』同文舘出版
櫻井通晴(2004)『管理会計(第三版)』同文舘出版
清水　孝(2006)『上級原価計算(第二版)』中央経済社
廣本敏郎(1997)『原価計算論』中央経済社
門田安弘編著(2003)『管理会計学テキスト(第三版)』税務経理協会
山田庫平・吉村　聡編著(2006)『経営管理会計の基礎』東京経済情報出版

第 Ⅳ 部

管理会計の新しい課題

第8章

原価企画

　グローバル化著しい経営環境のもと，とりわけ製造業の日本企業は，様々な変革を行ってきました。特に，原価管理（コスト・マネジメント）の領域では，日本において革新的な展開がなされてきました。その中で，原価企画は代表的なものの一つです。

　原価企画は，原価維持・原価改善と共に自動車産業において考案，実践されたもので，利益管理のツールとして発展してきました。戦略的コスト・マネジメントとして位置づけられる原価企画は，源流管理を大きな柱として，原価を作り込むことが重要となります。本章では，日本における原価企画の活動について説明を行います。

○ KEY WORDS ○
原価企画，原価改善，原価維持，原価低減，
原価管理（cost management），戦略的コスト・マネジメント，
源流管理，目標原価(許容原価)の作り込み，標準原価，
VE（Value Engineering），

8.1 戦略的コスト・マネジメント

　企業が経営活動を行っていく上で，適正な利益を獲得することは非常に重要です。企業が，必要もしくは思ったような利益を出せない時に，経営者および経営管理者は，それを解決すべく対応策を考えることとなります。その際に考えられる様々な問題のうち，企業内部の諸活動に焦点を当てたものとして，原価管理（cost management）の問題があります。

　従来，原価管理では製造段階を主たる対象として行われてきており，標準原価計算が中心的なシステムとして利用されてきました。これは，工場における製造原価の実際発生額（実際原価）を適切にコントロールし，実際原価と標準原価との原価差異情報を原価管理に役立てるものでした（第1章1.5参照）。

　標準原価計算は①製造技術が安定し，②人間労働による製造が中心であり，③ライフサイクルが比較的長い，状況での原価管理に適した手法といえます。しかし，今日では，製造技術の絶え間ない進歩や製造工程の自動化，および製造活動のコンピュータ管理の進展により，①と②の前提が成立しなくなりました。また一方で，標準原価の設定は多大な労力を必要とするにもかかわらず，顧客ニーズの多様化や製品ライフサイクル[1]の短縮化により，一度設定した標準原価の有効期間が短くなっています。これらの要因により，標準原価計算の適用条件が大きく崩れ去ってしまいました。

　現在では，「原価管理とは，絶えず原価を削減しコントロールしながら，顧客を満足させるために経営管理者が採る行動の集合」（Horngren, *et al*., 1997, p.28, 廣本敏郎（1997）p.412）と定義されており，このことは，現在

---

[1] ライフサイクルとは，一般的に，発売から販売終了までの，市場における導入期，成長期，成熟期，衰退期の一連のサイクルのことをいいます。また，製品のライフサイクルの場合には，製品の開発から廃棄に至るまでの製品の（経済的）寿命を意味します。

の原価管理が，単に標準原価計算による原価統制だけではなく，従来の原価管理の概念より広い範囲を含んでいることを意味しています。ここでは原価管理の対象は，主に原価維持・原価改善・原価企画によって構成されています。従来の原価管理では，製造段階のみを対象とした業務執行管理として原価維持と原価改善が行われていましたが，さらに新製品の開発・設計段階についても対象とした戦略的管理である原価企画を加えているのです。原価企画は，中長期の経営戦略における開発戦略や製品戦略といった戦略と一体となり，また新製品の開発・設計段階における戦略的コスト・マネジメントの一翼を担うものとして位置づけられます。

　それぞれの内容を具体的に説明すると，原価企画は，新製品の開発において，その開発・設計終了までの段階で，目標利益を獲得するために設定された目標原価を作り込む活動のことといえます。そして原価維持は，製品の仕様が決まり，製造の準備がほぼ整った後の製造段階において，原価企画により設定された目標原価を，標準原価管理や予算管理などにより維持する活動です。

　また，原価改善は，製造活動の管理だけではなく製造の準備活動についても管理対象とします。そしてJIT生産システムやセル生産システムを活用することで，目標利益達成のための目標原価改善額を決定して，標準原価の引き下げなど原価改善目標を実現するための活動です。原価改善の成果は，その後直ちに標準化され，原価維持活動に組み込むことが必要となります。

　各段階における，原価企画・原価維持・原価改善の相互関係は，図表8.1のような一連の原価管理活動として解釈されます。

図表8.1 原価企画・原価維持・原価改善の相互関係

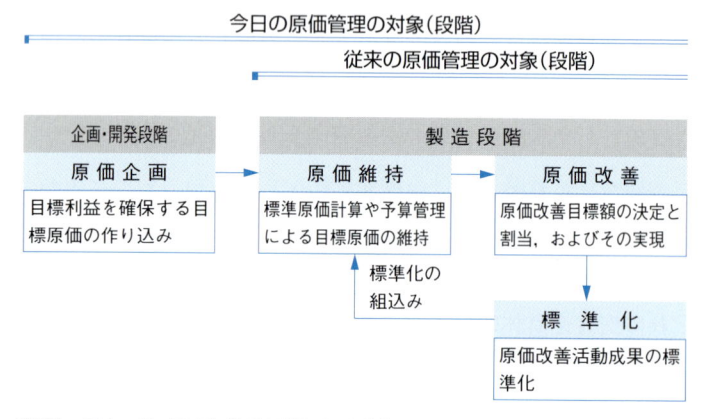

今日の原価管理の対象（段階）
従来の原価管理の対象（段階）

企画・開発段階
- 原価企画：目標利益を確保する目標原価の作り込み

製造段階
- 原価維持：標準原価計算や予算管理による目標原価の維持
- 原価改善：原価改善目標額の決定と割当，およびその実現
- 標準化：原価改善活動成果の標準化

標準化の組込み

（出所）　岡本　清（2000）『原価計算（六訂版）』国元書房 p.857 図18-3（一部修正）

8.2　原価企画の意義

◯ 原価企画の定義

　原価企画は，1960年代はじめ，トヨタ自動車において，原価維持・原価改善・原価企画という原価管理の3本柱の一つとして創案されました。その後1970年代に入ると，自動車産業だけでなく，電機，機械，精密機械，ソフトウェア産業へと広がっていきました。企業において，原価企画は，原価管理の一環として導入され，そこから利益管理のツールとして発展してきました。特に，今日では製造業だけではなく，サービス業においても広く適用されるツールとして注目を浴びています。

狭義の原価企画の定義は,「原価企画とは,原価発生の源流に遡(さかのぼ)って,VEなどの手法をとりまじえて,設計,開発,さらには商品企画の段階で原価を作り込む活動」(神戸大学管理会計研究会,1992) といえます。すなわち,原価企画を狭義で考えると,新製品の企画・開発段階で目標原価を設定し,それを達成するための一連の活動であると考えられます。このように,狭義の原価企画では,開発設計段階等における新製品の原価を管理することで,新製品にかかる目標利益を確保しようとするものです。

一方,広義の原価企画の定義は,狭義の原価企画を含んだ上で,新製品の開発に当たり,顧客のニーズに合致するコンセプト設計や価格設定などの目標設定,また製造段階に入ってからの初期流通段階の活動までも管理対象とするものです。すなわち,原価企画を広義で考えると,さまざまな発展段階を経ながら,「製品の企画・開発に当たって,顧客ニーズに適合する品質・価格・信頼性・納期等の目標を設定し,上流から下流に及ぶすべてのプロセスでそれらの目標の同時的な達成を図る,総合的利益管理活動」(日本会計研究学会,1996,p.110) として行われると想定しています。このように,広

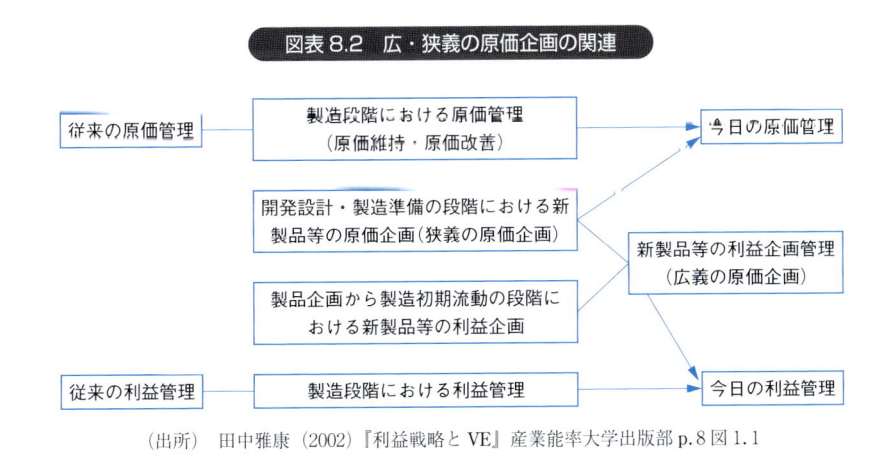

図表8.2 広・狭義の原価企画の関連

従来の原価管理	→	製造段階における原価管理 (原価維持・原価改善)	→	今日の原価管理
		開発設計・製造準備の段階における新製品等の原価企画(狭義の原価企画)	→	新製品等の利益企画管理 (広義の原価企画)
		製品企画から製造初期流動の段階における新製品等の利益企画		
従来の利益管理	→	製造段階における利益管理	→	今日の利益管理

(出所) 田中雅康 (2002)『利益戦略とVE』産業能率大学出版部 p.8 図1.1

義の原価企画は，原価管理だけでなく，新製品等のライフサイクルにわたる利益管理も含んだものと考えられます。

これらの原価企画の広義と狭義の関連についてまとめたものが，図表8.2となります。

○ 源流管理

原価の発生と確定に関する一般的な原価態様を示した概念図が図表8.3です。

これをみると分かるとおり，原価は主に製造段階において発生します。このため，原価維持や原価改善による原価管理は，製造段階において行われてきました。しかし，原価の確定についてみると，原価は製造段階以前の開発・設計の段階において，おおむね確定してしまっていることが分かります。経験的には，原価のほぼ80％が製造段階までに確定しているといわれています。つまり，製造段階に入ってから原価改善による原価低減を行ったとしても，せいぜい20〜30％程度しか対象となっていません。したがって，さらなる原価の低減を実現するためには，ほぼ原価が確定してしまう製造段階以前にまで遡って，原価を管理することが必要となります。

つまり，新製品の開発・設計から製造への一連の流れを考えてみると，上流ないし源流から管理を行う方が，より効果的となります。原価企画の定義でも説明したとおり，原価企画の活動は，多くの原価が確定してしまう製造段階以前を主に対象として行われ，この源流管理こそが原価企画の大きな利点です。

以上のことを踏まえて，まとめたものが図表8.4です。

図表 8.3 確定・発生原価の各段階における原価態様

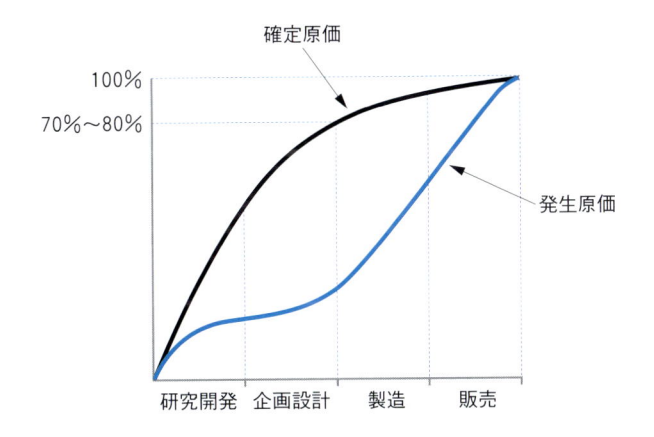

確定原価: 100%
70%〜80%

発生原価

研究開発　企画設計　製造　販売

図表 8.4 原価管理についてのまとめ

	従来の原価管理	原 価 企 画
管理の進め方	●標準原価・実行予算等を管理指標とした日常業務を管理 ●主に職制に基づく日常的,短期的な活動	●目標原価を管理指標とした原価の戦略的な作り込み活動を管理 ●主にプロジェクト・チームによる中長期的な活動
管理対象部門	●主に製造活動	●主に開発設計・製造準備の活動（設計担当者から現場作業員まで） →源流管理・ラグビー方式
管理対象原価	●現在発生している原価 ●メーカーが負担すべき原価	●これから決定する原価 ●メーカーが負担する原価だけでなく,消費者が負担する原価も含む（ライフサイクル・コスト）
効果の測定	●標準原価等と実際発生原価との差額	●目標原価と見積原価との差額
効果の具体化	●主に次回の製品に具現	●開発設計中の製品に具現

8.3　目標原価とVE

◯ 目 標 原 価

　伝統的原価計算や特に損益計算においては，販売価格からその製品に関する原価を差し引いたものが利益と考えられます。つまり，販売価格，原価および利益は，次のように計算されます。

$$販売価格 - 原価 = 利益 \tag{8.1}$$

　また，従来の原価管理によれば，標準原価と実際に発生した原価の差額の原因を分析することで，標準原価計算による製造段階での管理を行います。その上で，企業活動における諸原価を集計し，それに必要となる利益を加えることで販売価格が決まります（図表8.5 参照）。つまり，次のような積み上げ計算によるものと考えられます。

$$（積上）原価 + 利益 = 販売価格 \tag{8.2}$$

　一方，原価企画においては，販売が行われる市場から考えていきます。つまり，まず製品が市場において，どのぐらいの価格（期待価格）で販売することが出来るかを予想します。その上で，様々な計画を考慮して，その製品に関する（目標）利益を決め，期待価格から差し引くことで，目標原価を算定します。

　近年，顧客ニーズの多様化などの社会環境の急激な変化が生じています。

図表 8.5 従来の積み上げ計算による考え方

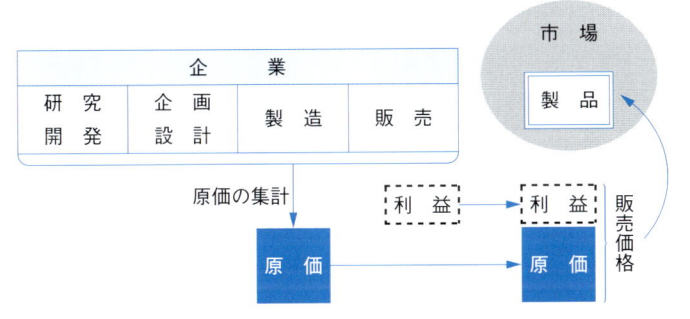

(出所) 加登・李 (2001)『ケースブックコストマネジメント』新世社 p.17 図表Ⅱ-1.4 を一部改変

そのような状況において，企業が競争を勝ち抜いていくためには，市場におけるさまざまな情報を無視することは出来ません。顧客の趣味・嗜好に沿った製品の品質，デザインなど，どのような製品を製造しなければ市場で受け入れられないのか，また，その製品に対して，顧客はどのぐらい支払うのか，このようなことを考慮した上で，市場での期待価格を予想します。次に，企業が全社的な利益計画などから，その製品によって獲得しなければならない目標利益を決めます。その結果，これらの期待価格により目標利益を得るために達成しなければならない原価，すなわち目標原価（許容原価）が設定されます。(図表8.6 参照)。つまり，次のような計算によるものと考えられます。

$$期待価格 - （目標）利益 = 目標原価（許容原価） \tag{8.3}$$

図表8.6　原価企画における目標原価の考え方

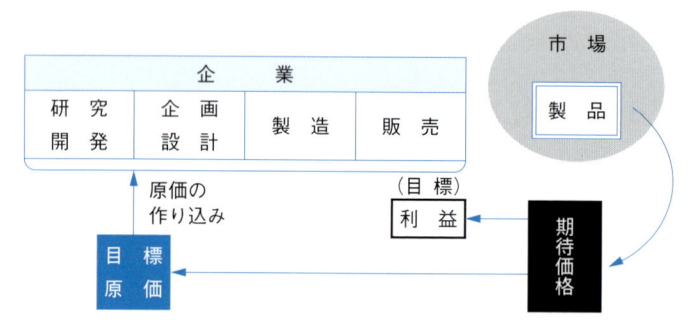

（出所）加登・李（2001）『ケースブックコストマネジメント』新世社 p.17 図表Ⅱ-1.5を一部改変

○ 目標原価の作り込み

　標準原価が，現在の技術水準などの条件のもとで達成すべき原価であるのに対して，原価企画での目標原価は，市場の状況を踏まえて計算された原価であるため，達成しなければならない原価となります。

　そこで，図表8.6からも分かるとおり，目標利益を獲得するためには，目標原価を定めて，それに向けた「目標原価の作り込み」が重要となります。原価企画では，原価は発生するものではなく，顧客のニーズによる市場価格のもとで，製品の開発・設計段階において，原価は作り込まれるものとして考えます。原価の作り込みは，開発・設計段階において，最も効率的に行われます。なお，目標原価の作り込みにおいて，その設定方法には控除法，加算法，統合法があります。

　原価企画では，まず控除法，すなわち顧客のニーズに基づいて設定した期待価格から，目標利益を差し引くことで目標原価を算出します。次に加算法により，現在の技術水準などの前提で，その製品を製造・販売するのに必要

な原価,すなわち成行原価を見積もります。その結果,目標原価は低めに,成行原価は高めに設定されるので,これらを統合・調整することにより,最終的な目標原価を設定します。

◯ 目標原価達成のためのVE

目標原価を達成するための,成行原価との比較による原価低減活動を行う際の手法のひとつに,VE（Value Engineering）[2]があります。VEはもともと原価改善,価値創造の技法ですが,原価低減においても活用されています。

VEとは,製品・サービスによる顧客にとっての価値（value）を,製品やサービスなどの機能（function）による効用と,それに支払われる原価（cost）の関係により捉えるもので,次の式で表されます。

$$\text{value（価値）} = \frac{\text{function（機能）}}{\text{cost（原価）}} \quad (8.4)$$

製品が複数の機能を持っている場合には,その機能ごとに (8.4) が展開され,各機能の価値（value）が計算されます。そして,それらの機能のうち,顧客にとって,どの機能が必要で,どの機能が不必要であるのかを,計算された価値（value）により判断することが必要となります。そこで顧客にとって不必要となる機能については削除し,必要である機能を提供することで製品全体の価値を上げることが重要となります。

たとえば,消費者が携帯電話を買う場合について考えてみましょう。ある携帯電話が,電話の機能以外に,追加的にカメラの機能を備えている場合に,まずこのカメラの機能による効用を貨幣換算します。この追加的な機能の評

---

[2] VEの一般的な定義は,日本会計研究学会（1996）によれば,「VEとは最低のライフサイクル・コストで,必要な機能を確実に達成するために,製品やサービスの機能分析に努力を注ぐ組織的努力である」としています。また,ゼネラルエレクトリック（GE）社の購買管理技法として誕生したVA（Value Analysis）も,ほぼ同義として用いられます。

価額に対して，消費者が買う価格，すなわち追加的に支払う原価で割って，このカメラの機能の価値（value）を計算します。つまり，カメラという「物」を買うのではなく，写真を撮るという「機能」が欲しいから，それだけ追加的にお金を払うのだと考えます。

VEでは，「物」そのものよりも「機能」を重視し，その機能によって得られる価値（value）が向上することを追求していきます。価値を向上するためには，①機能が一定であれば，原価を下げる，②原価が一定であれば，機能を高める，その結果③原価より機能の増分が上回るようにする，ということを考えなければなりません。

原価企画においては，目標原価を達成するための原価低減活動を行うために，VEが大きな役割を果たしており，またVEは原価企画の誕生に大きな貢献があるものと考えられています。

なお，製品・サービスの企画段階で行われるVEは「ゼロルックVE」，開発・設計段階で行われるVEは「ファーストルックVE」と呼ばれます。

8.4　原価企画の実施

○ 原価企画の実施プロセス

原価企画における原価低減活動のプロセスは，概略的に図表8.7のように考えられます。

まず，試作としての設計図面とおりに製品が製造された場合の，原価の見積もりを行います。この見積原価を目標原価と比較し，未達成であればVE活動等による原価低減のもと，設計図面を作り直します。もし，それでも目標原価が未達成であれば，さらなる原価低減活動が必要となり，これを繰り返すことで，目標原価を達成できる最終的な設計図面ができあがるまで続け

図表8.7　原価企画における原価低減活動のプロセス

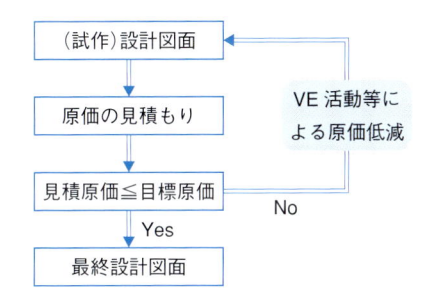

```
    (試作)設計図面 ←─────┐
         ↓              │
    原価の見積もり         │ VE活動等に
         ↓              │ よる原価低減
    見積原価≦目標原価 ──No─┘
         ↓ Yes
    最終設計図面
```

られます。この段階において，メーカーと部品などのサプライヤーとの協力・連携が重要となります。また，ライフサイクル・コスト[3]を最小化できるように製品設計を行うことが，競争戦略において大変重要です。

　ただし，今日の企業の経営環境においては，家電などでもみられるように，製品のライフサイクルが著しく短くなっているので，短いスパンで新製品を市場に投入することが必要となっています。一方で，原価企画における原価低減活動を完全に遂行しようとすることで，結果的に，目標原価の達成などにとらわれすぎて，新製品の投入が遅れてしまうという問題も生じてしまいます。そのため，未達成の目標原価の低減額に関しては，原価改善で達成する努力が必要となります。

---

[3] 製品の開発・設計から廃棄処分されるまで，その全生涯（ライフサイクル）にわたってかかる原価を，ライフサイクル・コストといいます。資源のリサイクルや廃棄といった場面での，近年の環境問題に対する意識の高まりも相まって，企業は，ライフサイクル・コストを抑えることが大変重要となっています。また，そのためのライフサイクル・コストの計算を行うことは，ライフサイクル・コスティングと呼ばれます。ライフサイクル・コスティングでは，生産者(企業)側で発生するコストと消費者(顧客)側で発生するコストが考えられます。

◯ 職能横断的チーム活動

原価企画を成功させるには，職能横断的チームを作成することが必要です。これは，新製品開発プロジェクトのあらゆる段階において，設計，購買，製造，販売，経理などの部門から職能組織を横断して専門家を集めます。そして，その開発プロジェクト活動全体を水平的に管理する責任者（プロダクト・マネジャー[4])を選定し，その下で総意を結集して，チーム活動を行うものです。

従来の引き渡し型の製品開発に対して，ラグビー型の製品開発では，前の段階の作業が完了する以前に，後の段階の開発がオーバーラップして同時並行的に開発が行われます。これは，コンカレント・エンジニアリング（concurrent engineering)[5]とも呼ばれます。

◯ 原価企画の海外移転

近年のグローバル化を受けて，原価企画活動を実施している企業は，海外においても，製造活動にとどまらず，製品開発や原価企画の移転を考える必要性に迫られています。しかし，海外移転されているのは，設計段階までの原価企画活動に限定されている場合がほとんどです。この原因としては，日本と海外との開発方式の相違，またサプライヤーとの関係の相違が考えられます。

原価企画は，日本の企業において発展してきたものです。それ故，日本的な企業のシステムを移転することなく，海外に製造や開発の拠点を構築する

---

4) 地位や影響力が高く，ユーザー志向で製品コンセプトを創出する責任を有するような場合，重量級プロダクト・マネージャーと呼ばれます（日本会計研究学会 p.115 (1996))。

5) 米国における定義として，日本会計研究学会 (1996) p.114 によれば，「製品およびそれにかかわる製造やサポートを含んだ工程に対し，統合されたコンカレントな設計を行おうとする体系的アプローチである。このアプローチは，品質，コスト，スケジュール，ユーザーの要求を含む，コンセプトから廃棄に至るまでのプロダクト・ライフサイクルのすべての要素を，開発者に最初から考慮させるように意図されたものである」としています。また，類義語として，サイマルテニアス・エンジニアリング（simultaneous engineering）があります。

のであれば，これらの競争優位の源泉を失うことになりかねません。そのためにも，原価企画の本質をよく見極めて，理解することが必要となります。

○ 原価企画活動を支える潜在活動

　原価企画を成功させるためには，表面的な原価企画活動だけが立派であればいいのではなく，それを支える潜在的な活動を整備・充実させることが不可欠です（田中, 2002）。

　潜在活動としては，原価企画の推進体制，企業体質，そして企業文化（corporate culture）が考えられます（図表8.8参照）。

　まず，原価企画を支える顕在活動の最も下位層にあるのが企業文化です。企業文化とは，企業の意思決定や行動を特徴づけるものとして，企業組織における価値観や行動規範の体系，すなわち経営理念の上に築き上げられた企業独自のスタイルと考えられます。

図表8.8　原価企画の顕在活動・潜在活動

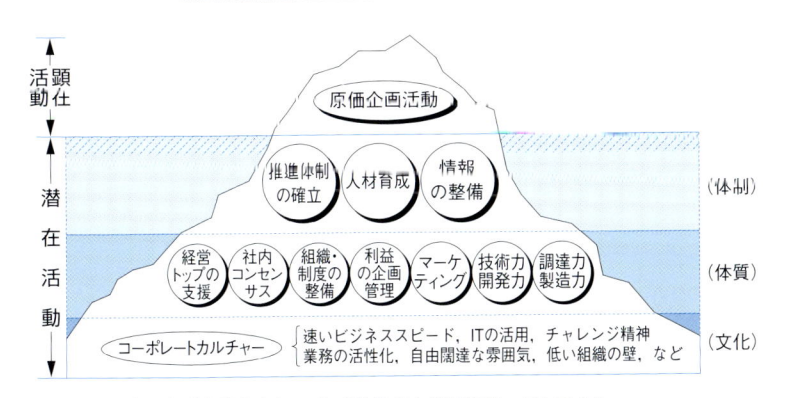

顕在活動

- 原価企画活動

潜在活動

- 推進体制の確立／人材育成／情報の整備（体制）
- 経営トップの支援／社内コンセンサス／組織・制度の整備／利益の企画管理／マーケティング／技術力開発力／調達力製造力（体質）
- コーポレートカルチャー：速いビジネススピード，ITの活用，チャレンジ精神，業務の活性化，自由闊達な雰囲気，低い組織の壁，など（文化）

（出所）田中雅康（2002）『利益戦略とVE』産業能率大学出版部 p.111 図6.1

次に，企業文化により支えられる企業体質は，「経営トップの支援」，「社内コンセンサス」，「組織の制度の整備」という一般的・全社的な企業体質と，それ以外の職能的な企業体質が考えられます。すなわち，経営トップには強いリーダーシップが求められ，その経営トップの強い意思と強力な支援のもと，関連部門が有機的に結合する組織が必要となります。

そして，企業体質により支えられる企業体制は，原価企画を推進するために十分な体制の確立や，それに伴った人材育成や情報の整備であると考えられます。すなわち，VE手法などの推進ツールの整備や原価企画の教育体系の整備・拡充，また原価企画活動の諸事例の紹介などです。

顕在活動がしっかり整備されて充実しており，それがうまく機能しなければ，優れた原価企画の活動は望めません。いくつもの潜在活動が有機的に結びついて機能し，それらの相乗効果が発揮されてこそ，顕在活動の原価企画が成功するのです。

練習問題

8.1　原価管理で最も重要となるのは，どの段階での，どのような行動であるか説明しなさい。

8.2　VEにおける次式のうち，cost（原価）としては，どのようなものがあるか説明しなさい。

$$\mathrm{value}(価値) = \frac{\mathrm{function}(機能)}{\mathrm{cost}(原価)}$$

8.3　VEにおいて，value（価値）を大きくするために，たとえばデジタルカメラにおいて，どのような具体策が考えられるか説明しなさい。

参考文献

岡本　清（2000）『原価計算（六訂版）』国元書房
田中雅康（1995）『原価企画の理論と実践』中央経済社
田中雅康（2002）『利益戦略とVE』産業能率大学出版部
加登　豊・李　建（2001）『ケースブックコストマネジメント』新世社

廣本敏郎（1997）『原価計算論』中央経済社
東海幹夫（2007）『会計プロフェッションのための原価計算・管理会計』清文社
西澤　脩（2007）『原価・管理会計論』中央経済社
日本会計研究学会（1996）『原価企画研究の課題』森山書店
神戸大学管理会計研究会（1992）『原価企画の実態調査(1)(2)(3)』「企業会計」Vol. 44
Horngren, C. T., G. Foster and S. M. Datar (1997), *Cost Accounting: A Managerial Emphasis*, 9th ed., Prentice-Hall.

第 9 章

バランスト・スコアカード

　バランスト・スコアカード（Balanced Scorecard；BSC）は，ハーバード・ビジネス・スクールのキャプラン教授（R.S. Kaplan）とコンサルタントのノートン（D.P. Norton）によって1990年代に開発された，比較的新しい戦略的マネジメント・システムです。

　戦略を策定していても，戦略の実行に問題を抱えている企業は多いといわれます。戦略をうまく実行できない原因は様々ですが，大きな原因として，戦略の実行を管理するための優れた仕組みがなかったことが挙げられます。バランスト・スコアカードおよび戦略マップは，戦略を実行し，ときには戦略を修正するための道筋を示してくれます。本章ではバランスト・スコアカードと戦略マップの基本的な構造およびその役割について学びます。

○ KEY WORDS ○

バランスト・スコアカード，戦略マップ，
財務の視点，顧客の視点，内部プロセスの視点，
学習と成長の視点，戦略目標，非財務尺度，先行指標，
遅行指標，価値提案，戦略テーマ，無形の資産，
レディネス，戦略の修正，本社シナジー価値

9.1 バランスト・スコアカードの概要

◯ バランスト・スコアカードとは何か

バランスト・スコアカードは，財務だけでなく，顧客関係，内部ビジネス・プロセスの改善，学習と成長といった総合的な視点から，戦略マップを用いてビジョンと戦略の効果的な策定と実行を確保するとともに，報酬に連動させた業績評価システムとして，また経営の品質向上に資するなどの経営目的に役立てられる戦略的マネジメント・システムです（櫻井，2004，p.187）。また，近年では戦略に方向づけられた無形の資産の構築と活用，シナジー価値の創造に向けた方向づけなどもその役割として期待されています。

◯ バランスト・スコアカードの位置づけ

1．ミッション，価値観，ビジョンとバランスト・スコアカードとの関係

バランスト・スコアカードは，名称から想像できるようにスコアカード（成績表）ですが，その作成に当たっては，その企業のミッション（企業の使命）を明確にする必要があります。ミッションをもとに価値観（企業の行動原理），そしてビジョン（望ましい将来像）を明らかにします。ビジョンを実現するために策定されるのが戦略です。バランスト・スコアカードと戦略マップは，この戦略と深い関係があります。ミッションが最終的にどのようにバランスト・スコアカードに展開されるかについては，図表9.1を参照してください。

図表9.1 バランスト・スコアカードと戦略マップの位置づけ

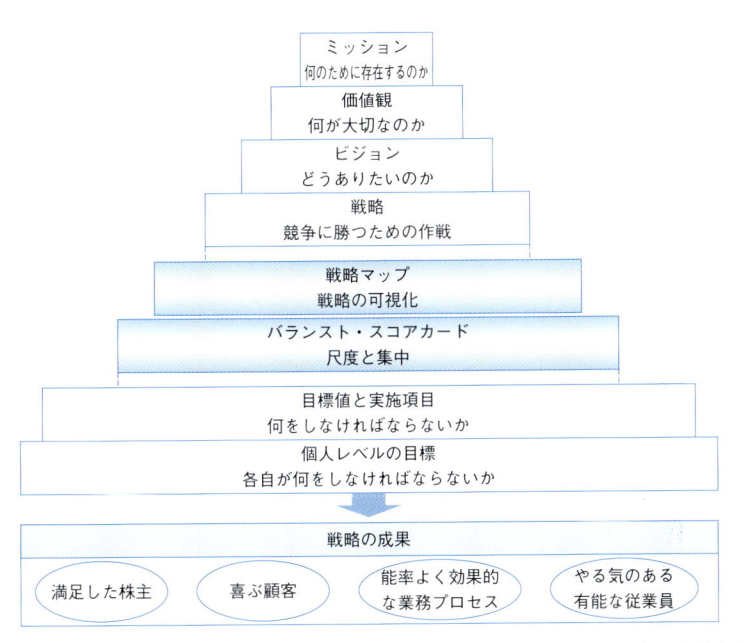

- ミッション
  何のために存在するのか
- 価値観
  何が大切なのか
- ビジョン
  どうありたいのか
- 戦略
  競争に勝つための作戦
- 戦略マップ
  戦略の可視化
- バランスト・スコアカード
  尺度と集中
- 目標値と実施項目
  何をしなければならないか
- 個人レベルの目標
  各自が何をしなければならないか

↓

戦略の成果

| 満足した株主 | 喜ぶ顧客 | 能率よく効果的な業務プロセス | やる気のある有能な従業員 |

(出所) R.S.キャプラン・D.P.ノートン著，櫻井通晴・伊藤和憲・長谷川惠一監訳（2005）『戦略マップ』ランダムハウス講談社，p.65

2．戦略とバランスト・スコアカードとの関係

戦略にはその企業全体にかかわる企業戦略，その企業の構成要素である一事業にかかわる事業戦略，業務活動を行うための特定の機能（生産，販売，人事，研究開発など）にかかわる機能戦略があります。通常，戦略マップに記述される戦略は事業戦略ですので，以後，特に断りのない場合には，本章で「戦略」という場合には事業戦略を指すこととします。

戦略には策定という側面と実行という側面があります。優れた戦略を策定しても，その戦略が実行されなければ，単なる「画にかいた餅」になってし

まいます。バランスト・スコアカードは，次項で説明する戦略マップと併せて用いることによって，戦略を従業員の目にみえるようにし（これを戦略の可視化といいます），戦略の実行を支援することができます。

3．戦略マップの構築

バランスト・スコアカードの作成に先立って，企業の戦略を記述する戦略マップを構築する必要があります。なお，本書では読者の混乱を避けるために，戦略マップとバランスト・スコアカードとを区別して書いていますが，両者を区別せずにバランスト・スコアカードの中に戦略マップを含めて考える有力な見解もあります。

戦略マップには①財務の視点，②顧客の視点，③内部プロセスの視点，④学習と成長の視点という4つの視点が設定されています。それぞれの視点には，関連するステークホルダー（利害関係者）が存在しています。また，各視点には役割があり，戦略マップは全体としてその企業の戦略を因果関係に基づいて示します。戦略マップは，その企業の戦略がいかにして財務的な成果を生み出すかを記述するのです。

4．バランスト・スコアカードの作成

バランスト・スコアカードは，戦略マップに基づいて作成されます。戦略マップに記載された戦略を確実に実行するために，バランスト・スコアカードには戦略の構成要素である戦略目標ごとに尺度，目標値，実施項目を記載します。バランスト・スコアカードを作成することによって，企業のミッションは最終的に具体的な尺度や実施項目へと展開されます。

○ 視点間の因果関係

戦略マップとバランスト・スコアカードには，4つの視点が存在しています[1]。なぜ4つの視点が必要なのでしょうか。それは，企業は株主だけでな

く，企業を取り巻く様々なステークホルダーを満足させる必要があるからです。株主だけを満足させたいのならば，利益などの財務的成果だけを追求すれば十分です。しかし，戦略マップとバランスト・スコアカードは4つの視点を通じて，多様なステークホルダーのニーズを満たすことが可能です。

また，4つの視点の間には因果関係が存在しています。因果関係とは，原因と結果の関係です。因果関係を前提に戦略を描くのが，戦略マップの一つの大きな特徴です。図表9.2を用いて，簡単な例を示しましょう。ある企業は，株主というステークホルダーを満足させるために，利益の増大という目標を達成しようとしています（財務の視点）。最終的な目標である利益の増大は，どのような過程を経て実現されるでしょうか。まず従業員の能力が向上すると（学習と成長の視点），製品の品質が向上します（内部プロセスの視点）。製品の品質が向上すると，顧客の満足度が向上します（顧客の視

図表9.2　4つの視点における因果関係

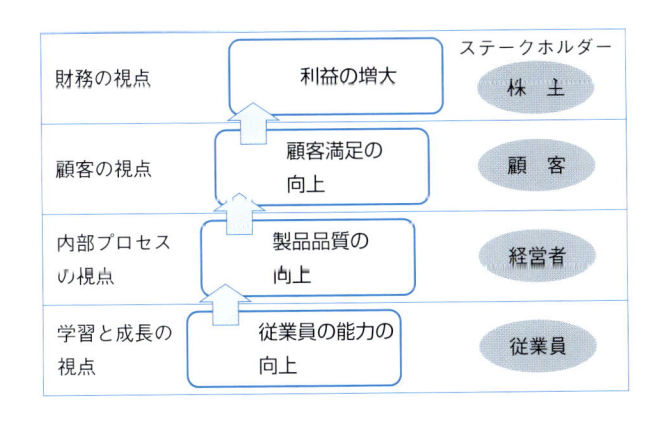

視点	目標	ステークホルダー
財務の視点	利益の増大	株　主
顧客の視点	顧客満足の向上	顧　客
内部プロセスの視点	製品品質の向上	経営者
学習と成長の視点	従業員の能力の向上	従業員

1）バランスト・スコアカードの視点は，必ずしも上記の4つである必要はありません。5つ以上の視点（環境の視点など）を用いたり，異なる名称の視点を用いたりしている企業も存在しています。しかし，この教科書では基本的な4つの視点について学ぶことにします。

点)。満足度の高い顧客は,その製品をより高い価格で繰り返し購入してくれます。その結果,株主が望む利益の増大が実現するのです(財務の視点)。

この簡単な例からも分かるように,4つの視点の間には因果関係が存在しています。製品の品質向上という結果は,従業員の能力向上という原因によって得られます。また,顧客満足の向上という結果は,製品の品質向上という原因によって得られたものです。そして,利益の増大という結果は,顧客満足の向上という原因から生じています。4つの視点において目指すべき目標を達成すれば,株主だけでなく多様なステークホルダーのニーズを満たすことが可能になります。

このように,因果関係に基づいて最終的な目標である利益の増大が達成されます。しかし,従業員の能力が向上しても,必ず利益が増大するとは限りません。他社との差別化を図るためには,その企業独自の戦略が必要です。戦略マップは,その企業の戦略を記述するものです。次節では,戦略マップについて少し詳しく説明します。

9.2 戦略マップ

○ 戦略マップのひな形

戦略マップは,その企業の戦略の構成要素を因果関係に基づいて記述したものです。この構成要素は,戦略目標と呼ばれています。戦略マップにおいてその企業の戦略を具体的に記述できれば,バランスト・スコアカードにおいて尺度を設定し,測定することが可能です。戦略マップのひな型を示したものが,図表9.3です。円形の項目(たとえば,財務の視点における「原価構造の改善」など)が戦略目標です。以下では,戦略マップの各視点において注意すべき点について説明します。

図表9.3 戦略マップの基本的な構造

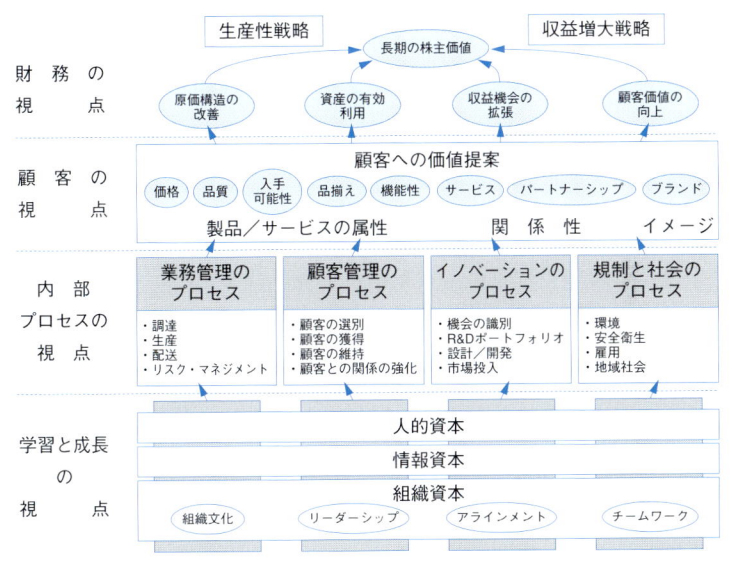

```
                    生産性戦略                    収益増大戦略
                              長期の株主価値
財務の視点    原価構造の   資産の有効   収益機会の   顧客価値の
              改善        利用        拡張        向上

                         顧客への価値提案
顧客の視点   価格  品質  入手   品揃え  機能性  サービス  パートナーシップ  ブランド
                       可能性
              製品／サービスの属性        関係性           イメージ

            業務管理の    顧客管理の    イノベーションの   規制と社会の
            プロセス      プロセス      プロセス          プロセス
内部
プロセスの   ・調達        ・顧客の選別   ・機会の識別      ・環境
視点         ・生産        ・顧客の獲得   ・R&Dポートフォリオ ・安全衛生
            ・配送        ・顧客の維持   ・設計／開発       ・雇用
            ・リスク・マネジメント ・顧客との関係の強化 ・市場投入   ・地域社会

                              人的資本
学習と成長                     情報資本
の視点                         組織資本
             組織文化   リーダーシップ   アラインメント   チームワーク
```

(出所) R.S.キャプラン・D.P.ノートン著，櫻井通晴・伊藤和憲・長谷川惠一監訳（2005）『戦略マップ』ランダムハウス講談社，p.35

○ 財 務 の 視 点

　財務の視点では，ステークホルダーのうち株主や金融機関を意識して，戦略目標を設定します。長期的な株主価値の向上や債権者が納得するような利益額は，収益の増大と費用の削減によって実現されます。したがって，財務の視点では，収益増大戦略と生産性向上戦略という2つの側面から企業価値の増大の過程を記述します。つまり，収益面と費用面のどちらを重視して利益を生み出すかを明らかにするのです。

　例を挙げれば，保有資産の有効利用（生産性戦略）による費用の削減や新商品の開発・発売による収益機会の拡張（収益増大戦略）によって，株主価

値が長期的に増大することが期待できます。

◯ 顧客の視点

　顧客の視点では，その企業が提供する製品またはサービスが顧客に対してどのような価値を提示するのかを示します。したがって，顧客の視点は，ステークホルダーとして顧客（戦略によっては，地域社会も顧客の視点で考慮します）を想定しています。

　財務の視点においては収益増大戦略が重視されましたが，収益を増大させるためには新規の顧客を獲得しながら，同時に既存の顧客からより多くの収益を得る必要があります。飲食店を例に挙げれば，毎日のように利用してくれる馴染みの客を大事にしながら，宣伝をして新しい顧客を常に呼び込み，新しい顧客を固定客にする努力をする必要があります。

　では，どのようにすれば顧客はその企業の商品に対して特別な価値を感じてくれるでしょうか。顧客の視点では，ターゲット顧客と価値提案という2つの要因を考慮します。まず，その企業のターゲットとする顧客層を決める必要があります。客層が違えば，その商品に求めるものも違うからです。これを顧客セグメントの識別といいます。

　次に，ターゲットとする顧客層が決まれば，どのような製品を，いくらで，どのような付帯的なサービスをつけて，どのようなイメージで販売するかを決定します。このような属性の組み合わせを価値提案といいます。代表的な価値提案は，以下の4つに分類されます。

(1) 最低のトータルコスト

　最低のトータルコストとは，安定した品質を維持しつつ，業界の商品カテゴリーの中で最も低い価格で，製品またはサービスをタイムリーに顧客へ提供するという価値提案です。

(2) 製品リーダー

　製品リーダーとは，製品の革新性を強調しつつ，業界平均よりも高い価格

で最先端の機能を有する製品またはサービスを顧客へ提供するという価値提案です。

(3) 完全な顧客ソリューション

完全な顧客ソリューションとは，顧客のニーズを熟知し，顧客が抱えている問題に対して最も適した総合的な解決策を提供するという価値提案です。

(4) システム・ロックイン

システム・ロックインとは，顧客のスイッチング・コストが高くなるような方策を施し，ライバルに対して大きな参入障壁を築くような価値提案です。

顧客の視点では，1つまたは複数の価値提案が採用されます。どのような価値提案を採用するかによって，重視される属性（図表9.3の顧客の視点における円型の項目が製品・サービスの属性です）が異なります。たとえば，完全な顧客ソリューションという価値提案を採用する場合には，サービスやパートナーシップ，ブランドといった属性に関連する戦略目標が重視されます。

○ 内部プロセスの視点

内部プロセスの視点はステークホルダーとして経営者を想定しており，①顧客の視点において提示された価値提案を具体的に実現すること，②内部プロセスの質を向上させ，原価を低減することによって，財務の視点で提示された生産性戦略を実現するという2つの役割を果たします。

内部プロセスの視点において達成すべき要因は，以下の4つに分類されます。企業はその価値提案や財務の視点における戦略を踏まえて，どのプロセスを重視するかを1つまたは複数選択することになります。選ばれた下記のプロセスのうち，その企業にとって特に大事なプロセスによって達成すべきテーマを戦略テーマといいます。

(1) 業務管理のプロセス

業務管理のプロセスとは，その企業が既存の製品やサービスを生み出し，顧客へ提供する基本的な日常業務のプロセスです。

(2) 顧客管理のプロセス

顧客管理のプロセスとは，ターゲット顧客との関係を拡大し，深めるプロセスです。顧客セグメントがもたらす利益を最大化することを目的として，ターゲット層を獲得し，維持し，関係を強化することを目的としています。

(3) イノベーションのプロセス

イノベーションのプロセスとは，変革によって新しい製品，新しいプロセス，新しいサービスを開発し，企業が新しい市場や新しい顧客セグメントに参入することを促すプロセスです。ターゲット顧客のニーズに合った革新的な商品を迅速に投入することにより，価格競争を避け，高い利益を得ることができます。

(4) 規制と社会のプロセス

規制と社会のプロセスとは，製品やサービスを販売している地域や国で事業を行う権利を継続して得られるように支援するプロセスです。規制で制定された最低限の基準を上回ることによって，地域社会や顧客から高いレピュテーション（評判）を得ることができます。レピュテーションを高めて優秀な人材を確保し，安全性を高めて生産性を向上させることが目標です。

以上4つのプロセスについて説明しましたが，財務の視点において選ばれる戦略と顧客の視点において選ばれる価値提案によって，内部の視点においてどのプロセスを重視するかが異なります。両者の代表的な組み合わせを示したのが，図表9.4です。

図表 9.4 価値提案と内部ビジネスのプロセスとの組み合わせ

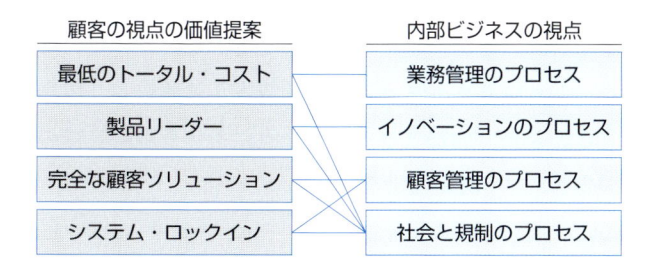

顧客の視点の価値提案	内部ビジネスの視点
最低のトータル・コスト	業務管理のプロセス
製品リーダー	イノベーションのプロセス
完全な顧客ソリューション	顧客管理のプロセス
システム・ロックイン	社会と規制のプロセス

○ 学習と成長の視点

　学習と成長の視点は,企業が有する無形の資産を戦略に方向づけ,その戦略と統合することを目的としています。戦略に方向づけて無形の資産を準備するわけですが,本来あるべき状態にどの程度まで達したかをレディネスという用語で表します。無形の資産には3種類あり,それぞれ人的資本,情報資本,組織資本とよばれています。

(1) 人 的 資 本

　人的資本とは,戦略を支援するのに必要なスキル,能力,ノウハウの利用可能性をいいます。たとえば,従業員が有しているスキル,知識,価値観などです。

(2) 情 報 資 本

　情報資本とは,戦略を支援するのに必要な情報システム,ネットワークおよびインフラの利用可能性をいいます。たとえば,システム,データベース,ネットワークなどです。

(3) 組 織 資 本

　組織資本とは,戦略を実行するのに必要な変化のプロセスを活用し,維持

する企業の能力をいいます。たとえば，組織文化，リーダーシップ，チームワークなどです。

　無形の資産をどれほど高い水準で準備しても，それが企業の戦略の方向性に沿っていないと意味がありません。人的資本，情報資本，組織資本の戦略目標を達成することが，内部プロセスの視点における戦略目標の達成に貢献するように設定されている必要があります。

9.3　バランスト・スコアカード

◯ バランスト・スコアカードのひな形

　戦略マップに記述された戦略を実行するためには，何が必要でしょうか。戦略の実行を管理するためにバランスト・スコアカードが用いられます。戦略マップと合わせて，バランスト・スコアカードを作成したのが図表9.5です。

　図表9.5はアメリカのサウスウエスト航空の地上業務に関する戦略マップとバランスト・スコアカードを示しています。地上の折り返し業務に焦点を当てて，生産性戦略と収益増大戦略とを同時に達成できる戦略を策定しています。

　まず内部プロセスの視点の戦略目標である「地上での迅速な折り返し」が実現できれば過剰な機体を削減でき（財務の視点），生産性の向上につながります。また，地上での迅速な折り返し作業は定刻発着とコストの削減（それに伴う最低価格の提示）を実現します。このような価値提案を示すことで，より多くの顧客を誘引・維持し（顧客の視点），収益が増大するという戦略が記述されています。学習と成長の視点では，人的資本・情報資本，組織資

図表 9.5 サウスウエスト航空のバランスト・スコアカード

		戦略マップ	戦略目標	BSC 尺度	目標値	アクション・プラン 実施項目	予算
財務の視点	プロセス：業務管理 テーマ：地上の折り返し	利益とRONA 収益増大　機体の減少	■収益性 ■収益増大 ■機体のリース費用	■市場価値 ■座席の収益 ■機体のリース費用	■年成長率30％ ■年成長率20％ ■年成長率5％		
顧客の視点		より多くの顧客を誘引し維持 定刻の発着　最低の価格	■より多くの顧客を誘引し維持する ■定刻の発着 ■最低の価格	■リピート客の数 ■顧客数 ■連邦航空局定刻到着評価 ■顧客のランキング	■70％ ■毎年12％の増加 ■第1位 ■第1位	■CRMシステムの実施 ■クォリティ・マネジメント ■顧客ロイヤルティ・プログラム	$xxx $xxx $xxx
内部プロセスの視点		地上での迅速な折り返し	■地上での迅速な折り返し	■地上滞在時間 ■定刻出発	■30分 ■90％	■サイクルタイムの最大活用	$xxx
学習と成長の視点		戦略的な業務 駐機場係員 戦略的システムの配置 地上係員の方向づけ	■必要なスキルの開発 ■支援システムの開発 ■地上係員の戦略への方向づけ	■戦略的業務のレディネス ■情報システム用可能性 ■戦略意識 ■地上係員の持株者数の割合	■1年目 70％ 　2年目 90％ 　3年目 100％ ■100％ ■100％ ■100％	■地上係員の訓練 ■係員配置システムの始動 ■コミュニケーション・プログラム ■従業員持ち株制度	$xxx $xxx $xxx $xxx
						予算総額	$xxxx

(出所) R.S.キャプラン・D.P.ノートン著、櫻井通晴・伊藤和憲・長谷川惠一監訳 (2005)『戦略マップ』ランダムハウス講談社、p.86

9.3 バランスト・スコアカード

本をどの程度まで準備すべきかが示されています。必要なスキルの開発，支援システムの開発，地上係員の戦略への方向づけという3つの戦略目標は，内部プロセスの視点における「地上での迅速な折り返し」という戦略目標の達成に向けて方向づけられています。

◯ 尺度，目標値，実施項目

バランスト・スコアカードには，戦略目標ごとに尺度，目標値，実施項目が記載されます。尺度とは，その戦略目標の達成を測るための指標です。どの程度まで達成すればその戦略目標を達成したといえるかを表すために，尺度には目標値が設定されています。また，その目標値を達成するために行うべきプログラムを実施項目といいます。

サウスウエスト航空の例で確認しましょう。たとえば，「より多くの顧客を誘引し，維持する」という顧客の視点に配置されている戦略目標が達成されたかを測定するために，リピート客の数と顧客数という2つの尺度が設定されています。それぞれの目標値は，リピート客数については70％，顧客数については毎年12％の増加です。その目標値を達成するために，CRMシステム（Customer Relationship Management：顧客関係性管理）やクオリティ・マネジメント（品質管理プログラム）の実施といった実施項目が与えられています。バランスト・スコアカードは，戦略マップによって設定された戦略目標を尺度，目標値，実施項目へと展開する役割を果たしているのです。

◯ 尺度の選択に当たっての注意点

バランスト・スコアカードで尺度を設定するに当たっては，必ず数値で測定可能な尺度（定量的な尺度といいます）を用いる必要があります。なぜなら，測定できないものは管理できないという原則があるからです。顧客満足度のように数値で測定しにくい項目であっても，目標値を設定し，その達成

度合いを確認するためには何らかのかたちで数値に変換する必要があります。その他にも、尺度の選択に当たっては以下の2つの点に注意する必要があります。

(1) 財務指標と非財務指標

尺度には金額で測定できる尺度と、金額以外の数値を用いて測定する尺度があります。前者を財務尺度、後者を非財務尺度といいます。財務尺度の例としては、営業利益額、ROE（Return On Equity）などがあります。非財務尺度の例としては、顧客満足度、リードタイムなどがあります。バランスト・スコアカードは財務尺度と非財務尺度の両方を尺度として利用します。

(2) 先行指標と遅行指標

バランスト・スコアカードの尺度の中には、実際に行われた業務の成果を示す事後的な指標と業務それ自体のパフォーマンスの良否を示す事前的な指標が含まれています。前者を遅行指標といいます。たとえば、営業利益などの会計情報は遅行指標です。遅行指標は事後的な指標であり、過去の行動の成果を示すものです。後者を先行指標といいます。先行指標は、遅行指標のドライバーとなる指標です。

たとえば、営業活動の良否を表す指標を考えてみましょう。注文の獲得件数は営業活動の成果を表す遅行指標です。営業活動自体のパフォーマンスを表す先行指標としては、顧客への訪問回数があります。戦略目標を達成するための尺度を選択する場合には、その尺度が先行指標であるか遅行指標であるかを考える必要があります。また、先行指標と遅行指標との間には因果関係が存在することにも注意が必要です。

○ バランスト・スコアカードは何を「バランス」させるのか

バランスト・スコアカードにおける「バランス」には、多様な意味があります。ここでは①4つの視点間のバランス、②財務尺度と非財務尺度のバランス、③外部尺度と内部尺度のバランス、④先行指標と遅行指標のバランス

の4つについて説明します。

(1) 4つの視点間のバランス

4つの視点にはそれぞれステークホルダーが存在します。たとえば，財務の視点のみを強調してしまうと，特定のステークホルダーのみを重視することにつながります。バランスト・スコアカードでは，4つの視点をバランスよく配置することによって，多様なステークホルダーの利害を調整することを意識しています。

(2) 財務尺度と非財務尺度のバランス

財務尺度はその財務諸表を作成した年度の経営の状況を反映しています。したがって，財務尺度だけを重視すると1年や四半期（3ヶ月）といった短期的な視野で経営を考えるようになってしまう危険性があります。非財務尺度の数値が向上してもすぐに財務尺度の向上につながるとは限りませんが，財務尺度と非財務尺度をバランス良く配置することで，長期と短期のバランスを考える必要があります。

(3) 外部尺度と内部尺度のバランス

尺度を配置するときには，企業の外部の数値に関連する尺度と企業の内部の数値に関連する尺度とをバランスよく配置する必要があります。財務と顧客の視点のステークホルダーである株主，債権者，顧客に関係する尺度は，企業外部の尺度です。これに対して，内部プロセスの視点，学習と成長の視点のステークホルダーである経営者や従業員に関連する尺度は，企業内部の尺度です。企業の外部と内部とのいずれに偏っても，バランスのよい尺度の選択とはいえません。

(4) 先行指標と遅行指標のバランス

先行指標と遅行指標とのバランスも大事です。先行指標と遅行指標の関係は，一見，財務指標と非財務指標の関係と同じように思われます。しかし，非財務指標は必ずしも先行指標とは限りません。また，先行指標と遅行指標との関係は相対的なものであり，絶対的ではありません。先ほどの例に挙げたように，顧客獲得件数は顧客訪問回数との関係で考えると遅行指標になり

ます。しかし，顧客獲得件数はその営業部の売上という遅行尺度との関係では先行指標になるのです。

9.4 バランスト・スコアカードへの役割期待

　戦略マップおよびバランスト・スコアカードは戦略の実行に役立つマネジメント・システムであることを確認してきました。しかし，戦略マップとバランスト・スコアカードには，戦略の実行の支援以外にも多くの役割が期待されています。この節では，無形の資産の管理，業績給の設定，戦略の修正，本社シナジー価値の創造という4つについて確認しましょう。

○ 無形の資産の管理

　近年では，土地や建物といった有形の資産よりも従業員の質，情報システム，組織風土といった無形の資産の方が経営に大きな影響をおよぼすことが明らかになっています。しかし，無形の資産は直接みたり触ったりすることができません。そのため，これらの資産を管理するための有効な方法はあまり明確ではありませんでした。バランスト・スコアカードを活用することによって，人的資本，情報資本，組織資本といった無形の資産の構築状況を管理するための一つの方法が示されたといえます。

○ 業績給の設定

　業績給とは，その期に実際に達成した業績という明確な事実に応じて，報酬金額が変動する制度をいいます（武脇・陶山，2002，p.2）。業績給制度を導入するためには，個人別の業績を明らかにする必要があります。業績給

制度を導入するときに，バランスト・スコアカードの尺度を個人またはグループの業績評価尺度として用いることが可能です。

　バランスト・スコアカードと業績給制度とを結びつけることの利点は2つあります。第1に，戦略実行のための尺度を評価・報酬と結びつけることによって，従業員を戦略実行へ向けて強く動機づけることが可能です。第2に，バランスト・スコアカードは様々な尺度を用いているので，総合的な視点から評価を行うことができます。

◯ 戦略の修正

　バランスト・スコアカードは戦略の実行だけでなく，戦略の修正にも役立つとされています。その過程について，確認しましょう。戦略マップおよびバランスト・スコアカードに戦略，戦略目標，尺度，目標値，実施項目を記述することによって，戦略は可視化されます。バランスト・スコアカードに記載された尺度がある期間において目標値に届かない場合，実績値と目標値とを比較し，なぜ目標を達成できなかったかを検証するかもしれません。この場合，その尺度を決定する基礎となった戦略そのものは所与であり，変更されません。しかし，尺度や目標値は因果関係を前提として決定されているのですから，ある戦略目標を達成しても別の戦略目標を達成できなかったとすれば，実は戦略そのものに問題があったのかもしれません。

　戦略マップとバランスト・スコアカードを用いれば，業務活動の結果として目標を達成できなかった場合に，戦略そのものに問題があったのかを検証することが可能です。戦略を所与とせずに，策定された戦略の修正に戦略マップおよびバランスト・スコアカードが貢献すると期待されています。

◯ 本社によるシナジー価値の創出

　多くの企業は複数の事業を運営しています。一つの企業が複数事業を行う

意味は，リスクの軽減，シナジー効果の期待など様々です。企業の本社の役割の一つは，個々の事業が生み出す価値の合計額よりも企業全体の価値が大きくするように支援することです。分かりやすくいうと，1足す1を2以上にすることです。本社には様々なコストがかかりますが，それを上回る効果を生めば，本社は価値を生み出していることになります。

　本社が生み出すシナジー価値を，本社シナジー価値といいます。バランスト・スコアカードは個別の事業戦略と企業戦略との整合性を図る橋渡しの役割を果たします。企業内のあらゆる組織を戦略に方向づけ，全社シナジー価値の創出に貢献すると期待されています。

練習問題

9.1　製品の品質向上という戦略目標について，先行指標と遅行指標としてどのようなものが考えられるか。

9.2　バランスト・スコアカードと戦略マップは，さまざまな因果関係を想定している。どのようなものが考えられるか列挙しなさい。

9.3　バランスト・スコアカードにおいて，学習と成長の視点はどのような役割を果たしているか。

参考文献

伊藤和憲（2007）『ケーススタディ戦略の管理会計――新たなマネジメント・システムの構築』中央経済社

R. S. キャプラン・D. P. ノートン著，古川武男訳（1997）『バランス・スコアカード――新しい経営指標による企業変革』生産性出版（Kaplan, R. S., & D. P. Norton (1996), *The Balanced Scorecard: Translating Strategy into Action*, Harvard Business School Press.

R. S. キャプラン・D. P. ノートン著，櫻井通晴監訳（2001）『戦略バランスト・スコアカード』東洋経済新報社（Kaplan, R. S., & D. P. Norton (2001), *The Strategy-Focused Organization: How Balanced Scorecard Companies Thrive in the New Business Environment*, Harvard Business School Press.

R. S. キャプラン・D. P. ノートン著，櫻井通晴・伊藤和憲・長谷川惠一監訳（2005）

『戦略マップ——バランスト・スコアカードの新・戦略実行フレームワーク』ランダムハウス講談社（Kaplan, R. S., & D. P. Norton（2004）, *Strategy Maps: Converting Intangible Assets into Tangible Outcomes*, Harvard Business School Press.）

R. S. キャプラン・R. S. ノートン著，櫻井通晴・伊藤和憲監訳（2007）『BSCによるシナジー戦略——組織のアラインメントに向けて』ランダムハウス講談社（Kaplan, R. S., & D. P. Norton（2006）, *Alignment:Using the Balanced Scorecard to create Corporate Synergies*, Harvard Business School Press.）

櫻井通晴（2004）『管理会計（第三版）』同文舘出版

櫻井通晴（2008）『バランスト・スコアカード（改訂版）——理論とケース・スタディ』同文舘出版

武脇　誠・陶山博太（2002）『業績給と成果主義の検証』同友館

第10章

ABC/ABM

　活動基準原価計算（Activity-Based Costing：本章ではABCと呼びます）は，伝統的な原価計算の欠点を補うために生まれた新しい原価計算の方法です。ABCの目的は，活動に基づく原価計算方法を取り入れることで，原価計算の精度を向上させることにあります。ABCを実施することによって得られる情報は，その企業の商品戦略に有益です。

　一方，活動基準管理（Activity-Based Management：本章ではABMと呼びます）はABCから生まれたプロセス変革のための経営管理手法です。両者の目的が異なることに注意しましょう。

　本章の前半では，ABCの計算構造，伝統的な原価計算との比較，ABCの利点について説明します。本章の後半では，ABMについて説明します。ABMの目的，仕組み，その用途について説明します。

○ KEY WORDS ○
ABC，ABM，内部相互補助，資源作用因，活動作用因，
原価作用因（コスト・ドライバー），非付加価値活動

10.1 ABCとは何か

　ABC（Activity-Based Costing：活動基準原価計算）はクーパー（R. Cooper）とキャプラン（R. S. Kaplan）が1980年代後半に提唱した，新しい原価計算の手法です。ABCの計算上の特徴は，活動（activity）別に原価を集計し，因果関係に基づいて原価を製品別に集計する点にあります。

　ABCが誕生した背景には，環境の変化によって，これまで使われてきた伝統的な原価計算の方法では正しい原価を算定できなくなったという問題意識がありました。原価計算の基礎知識については第1章で簡単に紹介しましたが，まず10.2節ではABCと比較するために，改めて伝統的な原価計算の仕組みについて確認します。10.3節では，なぜ伝統的な原価計算では正しい原価を算定できないのかを説明します。10.4節ではABCの計算構造について説明し，伝統的な原価計算の計算方法と比較します。10.5節では計算例を用いてABCと伝統的な原価計算を比較し，ABCが商品戦略に役立つことを明らかにします。

10.2 原価計算の基本的な仕組み

◯ 原価計算とは何か

　原価計算は，主として工業製品を製造するために要した原価（製造原価）を計算する一連の手続きです[1]。製品を製造するために，企業はさまざまな

---

[1] 原価計算は製造業だけでなく，サービス業でも欠かせないものです。しかし，本書では伝統的な原価計算と比較するために，製造業を想定して説明します。

経営資源を消費します。たとえば，材料（もしくは原料），人材，機械，技術などです。製品の製造原価は，このような経営資源の消費額を集計したものです。経営資源の消費額と書いたのは，購入額と区別するためです。経営資源が購入された時点では，現金支出は発生していても製造原価は発生しません。経営資源が製品を製造するために消費された（あるいは利用された）とき，はじめて製造原価は発生します。

企業は原価計算期間（通常は1ヶ月）を通じて発生した製造原価を，一連の手続きを経て原価計算対象である製品へ集計していきます。この集計手続きのルールとして，日本では企業会計審議会が1962年11月に発表した「原価計算基準」が定められています。

○ 原価計算対象

原価計算を行う場合には，製造原価を集計する対象を決める必要があります。この対象を原価計算対象といいます。最も典型的な原価計算対象は，最終的なアウトプットである製品です。しかし，原価計算対象は製品に限りません。組織内の部門，顧客など様々な原価計算対象が考えられます。以下では，製品の原価計算について説明していきましょう。

○ 原価計算の3つの段階

製品の原価計算は，費目別計算，部門別計算，そして製品別計算という3つの段階を経て実施されます。それぞれの計算について，簡単に説明します。

1. 費目別計算

費目別計算は，原価計算期間における経営資源の消費額または利用額を認識し，それを形態別に貨幣額で測定・集計します。材料（または原料）の消費額は材料費，人的資源の消費額は労務費，その他の経営資源の消費額は経

費という費目に区分します。

　また，費目別計算においては，形態別分類に加えて，直接費と間接費への区分が行われます。直接費とは，経営資源がどの原価計算対象のために消費（または利用）されたか明確に分かる場合における，その経営資源の消費額をいいます。これに対して，間接費とは，経営資源が原価計算対象のために用いられていることは明らかであるが，どの原価計算対象のためにどれだけの経営資源が消費されたのかが明らかでない場合における，その経営資源の消費額をいいます。

　さきに費目別計算では形態別分類が行われることを説明しましたが，原価の発生形態が同じであっても原価計算対象との関係が同じであるとは限りません。材料費の中にも直接費に分類されるものと間接費に分類されるものが存在します。前者を直接材料費，後者を間接材料費といいます。同様に，労務費と経費も製品という最終的な原価計算対象との関係から，それぞれ直接労務費と間接労務費，直接経費と間接経費とに分類されます。間接材料費，間接労務費，間接経費という3種類の間接費は，製造間接費と総称されます。

　直接費は原価計算対象との関係が明らかですから（直接費の定義を思い出してみましょう），その額を原価計算対象別に直接に集計します。これを直課といいます。これに対して，間接費は原価計算対象との関係が明らかでないので，原価計算対象に直課できません。そこで，間接費については，その間接費の発生と関係の深い基準（配賦基準）を用いて複数の原価計算対象に配分します。この原価配分の手続きを配賦といいます。

2．部門別計算

　部門別計算とは，費目別計算で把握された製造原価を，部門別に分類して集計する手続きです。部門とは，原価の発生額を集計・管理するための計算上の区分です。部門別計算では，部門が原価計算対象になります。また，部門は製品の製造を担当する製造部門と製造部門における生産活動をサポートするための補助部門とに分けられます。

部門別計算では，費目別計算で集計した原価のうち，主に製造間接費を部門別に集計します。製造間接費のうち，どの部門で発生したかを特定できるものを部門個別費といいます。部門個別費は，部門という原価計算対象に対しては直接費です。したがって，部門個別費は各部門に対して直課します。これに対して，どの部門で発生したか特定できないものを部門共通費といいます。部門共通費は，部門別計算では間接費になります。

部門共通費は，配賦基準を用いて各部門（製造部門および補助部門）に対して配賦します（1回目の配賦）。次に，動力部門，修繕部門といった補助部門に集計された原価（補助部門費）を製造部門に対して配賦します（2回目の配賦）。2回の配賦を通じて，製造間接費はすべて製造部門に集計されることになります。

3．製品別計算

製品別計算とは，製造部門に集計された原価を製品別に集計し，製品1単位当たりの単位原価を算定する手続きをいいます[2]。部門別計算によって製造部門に集計された間接費は，適切な配賦基準を用いて，最終的な原価計算対象である製品に対して配賦します（3回目の配賦）。このように，部門別計算を採用している場合，製造間接費は3回の配賦を経て製品別に集計されることになります。

原価計算対象が製品である場合には，この製品別計算をもって原価計算の手続きは終了します。製品別計算には，同じ種類または異なる種類の製品を繰り返し生産する場合に用いられる総合原価計算と，異なる種類の製品を個別的に生産する場合に用いられる個別原価計算があります。いずれの場合も，以上の3段階の計算を経て製品の原価を算定します。製造間接費の3回の配賦手続きを整理したものが，図表10.1です。直接費（直接材料費，直接労務費および直接経費）は製品に対して直課するため，配賦は行われません。

---

[2] 企業によっては，部門別計算を行わないことがあります。その場合の原価計算は，①費目別計算，②製品別計算の2段階になります。

図表 10.1　伝統的な原価計算による製造間接費の配賦

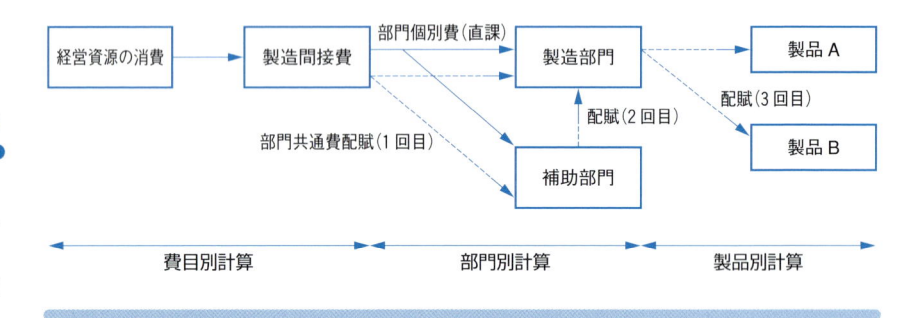

```
経営資源の消費 → 製造間接費 ──部門個別費(直課)──→ 製造部門 ──配賦(3回目)──→ 製品 A
                    │                              ↑                         製品 B
                    └──部門共通費配賦(1回目)──→ 補助部門 ──配賦(2回目)──┘
```

| 費目別計算 | 部門別計算 | 製品別計算 |

○ 製造間接費の「配賦」

　原価計算対象との関係が明確でない製造間接費は，配賦という作業を通じて原価計算対象へ集計されます。この配賦という概念は ABC を理解するために重要なので，もう一度確認しておきましょう。製造間接費は費目別および部門別に集計され，配賦基準とよばれる基準に基づいて原価計算対象へ配賦されます。

　伝統的な原価計算では，操業度（企業が保有している能力の活用度）に関連した配賦基準を用いて，製造間接費を原価計算対象へ配賦してきました。たとえば，直接作業時間（特定の製品の製造のために直接工が作業した時間数），機械運転時間，製品の生産量などは，操業度に関連する典型的な配賦基準です。この場合，直接作業時間が長いほど，または生産個数が多いほど，多くの製造間接費が配賦されます。すなわち，長時間の作業を要する製品や多くの個数が生産された製品は，製造間接費も多く負担すべきであるという前提が存在しています。

10.3 伝統的な原価計算の問題点

伝統的な原価計算の問題点として，製品の原価を正確に計算できないことが指摘されています。その理由は，増加した支援コストを操業度に基づいて配賦すると製造原価を歪めてしまうからです。この点について，確認しておきましょう。

◯ 支援コストの増加

現在の工場では少品種大量生産ではなく，多品種少量生産（多くの種類の製品を少ない個数ずつ生産すること）が主流になっています。つまり，1日に100個の製品を生産することは同じでも，2種類の製品を50個ずつ生産する時代から，10種類の製品を10個ずつ生産する時代になったということです。

1つの工場内で生産される製品の種類が増えるにつれて，製品の生産を支援するための支援活動が複雑化し，増加します。支援活動とは，たとえば段取活動，保守活動などです。支援活動が増えると，それに伴って，支援活動に関連する製造原価（支援コスト）も増加します。ここで，操業度（たとえば生産個数）が増えたから支援活動（およびそれに伴う原価）が増加したのではなく，製品の種類が増えたために支援活動が増加した点に注意しましょう。この増加した支援コストをどのように製品別に集計すべきでしょうか。簡単な例を用いて考えてみましょう。

> 設例10.1：ある工場では，AとBという2種類の製品を製造しています。Aの生産量は100個，Bの生産量は20個です。工場では2回の段取活動を行っており，その段取作業に合計で600円のコストがかかっています。この段取活動に伴うコストを生産量を配賦基準として配賦した場合，製品AとBのいずれも製品1個当たり5円の段取費が配賦されます（600円÷120個＝5円）。しかし，段取活動がA製品の生産開始時に1回，B製品の生産開始時に1回行われたとすれば，この計算は実態を反映しているといえるでしょうか。

[解　答]

　段取活動費が段取活動を行うことによって発生しているのならば，原価計算対象である製品が段取活動を何回必要としたかによって段取活動費を割当てるべきです。操業度（たとえば生産個数）に応じて配賦すべきではありません。

　2回の段取活動で600円のコストが発生するならば，段取活動1回当たりのコストは300円になります。1回目の段取活動費は，製品Aを100個製造するために発生した原価です。2回目の段取活動費は，製品Bを20個製造するために発生した原価です。したがって，A製品1個当たりの段取費用は3円（300円÷100個），B製品1個当たりの段取費用は15円（300円÷20個）となります。

○ 伝統的原価計算では大量生産品が少量生産品のコストを負担する

　2つの計算方法を結果を比較したものが，図表10.2です。この結果から明らかなように，操業度に基づいて段取費用を配賦すると，大量生産品Aのコストは実際よりも高く算定され（本来は3円のものが5円と計算される），少量生産品Bのコストは実際よりも低く計算されます（本来は15円のものが5円と計算される）。すなわち，伝統的原価計算では大量生産品が少量生産品のコストを負担するために，正しい原価が計算されていないのです。これを内部相互補助といいます。

　製造原価に占める支援コストの比率が小さい場合には，支援コストの配賦の歪みはあまり大きな問題ではないかもしれません。しかし，工場の自動化

図表 10.2　2つの方法の比較

	製品 A	製品 B
生産量	100 個	20 個
方法1：生産量に基づき配賦	5 円/個	5 円/個
方法2：段取回数に基づき割当て	3 円/個	15 円/個
方法1から方法2への変更による製品1個当たり原価の変化	2 円の減少	10 円の増加

の進展につれて直接労務費などが占める割合は減少し，代わりに支援コストの比率は非常に大きくなっています。結果として，伝統的な原価計算は製造原価を歪めてしまう可能性が高くなります。新しい原価計算方法であるABCは，伝統的な原価計算のこのような欠点を解消するものです。

10.4　ABCの計算構造

　ABCの目的は，より正確な原価の算定を通じて，製品戦略や原価分析に有用な情報を提供することです。ABCの計算構造の特徴は，活動をコスト・プールとして，因果関係に基づく原価割当てを行うという点に求められます。活動（activity）とは，ある機能の目的を遂行するために必要とされる行為のことをいいます（櫻井，1998，p. 126）。

　ABCと伝統的な原価計算との最大の違いは，製造間接費の集計の過程にあります[3]。ABCは伝統的な原価計算とは異なり，原価計算対象が活動を消

---
[3]　ABCは直接費も対象としますが，ここでは間接費に絞って説明します。

図表 10.3 ABCによる製造間接費集計の方法

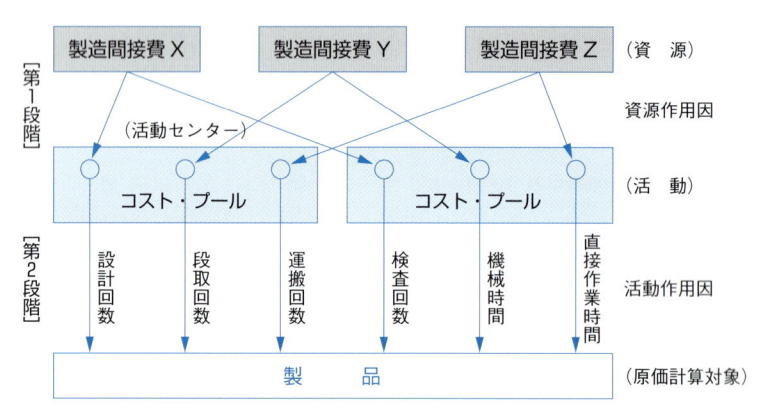

```
[第1段階]
  製造間接費X    製造間接費Y    製造間接費Z    （資　源）
                                              資源作用因
  （活動センター）
    ○    ○    ○    ○    ○    ○         （活　動）
     コスト・プール        コスト・プール

[第2段階]
  設  段  運  検  機  直
  計  取  搬  査  械  接
  回  回  回  回  時  作
  数  数  数  数  間  業
                      時
                      間                    活動作用因

            製　　　品                    （原価計算対象）
```

（出所）櫻井通晴著（1998）『新版　間接費の管理』中央経済社，p.49

費し，活動が資源を消費するという前提を置きます。図表10.3は，ABCの計算方法を示しています。

図表10.3について，簡単に説明しましょう。費目別計算で測定された製造間接費は，資源作用因に基づいて活動別に集計されます（第1段階の割当て）。活動別に集計されたコストは，活動作用因に基づいて，原価計算対象へ割当てられます（第2段階の割当て）。操業度に関連して原価を集計する配賦と区別するために，本章ではあえて「割当て」という用語を用いています。以下では，この2段階の原価割当てについて説明しましょう。

○ 製造間接費の活動への割当て

第1段階として，経営資源の消費によって認識・測定された製造間接費を活動というコスト・プール（原価の集計単位）に割当てます。支援コストの多くは，原価計算対象との関係が明確ではない製造間接費です。伝統的な原

価計算もABCも費目別計算までは同一の手続きですが，伝統的な原価計算が第2段階として部門をコスト・プールとするのに対して（部門別計算），ABCは活動をコスト・プールとします。製造間接費を活動に割当てるための基準を資源作用因（resource driver：資源ドライバー）といいます。第1段階の割当てが終了すると，各活動によって消費された資源の原価が集計されます。活動ごとに集計されたコストをアクティビティ・コスト（activity cost）といいます。

アクティビティ・コストの原価計算対象への割当て

第2段階として，活動別に集計された原価（アクティビティ・コスト）を因果関係に基づき原価計算対象別に集計します。割当てのための基準は，原価計算対象がどれだけの活動を消費しているかです。先ほどの例を思い出しましょう。段取活動というコスト・プールに600円（1回当たり300円）のアクティビティ・コストが集計されていました。製品Aという原価計算対象は1回の段取活動を消費し，製品Bも1回の段取活動を消費しています。したがって，製品AとBにそれぞれ，300円ずつのアクティビティ・コストが割当てられました。

アクティビティ・コストを原価計算対象別に集計するための基準を原価作用因（cost driver：コスト・ドライバー）もしくは活動作用因（activity driver）といいます[4]。先の例でいうと，段取回数が原価作用因です。原価作用因を用いて，どの原価計算対象がどれだけの活動を消費したのかを認識し，原価の割当てを行います。

活動のレベル

ABCを実施すると，すべてのアクティビティ・コストを因果関係に基づい

---

4) 原価作用因は，資源作用因と活動作用因の両方を含むとする見解もあります。

て製品別に集計することが可能でしょうか。工場の活動を考えてみると，工場の機械の保守活動など製品種類との関係を見出しにくい活動もあることに気付きます。櫻井（1998）は，活動と原価作用因を原価計算対象である製品との関係から4つの階層に分類しています。

図表10.4から明らかなように，原価作用因はさまざまな形態をとります。工場支援レベルの活動のように，売上高に基づいて原価計算対象に割当てざるを得ないアクティビティ・コストもあります。また，単位レベルの活動のように，操業度に基づいて原価の割当てを行うものもあります。本書では工場の例を挙げましたが，ABCは製造業だけでなく様々な業種で利用可能で

図表10.4 活動のレベルの分類

活動のレベル	活動の種類	原価作用因
工場支援レベルの活動	工場長の仕事　→ 工場の安全対策　→ 工場の保守　→	付加価値・工数・売上高 付加価値・工数・売上高 付加価値・工数・売上高
製品支援レベルの活動	製品の仕様書作成　→ 工程管理　→ 製品の設計変更　→ 製品機能の強化　→ 品質検査　→	仕様書枚数 工程数・工数の投入量 変更回数・時間 製品の数量・強化のレベル 検査回数・時間
バッチレベルの活動	材料の運搬　→ 発注　→ 段取　→ エネルギーの消費　→	運搬回数・重量 発注回数・数量 段取回数・時間 消費量
単位レベルの活動	機械の運転　→ 材料費の消費　→ 直接工の作業　→	機械運転時間 材料消費量 直接作業時間

（出所）櫻井通晴著（1998）『新版　間接費の管理』中央経済社 p.30

す。業種によって，4つの階層は違った形をとると考えられます。

10.5 伝統的な原価計算と ABC との比較

○ 計算例による比較

簡単な例を用いて，伝統的な原価計算と ABC との計算結果を比較してみましょう。ABC によってどのような情報が新たに得られるでしょうか。

> **設例10.2**：S社では製品 A と B という2種類の製品を製造しています。製品 A はランクの高い高級品で製品 B は大量生産品です。S社は製造間接費を生産量で配賦する方法で原価計算を行っています。
>
> 現在，S社は製品 A を3,500円，製品 B を1,500円で販売しています。近年，製品 A の販売が不調なので，ライバル商品に対抗して3,000円に値下げすることを検討しています。値下げすることによって1個当たりの利益は減りますが，販売個数が増えるので結果的に利益は増えるのではないかと経営者は予想しています。この考えは正しいでしょうか。

[解答・解説]

	製品 A	製品 B
生産量	100 個	1,000 個
直接材料費	900 円/個	500 円/個
直接労務費	300 円/個	250 円/個
材料注文活動費	100,000 円	
検収活動費	150,000 円	
段取活動費	180,000 円	
品質検査活動費	120,000 円	
製造間接費合計	550,000 円	

原価作用因の一覧

	製品A	製品B
材料注文回数	10回	15回
検収回数	10回	15回
段取回数	20回	20回
品質検査回数	20回	20回

　生産量に基づいて製造間接費を配賦する伝統的な原価計算では，製品1個当たりの製造間接費は500円であり（550,000円÷1,100個），製品Aの1個当たり原価は1,700円と計算されます。したがって，価格を3,000円に引き下げると利益は1個当たり1,300円と計算されます。一見，値下げをしてもまだ十分な利益を確保できるように思えます。これに対して，ABCを用いて計算すると，製品Aと製品Bの原価は以下のように計算されます。

活動当たり原価の算定

活動	アクティビティ・コスト	原価作用因		
材料注文活動	100,000円	材料注文回数	25回	4,000円/回
検収活動	150,000円	検収回数	25回	6,000円/回
段取活動	180,000円	段取回数	40回	4,500円/回
品質検査活動	120,000円	品質検査回数	40回	3,000円/回

原価計算対象への割当て

活動	製品A		製品B	
材料注文活動	10回	40,000円	15回	60,000円
検収活動	10回	60,000円	15回	90,000円
段取活動	20回	90,000円	20回	90,000円
品質検査活動	20回	60,000円	20回	60,000円

1個当たり製品原価の計算

	伝統的な原価計算		ABC	
	製品A	製品B	製品A	製品B
直接材料費	900円/個	500円/個	900円/個	500円/個
直接労務費	300円/個	250円/個	300円/個	250円/個
製造間接費	500円/個	500円/個	—	—
材料注文活動費	—	—	400円/個	60円/個
検収活動費	—	—	600円/個	90円/個
段取活動費	—	—	900円/個	90円/個
品質検査活動費	—	—	600円/個	60円/個
合計	1,700円/個	1,250円/個	3,700円/個	1,050円/個

　ABCによって計算すると，少量生産品である製品Aの製造原価はこれまでの計算よりもはるかに高く，1個当たり3,700円であることが分かります。つまり，内部相互補助が生じているために伝統的な原価計算の結果が歪められており，現状で赤字の製品Aの収益性は実際よりも高く表示されており，大量生産品の製品Bの収益性は実際よりも低く表示されていたのです。したがって，製品Aを値下げすると，S社の利益は増加せずに，むしろ損失が増大してしまいます。ABCの結果から，製品Aを値下げすることは適切でないことが分かります。もし製品Aが現状の価格で売れ行き不振ならば，むしろ撤退も含めた商品戦略の再検討が必要でしょう。

◯ ABCは商品戦略に有用な情報を提供する

　ABCは製品の収益性に関する情報を改善し，商品戦略に有益な情報を提供します。前の節の例のように，実際には収益性の低い商品からの撤退を検討することもあるでしょう。また，逆に収益性の高い商品から撤退するという誤った意思決定を防ぐことにも役立つでしょう。現状では，ABCは原価計算制度として実施するよりも，商品戦略を検討するための分析手法として実施されることが多いようです。

10.6 ABMとは何か

　これまでの例から明らかなように，ABCは製品の収益性に関する情報を改善します。しかし，収益性が低い（または赤字である）という理由だけでその商品の販売を中止してもよいでしょうか。場合によっては，経営者はプロセス変革を通じて社内のムダを排除し，継続的に原価低減活動を実施することでその商品の収益性を向上させることを選択するかもしれません。ABM（Activity Based Management：活動基準管理）はこのような問題意識のもとで登場した手法です。

　ABMは，「顧客によって受け取られる価値およびこの価値を提供することによって達成される企業の利益を改善するための方法として，活動の管理に焦点を置く技法」と定義されています（Raffish & Turney, 1991）。つまり，活動の管理を行うことによって，顧客が受け取る価値と企業の利益という2つの価値を同時に向上させることを狙いとしているのです。

　ABMは活動に注目する点ではABCと共通していますが，その目的はABCと異なっています。ABCが正確な原価の算定を通じて商品戦略に役立つ情報を提供するのに対して，ABMの目的は原価低減活動の実施にあります。原価を低減するだけならば，製品の品質を低下させることによって達成できます。しかし，ABMは原価低減を通じて企業の利益を改善させながら，顧客が受け取る価値も向上させることを目指しているのです。

　以下では，ABMの仕組みについて説明していきましょう。10.7節では，ABMの基本的な仕組みについて確認します。10.8節では，ABMの目的である非付加価値活動の排除を行うための手続きである活動分析，原価作用因分析，業績測定という3つの分析について説明します。

10.7 ABMの基本的な仕組み

　ABMは多くの場合，ABC情報に基づいて実施されます。ABMの特徴は，①ABCのように原価を算定することに注目するのではなく，プロセスに注目すること，②非付加価値活動を明らかにすることによって原価低減と顧客の価値の向上を達成することにあります。

○ ABMは活動の集合体であるプロセスに注目する

　ABMの特徴は，ABCのように製品の原価という測定結果に注目するのではなく，プロセスに注目する点にあります。プロセスとは，顧客に製品を提供する目的で行われる一連の活動の集合体です。ABMはコスト・プールである活動を管理対象とし，活動そのものとその活動に集計される原価（アクティビティ・コスト）の分析を行います。

　なぜABMはプロセスに注目するのでしょうか。ABCの前提は「原価計算対象が活動を消費し，活動が資源を消費する」ことでした。この前提に従えば，原価は活動が経営資源を消費することによって生じることになります。資源作用因に基づいて経営資源の消費分を活動別に集計すれば，ある特定の活動にいくらの原価をかけているかが分かります。ABMは企業がどのような活動を行っているか，その活動が他の活動とどのように関連しているかに注目するのです。

○ ABMは非付加価値活動に注目する

　企業は社内で様々な活動を行っています。ほとんどの活動は，製品を製造・販売するという企業の目的において必要不可欠な，顧客（企業内部の顧

客と企業外部の顧客を含みます）に対して価値を提供する活動です。このような活動を付加価値活動といいます。しかし，企業が行っている活動の中には，顧客に対して価値を提供していないものもあるかもしれません。このような活動を非付加価値活動とよびます。

ABMはプロセスに注目して非付加価値活動を明らかにし，これを排除することを狙いとします。なぜならば，非付加価値活動を排除できれば，顧客が受け取る価値はそのままに，非付加価値活動に要した原価を排除できるからです。具体的には，どのように非付加価値活動の排除をおこなったらよいでしょうか。ターニー（Turney, 1992）は①活動分析，②原価作用因分析，③業績分析という3つのステップを紹介しています。

10.8　活動分析，原価作用因分析，業績分析

◯ 活動分析

活動分析（activity analysis）では，企業が行っている活動に注目します。企業は数多くの活動を行っていますので，すべての活動について分析を行うことはできません。したがって，企業の活動のうち重要な活動と不必要な活動を明らかにします。重要な活動については，自社の活動が果たして効率良く実施されているか確認する必要がありますので，業界の最善の業務（ベストプラクティス）と比較します。重要でありながら水準以下の活動および不必要な活動は，改善の対象となります。また，単一の活動のみに注目するのではなく，諸活動間の結びつきを再検討することによって，活動全体の効率を検討します。

◯ 原価作用因分析

原価作用因分析（cost driver analysis：コスト・ドライバー分析）は，活動分析によって明らかにされた不必要な活動および業界の水準以下の活動を観察し，無駄な要因を識別することです（櫻井，2004，p.36）。その際に，この活動の原価を発生させている原因を明らかにする必要があります。

活動の原価を発生させている原因は原価作用因であったことを思い出してください。検討の対象となった活動の原価作用因を明らかにし，なぜその原価作用因が発生するのか，どうしたらこの原価作用因を削減できるのかを検討することで，非付加価値活動およびそれに伴うアクティビティ・コストを削減できます。

ABCとABMとでは目的が違いますから，同一の活動であってもABCの原価作用因とABMの原価作用因は異なることがあります。たとえば，材料の運搬活動にかかるコストを考えてみましょう。原価算定を目的とするABCならば，運搬回数を原価作用因として運搬活動の原価を製品に割当てるかもしれません。しかし，ABMの目的は改善活動を通じた原価低減にあるのですから，材料を運搬する距離を原価作用因とすることが考えられます。

◯ 業 績 分 析

原価低減活動は一度だけの分析ではなく，継続的な作業として行う必要があります。ABMで発見された問題点に対しては，継続的に取り組む必要があります。業績分析の段階では，その企業が重視すべき問題点を確定するとともに，その重視すべき問題に関連する活動の尺度を決定し，継続的に業績を測定・管理します。

練習問題

10.1 以下の空欄に適当な語句を埋めなさい。

現在，多くの工場は少品種多量生産から（1）生産へと移行した。また，工場の自動化もあいまって，製造間接費，なかでも（2）コストの比率が増加している。ABCは伝統的な原価計算の問題点を改善するために登場した。ABCの計算の前提は，（3）が（4）を消費し，（4）が経営資源を消費するというものである。ABMはABCとは異なり，（5）活動の実施という目的を有している。

10.2 伝統的な原価計算においても，操業度以外の配賦基準を用いれば，ABCと同じ効果が得られるだろうか。

参考文献

R. S. キャプラン・R. クーパー著，櫻井通晴監訳（1998）『コスト戦略と業績管理の統合システム』ダイヤモンド社（Kaplan, R. S., & R. Cooper（1998）, *COST & EFFECT: Using integrated cost systems to drive profitability and performance*, Harvard Business School Press.）

小林啓孝（1997）『現代原価計算講義（第二版）』中央経済社

櫻井通晴（1998）『新版　間接費の管理——ABC/ABMによる効果性重視の経営』中央経済社

櫻井通晴編（2004）『ABCの基礎とケーススタディ（改訂版）——ABCからバランスト・スコアカードへの展開』東洋経済新報社

廣本敏郎（1997）『原価計算論』中央経済社

Raffish, N., & P. Turney（1991）, Glossary of Activity-Based Management, *Journal of Cost Management*, Fall, pp.53–63.

Turney, P. B.（1992）, Activity-Based Management, *Management Accounting*, Jan, pp. 21–25.

第11章

品質原価計算

　製品の品質に対する消費者の姿勢は年々厳しくなっています。それに応じて企業も品質改善に向けてこれまで以上の努力をせねばなりません。しかし、品質不良により発生する原価、および品質を改善するためにかかる原価は以前はあまり明確にされていませんでした。そこでこの原価を測定し、最適な品質改善に役立てる必要性が強く意識されるようになってきました。それに応じて、近年、品質原価計算が注目されるようになってきています。本章ではこの問題について解説します。

○ *KEY WORDS* ○

品質原価，予防原価，評価原価，内部失敗原価，
外部失敗原価，最適品質レベル，適合品質，設計品質

11.1　品質原価計算とは

　品質原価計算（quality costing）は，品質不良により生じる原価，およびこれを防ぐために発生する原価を測定し，担当者に提供することにより，品質改善に役立てることを目的に実施されます。ところで，品質の意味はいくつか存在しますが，管理会計においては，これまで"適合品質"すなわち当初に予定した製品の規格どおりに生産されているか，という点に焦点を当てた研究が進められてきました。そこでこれについて主に解説します。

11.2　品質原価の内訳

　品質原価は，一般的に次の4つに分類されています。

> ①予防原価…不良品発生を予防するための費用
> 　　　　　　例：品質向上のための従業員訓練費，材料あるいは部品の仕
> 　　　　　　　　入先調査費
> ②評価原価…不良品を発見するための費用
> 　　　　　　例：製品検査費，購入材料検査費
> ③内部失敗原価…顧客引渡し前に不良品が発見されることにより生じる費用
> 　　　　　　例：不良品の補修費，再加工費，再検査費
> ④外部失敗原価…顧客引渡し後に不良品が発見されることにより生じる費用
> 　　　　　　例：不良品の補修あるいは交換に要する費用，その製品
> 　　　　　　　　により重大な事故が発生した場合の損害賠償費

　これらのうち予防原価と評価原価は，規格に一致させることを目的とした

図表 11.1　品質原価発生段階

```
        生産開始      生産完了       販売
   ←――――予防原価――――→
            ←―――――評価原価―――――→
            ←―――内部失敗原価―――→
                              ←外部失敗→
                                 原価
```

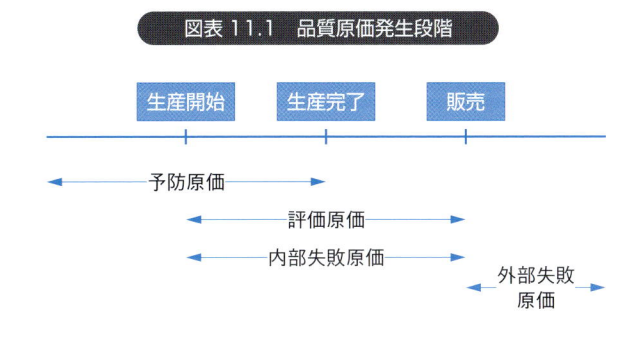

活動のために発生するので適合原価と呼ばれています。また，企業の方針により事前にその発生額が決定されるため自発的原価としての性格を持ち，自由裁量固定費が多くの部分を占めます。それに対して内部および外部失敗原価は，不良品の発生によりやむを得ず生じるために非自発的な原価であり，品質不適合原価と呼ばれています。

これらの費用は図表11.1のようなプロセスで発生します。そして後の段階になるほど，無駄な加工費が累積し，補修も手数がかかるようになります。さらに顧客販売後にまで至ると予想を越えた金額となる場合も少なくありません。そのため品質原価を削減するには，早い段階で品質改善活動を実施するほど効果があります。

11.3　最適な品質レベル

予防原価と評価原価は品質レベルの向上とともに増加するのに対して，内部および外部失敗原価は品質レベルが低下するにつれて増加するため，これらは相反する動きをします。これらをグラフで示したのが図表11.2です。

図表 11.2 品質原価曲線（短期）

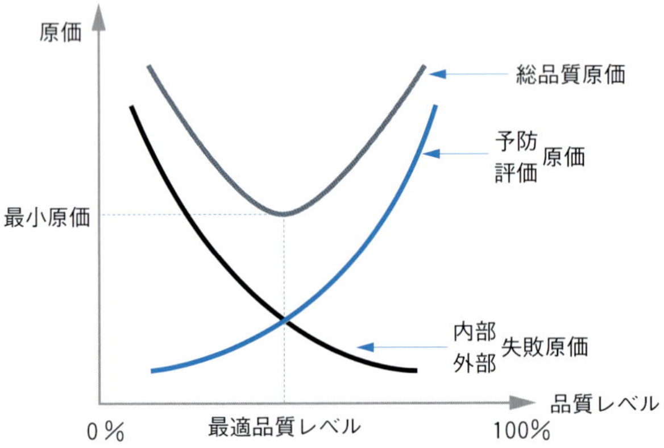
原価
総品質原価
予防
評価
原価
最小原価
内部
外部
失敗原価
品質レベル
0％
最適品質レベル
100％

この両者を合計した総品質原価曲線をみてわかるように，初めは品質レベルの向上と共に原価が減少しますが，ある点を越えると原価は増加します。そのため原価最小化の観点からは，最高の品質ではなく，このレベルが最適品質となります。

しかしこのグラフは，次の３つの理由により，必ずしも現実に妥当するものではありません。

(1) 従業員に対する教育・訓練は，当初は，多数を対象として実施する必要があるとしても，次年度からは新人や技術を習得していない人のみに実施すればよくなります。そのため，品質レベルを落とすことなく，予防原価を年々減少させることが可能となります。

(2) 徹底した教育・訓練を実施することにより不良品の発生率は減少するため，検査活動を大幅に縮小することが可能となります。さらにゼロ・ディフェクト（不良品ゼロ）を目指して，製造時点で同時に検査活動を実施することにより，検査のための人員が不要となります。その結果，品質レベルを

維持したままで評価原価をゼロに近づけることも可能となります。

（3）顧客引渡後に不良品が発生すると，製品に対するイメージダウンのため，その後の売上高の減少が予想されます。しかしこの金額を正確に予測することは困難なため，外部失敗原価として認識されることは稀です。それゆえに実際の外部失敗原価は，測定されるものよりもはるかに大きな金額であることが多いと考えるべきです。

　これらの長期的な観点，および測定不能な要素を考慮に入れて，グラフを描くと図表11.3のようになります。この結果，最小原価を示す品質レベルは右側，すなわち高い品質レベルにシフトすることとなります。これにより，高い品質を追求するほどむしろ原価が減少することを，納得のいく形で示すことが可能となります。ただし，これは無限なものではなく予防原価・評価原価曲線の右端の点線で示されているように，過剰な品質を追求することは大幅な原価の増加を招くこともあり，適当でない場合もあります。

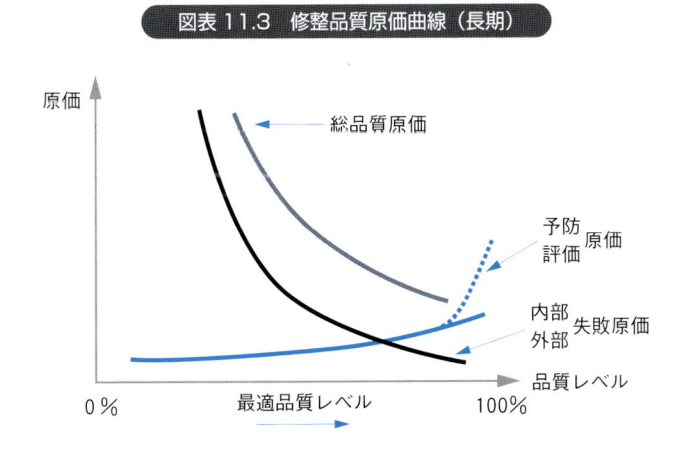

図表 11.3　修整品質原価曲線（長期）

しかし薬品，食品および自動車等の人間の健康・安全性に関わるものについては，不良品により生じる外部失敗原価が膨大なものとなるため，絶えず最高品質の追求が求められます。

11.4　品質原価計算実施の際の注意点

品質原価計算を実施するに当たっては，次の点に配慮することが必要となります。

(1)　長期的指向の重要性

初期の段階では，予防活動強化により予防原価が増加しますが，それにより検査の大幅な削減が可能となるまでには時間の経過を必要とします。また検査活動を徹底すると，これまで見逃されて顧客に引き渡されていた不良品が発見されることがあるため，内部失敗原価が増加することもあります。しかし，それにより外部失敗原価が減少するまでには時間がかかります。それゆえに，初期の段階では品質原価を計算することにより，予防や評価活動に対して批判的な意見が強まる可能性があります。そのため，短期的にすぐ効果が表れるものではないことを認識しておく必要があります。

(2)　測定されない原価の重要性

測定される品質原価のみに注意するのではなく，不良品販売による将来の売上高減少により生じる機会原価のような，会計上測定困難ですが，その影響が非常に大きな費目に十分注意を払うことが必要です。

(3)　非財務的指標の重要性

品質原価計算で測定される財務的指標のみに頼るのではなく，たとえば機械停止時間や不良品発生率のような非財務的指標にも注目することにより，品質改善活動の成果を検討することが必要です。

⑷ 設計品質の重要性

今日のわが国の状況では，適合品質に関してはかなりの程度達成されているため，これを対象とした現在の品質原価計算のみでは有効性は限定されます。そのため，むしろ製品が顧客ニーズを充たしているかに注目した"設計品質"や"安全品質"あるいは"自然環境に対する品質"に対応した品質原価計算が必要とされるようになっています（浅田，2005，p.47）。

練 習 問 題

11.1　次に示す費用は，4つの品質原価のどれに当たるかを示しなさい。
仕損費，検査工賃金，品質管理講習会参加費，不良品回収費

11.2　「品質を良くするには余分な原価がかかるために，ほどほどの品質が企業にとっては望ましい」という意見は正しいか否かを論じなさい。

参 考 文 献

浅田孝幸・頼　誠・鈴木研一・中川　優・佐々木郁子（2005）『管理会計・入門（新版）』有斐閣

中原章吉(2000)『管理会計論』税務経理協会

古田隆紀(2007)『管理会計』森山書店

Atkinson, A. A., R. S. Kaplan, E. M. Matsumura & S. M. Young（2007）, *Management Accounting*, 5th ed., Prentice-Hall.

Horngren, C. T., S. M. Dater & G. Foster（2006）, *Cost Accounting: A Managerial Emphasis*, 12th ed., Prentice-Hall.

練習問題解答

第1章

1.1　管理会計情報の主な利用者は内部の経営管理者であり，財務会計情報は外部の利害関係者である。そのため，それぞれに求められる情報内容が異なってくる。管理会計情報では，経営管理に対する有用性が重視されるため，過去のみでなく，将来に関する情報を迅速に提供することが求められる。その際財務情報のみでなく，物量情報も必要に応じて随時提供することが重要となる。また，利用目的に応じて製品別やプロジェクト別といった部分情報が必要とされる。それに対して財務会計は，利用者が外部者のため，さまざまな規則に準拠した，過年度業績の定期的な報告が強く求められる。ただし近年，この両者の違いを過度に強調することに対して批判もある。

1.2　経営管理プロセスを長・中期計画，短期利益計画およびコントロールに分け，それぞれに役立つ管理会計手法を列挙すると次のとおりである。まず，長・中期計画に役立つ手法として戦略的意思決定（設備投資の経済計算）がある。そして，短期計画には業務的意思決定（差額原価収益分析），CVP分析や予算編成が，また原価を削減する手法として原価改善や原価維持が有効である。そしてコントロール・プロセスには予算統制や標準原価計算が役立っている。また，バランスト・スコアカードや原価企画は，経営戦略実施の際に有効な手法として，近年注目されている。

1.3　①正しくない。固定費は，操業度に関係なく一定である。そのため，操業度の増減に関連する意思決定に対しては変化しないので埋没原価となる。しかし，たとえば不況により工場を一部閉鎖するという意思決定が行われる場合，それにより不要となる建物の賃借料は固定費であるが，差額原価である。このように，すべての固定費が埋没原価となるわけではない点に注意が必要である。

②正しい。管理可能性の範囲は実際に管理を行う管理者により異なる。通常，上位階層の管理者になるにつれて権限が大きくなるため，管理可能費の費目は増える。たとえば，営業所で働く社員の給料は，営業所長にその雇用に対する権限があるなら管理可能費であるが，その権限がないなら管理不能費となる。しかし，より上位の管理者，たとえばその営業所を統括する事業部長にその権限があるなら，事業部長にとって管理可能費となる。

第 2 章

2.1 2 月に関しては正常操業圏外であるため，いずれの設問についても考慮に入れないものとする。

(1) 単位当たり変動費…10.6 万円/時
(1,080 万円−550 万円)÷(80 時間−30 時間)
固定費…232 万円　550 万円−10.6 万円/時×30 時間

(2) 単位当たり変動費…10.3 万円/時
固定費…278.3 万円

直接作業時間を x，補助材料費を y とおいて，(2.13) に当てはめることにより，固定費 a と単位当たり変動費 b を算出する。

	x	y	x^2	xy
1 月	30	550	900	16,500
3 月	40	730	1,600	29,200
4 月	60	920	3,600	55,200
5 月	50	800	2,500	40,000
6 月	60	890	3,600	53,400
7 月	70	1,010	4,900	70,700
8 月	40	660	1,600	26,400
9 月	55	860	3,025	47,300
10 月	80	1,080	6,400	86,400
11 月	70	980	4,900	68,600
12 月	50	820	2,500	41,000
	605	9,300	35,525	534,700

$9,300 = 11a + 605b$

$534,700 = 605a + 35,525b$

$a ≒ 278.34\cdots,\ b ≒ 10.31\cdots$

2.2 (問 1)　A：2,500 個，B：10,000 個

	製品 A	製品 B
販売単価	3,000 円	5,000 円
変動費		
直接材料費	1,200 円	2,200 円
変動加工費	800 円	1,000 円
変動販売費	400 円	1,050 円
貢献利益	600 円	750 円

$$\frac{×1}{600\ 円} + \frac{×4}{3,000\ 円} = 3,600\ 円$$

固定費合計 = 6,000,000 円 + 3,000,000 円 = 9,000,000 円

損益分岐点における販売量 = $\dfrac{9,000,000\ 円}{3,600\ 円}$ = 2,500 ケース

$$A \cdots 2,500 \times 1 = 2,500 \text{ 個}$$
$$B \cdots 2,500 \times 4 = 10,000 \text{ 個}$$

(問2) 75,000,000 円

$$\frac{9,000,000 \text{ 円}}{1 - \dfrac{4,250 \text{ 円}}{5,000 \text{ 円}} - 0.03} = 75,000,000 \text{ 円}$$

(問3) 70,000,000 円

$$45,000,000 \text{ 円} \times 0.02 \div (1 - 0.4) = 1,500,000 \text{ 円}$$

$$\frac{9,000,000 \text{ 円} + 1,500,000 \text{ 円}}{0.15} = 70,000,000 \text{ 円}$$

2.3 　原価や売上高が増減することによる利益の変化額や，目標とする利益達成に必要な売上高を簡単な計算により算定することができるので，利益計画の際に有効である点に長所がある。しかし，この実施の際には原価や売上高に関して，非現実的な仮定も含まれているため，大まかな数値を推定する場合に使用すべきである。それゆえに意思決定を行うには，後章で解説する，より厳密な計算，すなわち差額原価収益分析を実施しなければならないという点に注意が必要である。

2.4 　経営レバレッジ係数は$\dfrac{貢献利益}{営業利益}$により算定される。この分子は営業利益に固定費を加算したものであるため，固定費が多いほど，この係数は高い値を示す性格がある。そのためこの係数を比較することにより，企業間の費用構成の違いを明確に表すことができる。またこれを利用することにより，売上高が増減したときに，営業利益がどのように変化するかを簡単な算式により計算できる点に有効性がある。

第3章

3.1

販売価格差異　2,400 円（不利）　　（95 円 − 100 円）× 480 個
販売数量差異　2,000 円（不利）　　（480 個 − 500 個）× 100 円
市場占有率差異　12,000 円（不利）　6,000 個[*1] ×（0.08 − 0.1）× 100 円
市場総需要量差異　10,000 円（有利）　（6,000 個 − 5,000 個[*2]）× 0.1 × 100 円

　　　[*1] 実際総需要量 = 480 個 ÷ 8% = 6,000 個
　　　[*2] 予算総需要量 = 500 個 ÷ 10% = 5,000 個

　このように販売数量差異は 2,000 円の不利差異であったが，これをさらに分析すると，市場全体の需要量は増加している。それにもかかわらず占有率が減少しており，販売増加のチャンスを生かせなかったことが明らかとなる。

3.2
　予算により各部門の具体的な活動計画が明らかとなる。そのため，従業員の具体的な目標が定まり，モチベーションを高める効果がある。また予算編成を実施するには，企業目標実現のための計画案を，トップと部門間および各部門間の調整を図

りながら作成する作業が必要である。この過程を通じて，トップの意向が各部門に周知されるとともに，全社的な意見の統一を図ることができる。

ただし，予算は貨幣的数値により作成されるため，これが過剰に重視され，顧客満足を高める活動のような，即座に利益に反映されない行動は軽視されがちとなるという欠点がある。また，予算管理のための事務負担は非常に大きいため，それに見合う効果がないとの指摘もある。

3.3　予算編成過程に現場責任者が参加することにより，現場の知識を予算に反映させることが可能となるので，真実に近い数値を設定できるという長所がある。さらに，現場の意見が予算に反映されるために現場のモチベーションが高められる点も長所である。しかしその反面，現場の意見を重視するあまり全社的方針が予算に反映されにくいという短所がある。また，予算編成過程に形式的に参加させても，結果的にほとんど意見が反映されない"擬似的参加"となるケースも多い。この場合かえって現場責任者のモチベーションを下げることとなるので注意が必要である。

第4章

4.1　(問1)　700円　　50円+650円

　　　(問2)　300円　　150円+0.05(2,950円+50円)=300円

　　　(問3)　500個

$$\sqrt{\frac{2\times 45{,}000 \text{個}\times 700\text{円}}{300\text{円}}}=458.25\cdots \text{個}$$

しかし，購入は100個ずつと指定されているので，前後の数値での原価を比較し，低い方を選択する。

400個　　$700\text{円}\times\dfrac{45{,}000\text{個}}{400\text{個}}+\dfrac{400\text{個}}{2}\times 300\text{円}=138{,}750\text{円}$

500個　　$700\text{円}\times\dfrac{45{,}000\text{個}}{500\text{個}}+\dfrac{500\text{個}}{2}\times 300\text{円}=138{,}000\text{円}$

4.2　在庫量，保管費，および発注費に関して現実的でない仮定が含まれているために，厳密な数式により計算しても，その発注量が必ずしも最小費用をもたらすものではない。また，保管費にはかなりの金額の機会原価が含まれるが，この正確な予測は困難であるため，これが過小に算定されることが多い。そのため経済的発注量が多めに計算されがちとなる。これらが問題点である。

4.3　JITを実施することで在庫が大幅に減少する。それにより，在庫に関連する費用，すなわち在庫の管理費，破損等の価値の減少に伴う費用，材料運搬費，および倉庫スペースや在庫投資に伴う機会原価を削減することができる。またJIT成功のためには，リード・タイムや段取り時間の減少，欠陥品ゼロ，生産形態の変化が必要となる。これらにより，人件費や材料費，および仕損費や検査費を大幅に削減することが可能となる。

第5章

5.1 事業部制組織は，各事業部内で生産や販売，人事，経理などの職能を総合的に担当する組織形態であり，トップ・マネジメントから事業部長へ広範な意思決定権限の委譲がみられ，各事業部は独立採算を前提として総合的な利益責任を問われることが大きな特徴である。

　この事業部制組織を効果的に管理するためには，各事業部を管理責任単位（レスポンシビリティ・センター）として識別し，それを会計システムと結びつけることによって，管理責任者の権限と責任を明確に規定し，その業績を測定・評価することで分権的管理を効果的に行っていく責任会計制度が不可欠である。

　事業部が利益責任を負うプロフィット・センターとして識別されている場合，事業部が稼得した利益額に基づき業績が評価されるが，その際用いられる利益概念として，事業部純利益，管理可能利益，事業部貢献利益などがある。一方，事業部がインベストメント・センターとして識別されている場合，資本効率を評価する業績指標である投資利益率や残余利益，あるいはEVAなどの指標が用いられる。

　事業部の業績評価に当たって注意すべき点は，業績評価指標としてどの指標を用いるか，そしてその結果にどう報いるかによって，事業部長の行動は影響を受ける。そのため，全社的な目標と一致するような行動を各事業部長がとるようにいかに動機づけるかを考慮しながら評価指標を選択することが重要になるということである。

5.2 事業部長に対して，管理権限のない費用についての責任を負わせようとしても管理意欲を失わせるだけであろう。したがって，事業部長の業績を評価する際もっとも適切な利益概念は，管理可能性の原則に基づく管理可能利益となる。

　一方，事業部という組織の業績評価については，事業部がどれだけの資源（資本）を使ってどれだけの利益を上げたのかが問題にされる。したがって，事業部に直接跡づけられる費用をすべて事業部に負担させた上で評価する必要があるため，事業部長にとっては管理不能であるが，事業部には跡づけられる管理不能個別固定費を負担した後の事業部貢献利益が最も適切な利益概念となる。

5.3 各事業部長の前年度と今年度の投資利益率と残余利益を計算すると以下のとおりである。

	U事業部		V事業部	
年度	20X1	20X2	20X1	20X2
管理可能利益	30,000万円	23,000万円	40,000万円	45,000万円
管理可能投下資本額	200,000万円	150,000万円	250,000万円	290,000万円
投資利益率	15%	15.3%	16%	15.5%
資本コスト	24,000万円 (=200,000万円×12%)	18,000万円 (=150,000万円×12%)	30,000万円 (=250,000万円×12%)	34,800万円 (=290,000万円×12%)
残余利益	6,000万円	5,000万円	10,000万円	10,200万円

U事業部長の前年度に比べた今年度の業績は、①管理可能利益が7,000万円の減少、②投資利益率が0.3％の向上、③残余利益が1,000万円の減少となっている。事業部長の業績が、管理可能利益あるいは残余利益で評価されるとすれば前年度より低い評価となるが、投資利益率で評価されるとすれば前年度より高い評価が得られる。しかし、注意すべき点は、U事業部の投下資本額が減少している理由である。もしこれが投資利益率をよくするために、資本コスト（12％）は越えているが前年度の投資利益率（15％）を下回る資産を処分したことによるものだとしたら（利益と投下資本額の減少分の投資利益率は14％＝7,000万円÷50,000万円である）、長期的なU事業部の成長・発展は望めないであろう。事実、残余利益は大きく減少しており、資本効率が悪化していることを示している。

一方、V事業部長の前年度に比べた今年度の業績は、①管理可能利益が5,000万円の増加、②投資利益率が0.5％の減少、③残余利益が200万円の増加となっている。したがって、管理可能利益あるいは残余利益で評価されるとすれば前年度より高い評価が得られるが、投資利益率で評価されるとすれば前年度より低い評価となる。V事業部の場合には、投下資本額が40,000万円増えており、結果的に投資利益率が15.5％へと下がっている。しかし、投下資本の増加分の投資利益率を計算してみると12.5％（＝5,000万円÷40,000万円）であり、結果的には資本コスト（12％）を超える投資を行っていることがわかる。実際、残余利益は200万円増加していることからもそれは明らかである。

第6章

6.1　［解答省略］意思決定問題においてどの情報が関連情報になるか非関連情報となるかは、検討している問題によって変わってくる。したがって、関連情報を適切に識別できるようになるために、関連性の概念をしっかり理解し、その上で本文中の例などを参考に、業務的意思決定問題の例を自分で考え、代替案の間で差額をもたらす収益/原価がどれか、差額をもたらさない収益/原価（埋没原価）はどれかなどいろいろ考えてみよう。

6.2　意思決定問題へ差額原価収益分析を適用する場合、総額法と差額法という2つの手法があるが、一般に、差額法による場合、総額法に比べて次のような優位性が指摘されている。①総額法による全体計算に必要なすべての情報が入手できなくても適用可能である。②差額法による分析を提示することで、意思決定にとって真に重要な部分を意思決定者に理解させ、そこに注意を集中させることができる。

しかしその一方で、差額法による分析には、①意思決定の結果、全体損益がどうなるのかがわかりにくい、②重要な情報を見落とす可能性がある、③代替案が3つ以上になると差額法の適用は困難になるといった問題点もある。

したがって、分析に際しては、各手法の特徴・問題点を踏まえたうえで適切な分析を行うとともに、意思決定者にわかりやすい形で情報を提供することが重要であ

6.3 冷凍そばを生産・販売した場合の差額収益と差額原価を求め，その結果として差額利益が出るかどうかで判断すればよい。

(単位：円)

差額収益　（@150円×50,000個）		7,500,000
差額原価		
直接材料費　（@50円×50,000個）	2,500,000	
直接労務費　（@40円×50,000個）	2,000,000	
変動製造間接費　（@20円×50,000個）	1,000,000	
販売費	1,000,000	6,500,000
差額利益		1,000,000

したがって，冷凍そばを生産・販売することにより100万円の差額（増分）利益がでるため，冷凍そばの生産・販売をした方がよい。

6.4 本問題のように，組立部品を外部から購入することによって，他の組立部品を生産できるような場合，現在の組立部品を生産していることに伴う機会原価を考慮に入れなければならない。つまり，現在，組立部品Rを生産しているということは，それを外部から購入して組立部品R-Ⅱを生産・販売することによって得られる500万円の利益を犠牲にしているということを意味する。したがって，組立部品Rの生産を続ける場合の計算に，この失われた利益＝機会原価を含める必要がある。

(単位：円)

	3,000個の原価	
	自製案	購入案
購入原価		36,000,000
直接材料費	15,000,000	―
直接労務費	10,500,000	―
変動製造間接費	4,500,000	―
固定製造間接費	3,000,000	―
機会原価	5,000,000	
計	38,000,000	36,000,000
差額原価	△2,000,000	

したがって，外部から購入する方が200万円有利となるので，組立部品RをS部品工業から購入すべきである。

6.5 問題で与えられた販売部門別損益計算書を，各販売部門の部門別貢献利益を示す形に作成し直すと次のようになる。

販売部門別損益計算書

(単位：千円)

項　　目	食料品	衣料品	日用品	雑　貨	電化製品	合　計
売　上　高	400,000	300,000	250,000	120,000	350,000	1,420,000
変　動　費	180,000	140,000	110,000	65,000	145,000	640,000
貢献利益	220,000	160,000	140,000	55,000	205,000	780,000
固　定　費						
部門個別固定費	100,000	85,000	60,000	56,000	81,000	382,000
部門別貢献利益	120,000	75,000	80,000	−1,000	124,000	398,000
全社共通固定費						337,000
営　業　利　益						61,000

　　したがって，衣料品部門は 75,000 千円の部門別貢献利益を生み出しているため廃止すべきではない。しかし，雑貨部門は部門別貢献利益が 1,000 千円のマイナスとなっており，自部門で発生する費用も回収できていないため廃止した方がよい。なお，雑貨部門を廃止した場合の全社営業利益は 62,000 千円となる。

第7章

7.1　投資案の評価においては，経済計算の対象を個々の投資プロジェクトそれ自体においているため，投資案の損益計算は当該設備の経済命数にわたる現金の流入額と流出額（キャッシュ・フロー）をもとにした全体損益計算を行うことで求められる。したがって，投資からの経済的効果の測定にはキャッシュ・フローを用いる必要がある。

　　また，投資の効果が生じる期間が長期にわたるため，時の経過によって将来キャッシュ・フローの価値は現在の価値とは異なることになる。したがって，将来キャッシュ・フローを現在価値に割り引いた上で当初の投資額と比較する必要があるため，貨幣の時間価値を考慮することが重要になる。

　　DCF 法（割引キャッシュ・フロー法）は，投資案の評価において，経済的効果の測定にキャッシュ・フローを用い，なおかつ貨幣の時間価値を考慮に入れる方法であり，この点において他の評価方法より優れている。

　　そして，貨幣の時間価値を考慮する場合，将来価値を現在価値に割り引くために割引率として用いられるのが資本コストである。これは資本を用いることで不可避的に発生するコストのことである。したがって，投資案からのリターンは，資金調達に伴うコストを上回る必要があるため，資本コストは必要最低利益率としての意味合いをもつ。このように，DCF 法では，資本コストの概念により，資金調達に伴うコストの回収も考慮に入れた必要最低利益率を基準として投資案を評価するため，資本効率も評価できる方法である。

　　以上のような点から，DCF 法は理論的にも優れており，合理的な意思決定がで

きる方法である。

7.2 求める毎期のキャッシュ・フローを X とおき，投資案の正味現在価値が正の値になるような X を求めると以下のようになる。

$$(X \times 4.3553 + 4,000\text{万円} \times 0.5645) - 40,000\text{万円} > 0$$
$$X > 8,665.8\text{万円}$$

したがって，新規投資案からの毎期のキャッシュ・フローが 8,665.8 万円以上の場合に，本投資案を実行した方がよい。

7.3
（問 1）　原投資額ならびに毎期のキャッシュ・フローの計算

原投資額は設備投資額に付随費用を加えた額なので 200 億円となる。
また，毎期のキャッシュ・フローは以下のように算定できる。

（単位：億円）

	第1年度	第2年度	第3年度	第4年度	第5年度
売上高	160	200	230	190	150
現金支出費用	100	120	140	110	90
減価償却費*	36	36	36	36	36
税引前利益	24	44	54	44	24
法人税	12	22	27	22	12
税引後利益	12	22	27	22	12
減価償却費	36	36	36	36	36
新設備処分価額					20
キャッシュ・フロー	48	58	63	58	68

*（設備の取得原価 190 億＋付随費用 10 億－残存価額 20 億）/5 年＝36 億/年

（問 2）　各技法による投資案の評価

①回収期間法

回収期間は，3 年 (48+58+63)＋(31/58)×1 年≒3.54 年となり，目標回収期間の 3 年を越えているため，本投資案は棄却される。

②正味現在価値

$$NPV = \frac{CF_1}{(1+r)} + \frac{CF_2}{(1+r)^2} + \cdots\cdots + \frac{CF_n}{(1+r)^n} - I_0$$

$$= \frac{48}{(1+0.08)} + \frac{58}{(1+0.08)^2} + \frac{63}{(1+0.08)^3} + \frac{58}{(1+0.08)^4} + \frac{68}{(1+0.08)^5} - 200$$

$$= 48 \times 0.9259 + 58 \times 0.8573 + 63 \times 0.7938 + 58 \times 0.7350 + 68 \times 0.6806 - 200$$

$$= 33.0868\text{億円}$$

したがって，正味現在価値は正の値であるため，本投資案は採用される。

③内部利益率法

(単位：億円)

年度	CF	試算—13%		試算—15%		試算—14%	
		現価係数	現在価値	現価係数	現在価値	現価係数	現在価値
0	−200	1.0000	−200	1.0000	−200	1.0000	−200
1	48	0.8850	42.4800	0.8696	41.7408	0.8772	42.1056
2	58	0.7831	45.4198	0.7561	43.8538	0.7695	44.6310
3	63	0.6931	43.6653	0.6575	41.4225	0.6750	42.5250
4	58	0.6133	35.5714	0.5718	33.1644	0.5921	34.3418
5	68	0.5428	36.9104	0.4972	33.8096	0.5194	35.3192
計	95		4.0469		−6.0089		−1.0774

したがって，内部利益率は約14％となり，必要利益率（資本コスト率）8％を上回っているので，本投資案は採用される。

なお，以上のようにプロジェクトの評価方法によって，投資案の採否に関する判定が異なることがあり得る点にも注意が必要である。

第8章

8.1　従来の原価管理では，製造段階における管理を中心とした標準原価計算による管理が行われていた。しかし現在では，企画・開発・設計段階における管理も対象とし，総合的な管理としての源流管理が行われている。源流管理の原価企画は戦略的管理といえる。ここでは，特に，事前の目標原価の作り込みが重要な作業となる。

8.2　VE における cost（原価）には，企業が支払うコストと消費者が支払うコストが考えられる。ライフサイクル・コスティングでは，製品やサービスのライフサイクル全体で発生する原価を対象とするが，ここで2つの視点が考えられており，これが生産者側で発生する原価と顧客（消費者・利用者）の側で発生する原価である。

8.3　たとえばデジタルカメラで考えてみると，撮影できる写真の解像度を上げたり，オートフォーカス機能を追加したり，また，液晶画面を拡大したりすることで，市場における顧客のニーズに合った value（価値）を増大させることができる。

第9章

9.1　先行指標としては，品質検査項目の増加，部品点数の減少，遅行指標としては，歩留まり率の向上，顧客からのクレーム率の減少などが考えられる

9.2　4つの視点の間の因果関係がある。たとえば，学習と成長の視点と内部ビジネスの視点との間の因果関係などである。また，各視点に設けられた戦略目標の間にも因果関係がある。戦略目標の達成度合いを測定するために尺度が設定されるが，尺度として選ばれた指標の間にも，先行指標と遅行指標のように，因果関係を想定している場合がある。

9.3　学習と成長の視点は，内部ビジネスの視点で選択されたプロセスの実行を支援する役割を果たす。財務の視点で設定された目標に対して，顧客の視点においてどのような価値をどのような顧客へ提供するかが示される（価値提案）。内部プロセスの視点においては，価値提案を実現するためにどの内部プロセスを重視し，その内部プロセスにおいて何を戦略目標とすべきかが決定される。学習と成長の視点は，その内部プロセスの実行および戦略目標の達成を支援する。具体的には，人的資本，情報資本，組織資本という社内の3つの無形の資産をどのようなかたちで重要な内部プロセスと関連付け，どの程度の水準にまで準備しておくべきかを明らかにする。

第10章

10.1　(1)多品種少量　(2)支援　(3)原価計算対象（または製品）　(4)活動　(5)原価低減

10.2　得ることはできない。伝統的な原価計算は，何を行うことによって原価が発生したか（どの活動が原価を発生させたか）ではなく，どこで（どの部門で）原価が発生したかという前提で原価を集計しているからである。また，伝統的な原価計算は製造間接費を製品に集計するまでに3度の配賦を行っており，この点も原価の正確性を歪める結果になっている。

第11章

11.1　仕損費…内部失敗原価，検査工賃金…評価原価，品質管理講習会参加費…予防原価，不良品回収費…外部失敗原価

11.2　正しくない。

　短期的には，品質レベル向上のために，予防原価と評価原価の増加が必要となるので，原価は増加する。しかし長期的に見ると，品質改善のための従業員教育・訓練費は，従業員の能力・意識の向上とともに，年々減少していくのが普通である。また，それにより検査活動が不要となり，検査費のような評価原価を大幅に減少することが可能となる。そのため，品質レベル向上により，品質原価はむしろ減少することが多い。したがって，高い品質を追求することが，原価の面からも望ましい。ただし，過剰な品質レベルの追求は，長期的にも原価を増大させることがある点に注意が必要である。

付　表

《複利現価係数表》

現価係数 $\dfrac{1}{(1+r)^n}$

n \ r	1%	2%	3%	4%	5%	6%	7%	8%	9%	10%
1	0.9901	0.9804	0.9709	0.9615	0.9524	0.9434	0.9346	0.9259	0.9174	0.9091
2	0.9803	0.9612	0.9426	0.9246	0.9070	0.8900	0.8734	0.8573	0.8417	0.8264
3	0.9706	0.9423	0.9151	0.8890	0.8638	0.8396	0.8163	0.7938	0.7722	0.7513
4	0.9610	0.9238	0.8885	0.8548	0.8227	0.7921	0.7629	0.7350	0.7084	0.6830
5	0.9515	0.9057	0.8626	0.8219	0.7835	0.7473	0.7130	0.6806	0.6499	0.6209
6	0.9420	0.8880	0.8375	0.7903	0.7462	0.7050	0.6663	0.6302	0.5963	0.5645
7	0.9327	0.8706	0.8131	0.7599	0.7107	0.6651	0.6227	0.5835	0.5470	0.5132
8	0.9235	0.8535	0.7894	0.7307	0.6768	0.6274	0.5820	0.5403	0.5019	0.4665
9	0.9143	0.8368	0.7664	0.7026	0.6446	0.5919	0.5439	0.5002	0.4604	0.4241
10	0.9053	0.8203	0.7441	0.6756	0.6139	0.5584	0.5083	0.4632	0.4224	0.3855

n \ r	11%	12%	13%	14%	15%	16%	17%	18%	19%	20%
1	0.9009	0.8929	0.8850	0.8772	0.8696	0.8621	0.8547	0.8475	0.8403	0.8333
2	0.8116	0.7972	0.7831	0.7695	0.7561	0.7432	0.7305	0.7182	0.7062	0.6944
3	0.7312	0.7118	0.6931	0.6750	0.6575	0.6407	0.6244	0.6086	0.5934	0.5787
4	0.6587	0.6355	0.6133	0.5921	0.5718	0.5523	0.5337	0.5158	0.4987	0.4823
5	0.5935	0.5674	0.5428	0.5194	0.4972	0.4761	0.4561	0.4371	0.4190	0.4019
6	0.5346	0.5066	0.4803	0.4556	0.4323	0.4104	0.3898	0.3704	0.3521	0.3349
7	0.4817	0.4523	0.4251	0.3996	0.3759	0.3538	0.3332	0.3139	0.2959	0.2791
8	0.4339	0.4039	0.3762	0.3506	0.3269	0.3050	0.2848	0.2660	0.2487	0.2326
9	0.3909	0.3606	0.3329	0.3075	0.2843	0.2630	0.2434	0.2255	0.2090	0.1938
10	0.3522	0.3220	0.2946	0.2697	0.2472	0.2267	0.2080	0.1911	0.1756	0.1615

n \ r	21%	22%	23%	24%	25%	26%	27%	28%	29%	30%
1	0.8264	0.8197	0.8130	0.8065	0.8000	0.7937	0.7874	0.7813	0.7752	0.7692
2	0.6830	0.6719	0.6610	0.6504	0.6400	0.6299	0.6200	0.6104	0.6009	0.5917
3	0.5645	0.5507	0.5374	0.5245	0.5120	0.4999	0.4882	0.4768	0.4658	0.4552
4	0.4665	0.4514	0.4369	0.4230	0.4096	0.3968	0.3844	0.3725	0.3611	0.3501
5	0.3855	0.3700	0.3552	0.3411	0.3277	0.3149	0.3027	0.2910	0.2799	0.2693
6	0.3186	0.3033	0.2888	0.2751	0.2621	0.2499	0.2383	0.2274	0.2170	0.2072
7	0.2633	0.2486	0.2348	0.2218	0.2097	0.1983	0.1877	0.1776	0.1682	0.1594
8	0.2176	0.2038	0.1909	0.1789	0.1678	0.1574	0.1478	0.1388	0.1304	0.1226
9	0.1799	0.1670	0.1552	0.1443	0.1342	0.1249	0.1164	0.1084	0.1011	0.0943
10	0.1486	0.1369	0.1262	0.1164	0.1074	0.0992	0.0916	0.0847	0.0784	0.0725

《年金現価係数表》

年金現価係数 $\dfrac{(1+r)^n - 1}{r(1+r)^n}$ または $\dfrac{1-(1+r)^{-n}}{r}$

n \ r	1%	2%	3%	4%	5%	6%	7%	8%	9%	10%
1	0.9901	0.9804	0.9709	0.9615	0.9524	0.9434	0.9346	0.9259	0.9174	0.9091
2	1.9704	1.9416	1.9135	1.8861	1.8594	1.8334	1.8080	1.7833	1.7591	1.7355
3	2.9410	2.8839	2.8286	2.7751	2.7232	2.6730	2.6243	2.5771	2.5313	2.4869
4	3.9020	3.8077	3.7171	3.6299	3.5460	3.4651	3.3872	3.3121	3.2397	3.1699
5	4.8534	4.7135	4.5797	4.4518	4.3295	4.2124	4.1002	3.9927	3.8897	3.7908
6	5.7955	5.6014	5.4172	5.2421	5.0757	4.9173	4.7665	4.6229	4.4859	4.3553
7	6.7282	6.4720	6.2303	6.0021	5.7864	5.5824	5.3893	5.2064	5.0330	4.8684
8	7.6517	7.3255	7.0197	6.7327	6.4632	6.2098	5.9713	5.7466	5.5348	5.3349
9	8.5660	8.1622	7.7861	7.4353	7.1078	6.8017	6.5152	6.2469	5.9952	5.7590
10	9.4713	8.9826	8.5302	8.1109	7.7217	7.3601	7.0236	6.7101	6.4177	6.1446

n \ r	11%	12%	13%	14%	15%	16%	17%	18%	19%	20%
1	0.9009	0.8929	0.8850	0.8772	0.8696	0.8621	0.8547	0.8475	0.8403	0.8333
2	1.7125	1.6901	1.6681	1.6467	1.6257	1.6052	1.5852	1.5656	1.5465	1.5278
3	2.4437	2.4018	2.3612	2.3216	2.2832	2.2459	2.2096	2.1743	2.1399	2.1065
4	3.1024	3.0373	2.9745	2.9137	2.8550	2.7982	2.7432	2.6901	2.6386	2.5887
5	3.6959	3.6048	3.5172	3.4331	3.3522	3.2743	3.1993	3.1272	3.0576	2.9906
6	4.2305	4.1114	3.9975	3.8887	3.7845	3.6847	3.5892	3.4976	3.4098	3.3255
7	4.7122	4.5638	4.4226	4.2883	4.1604	4.0386	3.9224	3.8115	3.7057	3.6046
8	5.1461	4.9676	4.7988	4.6389	4.4873	4.3436	4.2072	4.0776	3.9544	3.8372
9	5.5370	5.3282	5.1317	4.9464	4.7716	4.6065	4.4506	4.3030	4.1633	4.0310
10	5.8892	5.6502	5.4262	5.2161	5.0188	4.8332	4.6586	4.4941	4.3389	4.1925

n \ r	21%	22%	23%	24%	25%	26%	27%	28%	29%	30%
1	0.8254	0.8197	0.8130	0.8065	0.8000	0.7937	0.7874	0.7813	0.7752	0.7692
2	1.5095	1.4915	1.4740	1.4568	1.4400	1.4235	1.4074	1.3916	1.3761	1.3609
3	2.0739	2.0422	2.0114	1.9813	1.9520	1.9234	1.8956	1.8684	1.8420	1.8161
4	2.5404	2.4936	2.4438	2.4043	2.3616	2.3202	2.2800	2.2410	2.2031	2.1662
5	2.9260	2.8636	2.8035	2.7454	2.6893	2.6351	2.5827	2.5320	2.4830	2.4356
6	3.2446	3.1669	3.0923	3.0205	2.9514	2.8850	2.8210	2.7594	2.7000	2.6427
7	3.5079	3.4155	3.3270	3.2423	3.1611	3.0833	3.0087	2.9370	2.8682	2.8021
8	3.7256	3.6193	3.5179	3.4212	3.3289	3.2407	3.1564	3.0758	2.9986	2.9247
9	3.9054	3.7863	3.6731	3.5655	3.4631	3.3657	3.2728	3.1842	3.0997	3.0190
10	4.0541	3.9232	3.7993	3.6819	3.5705	3.4648	3.3644	3.2689	3.1781	3.0915

付表

索　引

あ行

アウトソーシング　41
アクティビティ・コスト　253
安全品質　269
安全率　34

意思決定　14
意思決定会計　20
一般管理費　14
インベストメント・センター　108

売上高貢献利益率　30
売上高差異　72
売上高算出公式　30, 31
売上高予算　58
売上高利益率　124

営業利益　16
営業利益増加率　40

か行

会計　4
会計情報　5
会計的利益率法　183, 184
会社分割　134
回収期間　187
回収期間法　183, 187
回避可能原価　159
回避不可能原価　159
外部失敗原価　264
外部利害関係者　9
価格決定　13
過去原価　146

加重平均資本コスト　129, 182
価値観　224
価値提案　230
活動　251
活動基準管理　258
活動基準原価計算　244
活動作用因　252, 253
活動分析　260
株主資本利益率　135
貨幣の時間価値　173, 179
勘定科目精査法　44
間接経費　13, 246
間接材料費　13, 246
間接費　13, 246
間接労務費　13, 246
感度分析　35
カンパニー制　133
カンパニー長　133
カンバン方式　88
管理会計　4, 11
管理可能固定費　114
管理可能性の原則　114
管理可能費　16
管理可能利益　113, 114
管理不可能費　16
管理不能共通固定費　115
管理不能固定費　114
管理不能個別固定費　115
関連原価　146
関連収益　146
関連情報　147

機会原価　17, 150
期間計画　20

企業再編　134
企業体質　219
企業文化　219
擬似的参加　69
期待価格　212
忌避宣言権　117
キャッシュ・アウトフロー　176
キャッシュ・インフロー　176
キャッシュ・フロー　173, 174
　　処分時の――　178
　　毎期の――　176
業績管理（評価）会計　20, 23
業績給の決定　240
業績分析　261
共通固定費　16, 113
共通費　112
業務的意思決定　16, 142, 155
許容原価　213
切捨率　182, 194

クオリティ・マネジメント　236

経営意思決定　142
経営会計　4
経営管理　5
経営管理プロセス　5
経営戦略　54
経営レバレッジ係数　40
計画　55
計画会計　20
経済的発注量　90
経済的付加価値　129
経済命数　173, 178
計算記帳の簡略化　18
継続予算　82
経費　13, 245
欠陥品ゼロの実現　96
原因作用因分析　261
原価　11
　　――の意思決定に基づく分類　16

――の管理可能性に基づく分類　16
――の形態別分類　12
――の製品との関連による分類　13
――の操業度に関連した分類　14
限界原価基準　120
原価維持　19, 207
限界利益　16
原価改善　19, 207
原価管理　16, 18, 206
原価企画　19, 207, 208
　　――の推進体制　219
　　狭義の――　209
　　広義の――　209
原価基準　119
原価計算　244
原価計算期間　245
原価計算基準　245
原価計算対象　245
原価計算論　11
現価係数　182, 190
現価係数表　182, 190
原価差異　78
原価削減意欲　18
原価作用因　253
原価プラス基準　120
原価分解　44
研究計画　4
現在価値　179
原投資額　175
減分原価　148
源流管理　210

工学的方法　44, 48
貢献利益　16, 37, 113, 114, 162
貢献利益分析　163
貢献利益法　113
　　――による事業部別損益計算書　113
交渉価格基準　123
高低点法　44
顧客関係性管理　236

顧客セグメントの識別　230
コスト・センター　108
コスト・ドライバー　253
　——分析　261
コスト・プール　252
コスト便益分析　9, 89
固定費　15, 37
固定予算　79
個別計画　20
個別原価計算　247
個別固定費　16, 113
コンカレント・エンジニアリング　218
コントロール　8
　——活動　4

さ　行

在庫スペース　97
在庫投資　97
最小自乗法　46
最低のトータルコスト　230
最適セールス・ミックス　162
サイマルテニアス・エンジニアリング　218
財務会計　8, 11
財務尺度　237
財務諸表作成　12, 13
財務予算　56
材料運搬費　97
材料購入額　60
材料費　13, 245
差額原価　17, 146, 148
差額原価収益分析　151
差額収益　15
差額分析　151
差額法　154
差額利益　151
サプライヤーとの関係の見直し　97
参加型　69
残余利益　127

仕入先調査費　264
支援活動　249
市価基準　117
市価マイナス基準　117
事業戦略　225
事業部貢献利益　113, 114
事業部純利益　110
事業部制組織　107
事業ポートフォリオ・マネジメント　136
事業持株会社　135
資金計画　4
資金予算　64
資源作用因　252, 253
資源ドライバー　253
事後コントロール　71
事後統制　55
市場占有率差異　73, 74
市場総需要量差異　74
システム・ロックイン　231
自製か購入か　157
自然環境に対する品質　269
事前コントロール　71
事前統制　56
実際原価　18, 206
実際原価基準　120
実際原価計算　17
実際セールス・ミックス　76
実際総販売量　76
実施項目　236
実績データ基準法　44
視点間の因果関係　227
自働化　96
品切れリスク　98
シナジー価値　224
自発的原価　265
資本回転率　124
資本コスト　182
資本予算　66, 172
尺度　236
社内資本金制度　133

索引

収益性指数　191
収益性指数法　191
収益増大戦略　229
収益中心点　108
集権的組織　106
修繕部門　247
準固定費　15
純粋持株会社　135
準変動費　15
純利益法　110
　　──による事業部別損益計算書　111
情報資本　233
正味現在価値　189
正味現在価値法　183, 189
将来価値　179
職能別組織　107
人員計画　4
シングル段取り　96
人的資本　233

スキャッター・チャート（散布図表）法　45
ステークホルダー　226

生産計画　4
生産性向上戦略　229
正常操業圏　28, 44
製造間接費　246
製造間接費業績報告書　79
製造間接費予算　62
製造原価　244
製造部門　246
製造予算　59
税引後営業利益　129
製品別計算　247
製品別セールス・ミックス差異　76
製品別販売数量差異　76
製品リーダー　230
責任会計　109
責任会計の原則　80

責任中心点　109
設計品質　269
設備投資意思決定　172
設備投資計画　4
セールス・ミックス差異　76
セル生産方式　98
ゼロ・ディフェクト　266
ゼロ・ベース予算　83
ゼロルックＶＥ　216
線形計画法　165
先行指標　237
潜在活動　219
全社純利益　113
全部原価基準　120
全部原価計算　19
全部標準原価基準　120
戦略　224
　　──の修正　240
戦略テーマ　231
戦略的意思決定　16, 142, 172
戦略マップ　224, 226, 234
　　──のひな型　228
戦略目標　226

総額法　153
操業度　14
操業度差異　49
総合原価計算　247
総合予算　56
相互排他的投資案　191
総資本利益率　33
総投資利益率法　185
増分原価　148
増分法　154
組織資本　233
組織統合　134
組織文化　234
損益分岐図表　27, 37
損益分岐点売上高　30, 31
損益分岐点販売量　30, 49

損益分岐点比率　35
損益分岐点分析　26
損益予算　56

た 行

タイトネス　71
ターゲット顧客　230
タックスシールド　176
ダブルビンシステム　89
単位当たり変動費　44
短期利益計画　7,55
単純市価基準　117
段取活動　249
段取り時間の短縮　96

遅行指標　237
中期計画　54
長・中期計画　5
長期計画　54
調整　55
直課　246
直接経費　13,246,247
直接原価計算　19
直接材料費　13,246,247
直接材料費予算　60
直接作業時間　248
直接費　13,246,247
直接労務費　61,246,247
直接労務費予算　61

定量的な尺度　236
適合原価　265
適合品質　264
伝達　55

投資中心点　108
投資利益率　123
投資利益率法　184
統制会計　20
動力部門　247

特殊原価　147
特殊原価調査　147
トップ・ダウン型　69

な 行

内部経営管理者　9
内部失敗原価　264
内部相互補助　250
内部利益率法　183,192

年金現価係数　182,190
年金現価係数表　182,190

は 行

配賦　246
配賦基準　246,248
バック・フラッシュ原価計算　99
発注費　90
バランスト・スコアカード　224,234
販売価格差異　72
販売計画　4
販売数量差異　72
販売費　14
　――・一般管理費予算　63
販売量算出公式　29,31

非関連原価　147
非現金支出費用　176
非財務尺度　237
非自発的な原価　265
ビジョン　224
非付加価値活動　260
費目別計算　245
費目別精査法　44
評価原価　264
標準原価基準　120
標準原価計算　17
標準原価差異分析　18
品質管理プログラム　236
品質原価計算　264

索引

品質不適合原価　265
品質レベル　265

ファーストルックVE　216
フィードバック　72
付加価値活動　260
物量情報　5
部門　246
部門別計算　246
振替価格　115
不良品ゼロ　266
プレジデント　133
プロダクトマネジャー　218
プロフィット・センター　108
分権化　106
分権的組織　108
平均在庫量　92
平均投資利益率法　185

ベストプラクティス　260
変動費　15, 120
変動費基準　120
変動予算　78

保管費　91
保守活動　249
補助部門　246
ボトム・アップ型　69
本社シナジー価値　241
本社費　112
本社費配賦後利益　124

ま 行

埋没原価　17, 147, 150

ミッション　224
見積キャッシュ・フロー計算書　66
見積財務諸表　66
見積損益計算書　66
見積貸借対照表　66

未来原価　146

無形の資産　233
　　──の管理　239

目標原価　212
目標整合性　109
目標値　236
モチベーション　18, 55

や 行

予算　54
予算管理　12, 14, 54
予算差異分析　72, 80
予算参加　69
予算スラック　70
予算セールス・ミックス　76
予算統制　54, 55, 71
予算編成　54, 55
予防原価　264

ら 行

ライフサイクル・コスト　217
ライン生産方式　98

利益　36
利益管理　210
利益達成点売上高　32, 33
利益達成点算出公式　31
利益達成点販売量　31
リード・タイム　95
リニア・プログラミング　165
倫理規定　21

例外管理の原則　80
レスポンシビリティ・センター　108
レッド・ライン・システム　90
レディネス　233
レピュテーション　232
レベニュー・センター　108

労務費　*13, 245*
ローリング予算　*83*

わ 行

割当型　*69*
割引回収期間法　*188*
割引キャッシュ・フロー法　*184, 189*
割引　*180*
割引率　*180*
ワンタッチ段取り　*96*

欧 字

ABC　*244*
ABC分析　*89*
ABM　*258*
ARR法　*183, 184*
CF　*173, 175*
CRMシステム　*236*
CVP分析　*26*
DCF法　*184, 189*
EOQ　*90*

EVA　*129*
EVAスプレッド　*131*
IE法　*44, 48*
IMA　*21*
IRR法　*183, 192*
JIT　*59, 88, 95*
LP　*165*
NOPAT　*129*
NPV　*189*
NPV法　*183, 189*
PI　*191*
PI法　*191*
RI　*127*
ROE　*135, 237*
ROI　*123*
ROI法　*184*
VE　*215*
WACC　*129, 182*
ZBB　*83*
ZD　*96*

著者紹介（担当章）

　　　　　武脇　誠（たけわき　まこと）（第1～4, 11章）
1983年　一橋大学大学院商学研究科博士課程中退
　　　　富山大学助手，専任講師，助教授，東京経済大学教授を歴任
現　在　東京経済大学名誉教授
　　　　主要著書
『サービス業の原価計算』（共著，中央経済社，1993年）
『大学院学生と学部卒業論文テーマ設定のための財務会計論・簿記論入門』（共
　著，白桃書房，2002年）
『業績給と成果主義の検証』（共著，同友館，2002年）

　　　　　森口　毅彦（もりぐち　たけひこ）（第5～7章）
1997年　東北大学大学院経済学研究科博士後期課程中退
　　　　富山大学助手，専任講師，助教授，准教授を経て
現　在　富山大学経済学部教授
　　　　主要著書
『Q&A管理会計入門』（共著，同文舘出版，2003年）
『経営管理会計の基礎』（共著，東京経済情報出版，2006年）
『実務から学ぶコーポレート・ファイナンス』（共著，中央経済社，2011年）

　　　　　青木　章通（あおき　あきみち）（第9, 10章）
2000年　慶應義塾大学商学研究科博士後期課程単位取得退学
　　　　東京経済大学専任講師，助教授を経て
現　在　専修大学経営学部教授
　　　　主要著書
『企業価値創造のためのABCとバランスト・スコアカード』（共著，同文舘出
　版，2002年）
『環境管理会計概論』（共著，税務経理協会，2004年）
『企業価値創造の管理会計』（共著，同文舘出版，2007年）

　　　　　平井　裕久（ひらい　ひろひさ）（第8章）
2004年　大阪大学大学院基礎工学研究科博士後期課程修了，博士（工学）
　　　　名古屋商科大学専任講師，准教授，高崎経済大学教授を経て
現　在　神奈川大学工学部教授
　　　　主要著書
『Stataで計量経済学入門』（共著，ミネルヴァ書房，2007年）
『現代会計学の基礎』（共著，税務経理協会，2007年）
『原価計算入門』（共著，中央経済社，2011年）

会計学叢書 Introductory
管理会計

2008年 7月25日 ⓒ　　　　　　初 版 発 行
2022年 3月10日　　　　　　　初版第7刷発行

著　者　武　脇　　　誠　　　　発行者　森　平　敏　孝
　　　　森　口　毅　彦　　　　印刷者　加　藤　文　男
　　　　青　木　章　通　　　　製本者　小　西　惠　介
　　　　平　井　裕　久

【発行】　　　　　　　　　株式会社　新世社
〒151-0051　東京都渋谷区千駄ヶ谷1丁目3番25号
☎(03)5474-8818(代)　　　　サイエンスビル

【発売】　　　　　　　　　株式会社　サイエンス社
〒151-0051　東京都渋谷区千駄ヶ谷1丁目3番25号
営業☎(03)5474-8500(代)　　振替 00170-7-2387
FAX☎(03)5474-8900

印刷　加藤文明社　　　　　製本　ブックアート
《検印省略》

サイエンス社・新世社のホームページのご案内
http://www.saiensu.co.jp
ご意見・ご要望は
shin@saiensu.co.jp まで。

本書の内容を無断で複写複製することは，著作者および出版者の権利を侵害することがありますので，その場合にはあらかじめ小社あて許諾をお求めください。

ISBN 978-4-88384-127-1
PRINTED IN JAPAN

会計学叢書 Introductory

原価計算

奥村輝夫・齋藤正章・井出健二郎 共著

A5判上製/264頁/本体2600円（税抜き）

予備知識を持たない初学者であっても，一読することで原価計算の基礎が理解できる入門に最適なテキスト。新しい公認会計士試験の試験範囲を参考とし，その中から精選した基本的な内容を図表や計算例を豊富に盛り込み解説した。

【主要目次】
1．原価計算の基礎　2．実際原価計算　3．部門別原価計算　4．活動基準原価計算（ＡＢＣ）　5．総合原価計算　6．工程別総合原価計算　7．その他の総合原価計算　8．標準原価計算　9．直接原価計算　10．短期利益計画入門　11．差額原価収益分析入門　12．設備投資の経済性計算入門

発行　新世社　　　　　発売　サイエンス社